Benjamin Paul Iddings

Toby Thorsen und Lules Ende

Benjamin Paul Iddings

Toby Thorsen UND LULES ENDE

Ein phantastisches Krimi-Abenteuer

MENANDER Verlag

Bibliografische Information der Deutschen Bibliothek:
Die Deutsche Bibliothek verzeichnet diese Publikation in der Deutschen Nationalbibliografie; detaillierte bibliografische Daten sind im Internet über http://dnb.ddb.de abrufbar.

1. Auflage 2011 BoD-Verlag
2. Auflage 2012 BoD-Verlag
3. Auflage 2013 MENANDER Verlag
4. Auflage 2015 MENANDER Verlag

MENANDER Verlag
www.menander-verlag.de
ISBN 978-3-944584-00-3

Umschlaggestaltung: Heiko Kottke, Dipl. Designer, Braunschweig
Druck: BoD GmbH, Norderstedt

Dieses Buch widme ich
meiner Ehefrau Gertraud,
meiner Tochter Monique,
meinem Sohn Marcel mit seiner Ehefrau Yvonne
und meinem geliebten Enkelsohn Nico mit seiner
zauberhaften kleinen Schwester Julia Sophie
.

DANKE!

Besonderer Dank geht an meinen Freund
Dr. John Murdoch,
der mich nicht nur beraten hat und mir Mut machte,
sondern das gesamte Werk (handschriftlich) ins Englische
übersetzte.

Dank auch an die geduldige Sandra Daubert,
die Johns Übersetzung in den Computer brachte.

Dank an Heiko Kottke für all die Arbeit mit dem Buchcover.

Dank an die wunderbaren Schwestern
Esther & Miriam Stein,
die die Lektoratsarbeit erledigten.

INHALT

Vorwort von Dr. John Murdoch

Als Benny mich bat, sein Buch ins Englische zu übersetzen, war ich zunächst skeptisch. Meine eigenen Teenager-Jahre liegen viele Jahrzehnte zurück, was konnte ich also aus einer Fantasy Abenteuergeschichte für junge Leute erwarten?

Dreihundertfünfzig Seiten sind eine Menge, wenn man sich, aufgrund des Alters, nicht mit den Ereignissen in der Geschichte identifizieren kann, die sich noch dazu nur langsam entwirren. So war ich beim Lesen zuerst nicht frei. Wie hätte ich auch mit Menschen mitfühlen können, die durch Wände gehen, oder in Räumen agieren, die von außen kleine Hütten zu sein scheinen, innen aber wie riesige Hallen aussehen? So fing ich langsam an, die Geschichte in eine andere Sprache zu bringen. Zu Beginn hatte ich, als über Siebzigjähriger, einige Schwierigkeiten, Sympathie mit den Charakteren von Toby, Tini, Ursu und den anderen bei ihrer Vertretung der Guten gegen die Bösen zu entwickeln. Es dauerte nicht lange, bis sich meine zurückhaltende Einstellung nachdrücklich zu ändern begann und die Frage „Was passiert jetzt?" immer drängender wurde, als ich mich von einem spannenden Kapitel zum nächsten durcharbeitete.

Und weil Rainer in der Geschichte nicht geradeaus von Punkt zu Punkt geht, hält sich die Spannung nicht nur, sondern durch das gelegentliche Abweichen vom direkten Gang der Ereignisse wurde ich immer neugieriger und von echter Begeisterung ergriffen. Das war für mich ein starker Antrieb, die Übersetzung zügig zu vollenden. Schließlich wollte ich unbedingt wissen, wie es ausgeht! Jetzt würde ich zu gern die Bilder der Charaktere sehen und herausfinden, ob sie etwas mit denen in meinem Kopf zu tun haben. Ich bin ein echter Fan von Toby und Tini, doch Ursu scheint mir ein sehr vorsichtiger Verzögerer zu sein. Nun, - ich will nicht zu viel verraten. Machen Sie sich selber ein Bild, wenn Sie die Geschichte in diesem Buch genießen!

Dr. John Murdoch

Einführung des Verfassers

Als ich mich entschloss dieses Buch zu schreiben, ahnte ich noch nicht, auf was ich mich da einließ und wie sehr mich diese Geschichte gefangen nehmen würde. Als ich dann fertig war, wusste ich genau, dass ich mit Toby Thorsen nolch lange nicht am Ende angekommen bin. So beschloss ich, dass dies das erste Buch einer Toby Thorsen-Reihe sein soll, die ich inzwischen als sechsteilige Serie geplant habe.

Das Erfinden der Geschichte war für mich selbst genauso spannend, wie die Abenteuer, die Toby darin erlebt. Ich wurde auch wieder vierzehn und manche Nacht, als ich den Computer ausgeschaltet hatte und zu Bett ging, konnte ich nicht einschlafen, weil Tobys Abenteuer in meinem Kopf einfach weiterging.

An einigen Stellen (zum Beispiel im 17. Kapitel, als der kleine Borli von Ursu erwischt wird) musste ich, während ich schrieb, so herzhaft lachen, dass meine Frau irritiert und neugierig heranstürmte, um sich zu erkundigen, was denn los sei…

Dies ist keine ‚Fantasy-Geschichte' im herkömmlichen Sinne. Es geht nicht um Magie, Märchen und Übernatürliches. Toby Thorsen ist auch kein Zauberlehrling. Allerdings verfügt er über technische Möglichkeiten aus der Zukunft und erkennt Dinge, von denen wir alle irgendwie wissen oder vermuten, dass es sie tatsächlich gibt. Er ist weder ein Draufgänger, noch ein Spinner. Er ist ein Junge, dem mit vierzehn schon sehr früh große Verantwortung übertragen wird. Immer wieder muss er sich entscheiden, immer wieder wählen, zwischen Gut und Böse, zwischen richtig und falsch…

Damit Du dich als Leser gut in die Geschichte hineinfindest und schnell orientieren kannst, habe ich ein Lexikon und drei Übersichtskarten an das Buchende gestellt.

Eine persönliche Bitte habe noch: Teil mir doch mit, wie Dir die Geschichte gefällt (**benjamin.paul@iddings.de**).

So, - und nun viel Spaß beim Lesen

Benjamin Paul Iddings

1. Kapitel - Der geheimnisvolle Fremde

Toby hastete in dieser halbdunklen Gasse durch eine dichte Dunstwolke fürchterlichen Gestanks nach Müll und Exkrementen. Er hustete und würgte, so dass einige der Passanten erschrocken und besorgt hinter ihm her starrten. Immer wieder stolperte er über herumliegenden Unrat und drohte zu stürzen. Er hatte das Gefühl, sich jeden Augenblick übergeben zu müssen, doch es war, als ob eine eiserne Faust ihn auf den Beinen hielt und vorwärts trieb. Diese grässlichen Typen aus der Nordstadt verfolgten ihn jetzt schon seit einer viertel Stunde und sosehr er auch versuchte, sich zu konzentrieren, - nicht ein einziger brauchbarer Gedanke war in seinem Kopf, der ihm helfen konnte, diese widerlichen Kerle abzuschütteln. Vielmehr jagten ihm die scheinbar unmöglichsten Bilder aus seiner Vergangenheit durch den Kopf. Fetzenartig sah er seinen brutalen Pflegevater, die hassverzerrten Gesichter seiner Verfolger, den ihn mitleidig anschauenden Lehrer, die meckernde Pflegemutter. Dazwischen tauchten immer wieder sehr kurz zwei Gesichter auf, ein Mann und eine Frau, die ihm scheinbar etwas zuriefen. Sein Puls raste…

Toby war dreizehn Jahre alt und hieß eigentlich Tobyas Thorsen. Sein Lehrer bezeichnete ihn oft mitleidig als ‚notorischen Einzelgänger', obwohl er selbst das ganz und gar nicht so empfand. Eigentlich war er ein sehr geselliger Typ, der gern mit Gleichaltrigen zusammen war. Er konnte sich von Herzen freuen, machte geistreiche Witzchen und sein

Lachen war absolut ansteckend. Sogar Irmchen, seine heute manchmal ein wenig traurig wirkende Pflegemutter, konnte über seine Späße herzhaft lachen. Solange er zurückdenken konnte, hatten sie und ihr Mann Hannes ihm immer wieder erzählt, dass seine Eltern kurz nach seiner Geburt bei einem Autounfall ums Leben gekommen seien.

Toby lebte nun schon seit vielen Jahren bei den Kronlechner´s. Wann genau er zu ihnen gekommen war, daran konnte er sich nicht erinnern. Wahrscheinlich schon als kleines Baby. Sein Pflegevater Hannes war ein mürrischer und launischer Mann, der im Laufe der Jahre sein letztes bisschen Verstand versoffen hatte. Mindestens zweimal in der Woche betrank er sich, um dann seine Mitmenschen zu tyrannisieren. Regelmäßig verprügelte er im Suff seine Frau und danach war dann erfahrungsgemäß Toby dran. Man ging ihm besser aus dem Weg, wenn er in diesem Zustand war. Meistens schlief er nach der zweiten Flasche Rum laut schnarchend und grunzend ein. Tags darauf, wenn er seinen Rausch ausgeschlafen hatte, kam er dann jedes Mal ganz weinerlich an und es tat ihm alles sooo leid. Jedenfalls sagte er das dann. Toby und Irmchen glaubten seinen Worten schon lange nicht mehr und eigentlich tat er den Beiden nur noch leid.

Er erinnerte sich nur zu gut daran, dass Pflegemutter Irmchen früher eine sehr herrschsüchtige und geldgierige Frau gewesen war, die mit niemandem, außer ihrem Hannes, etwas zu tun haben wollte. In den letzten Jahren hatte sie sich allerdings sehr stark zum Positiven verändert. Heute war sie eine gottgläubige Frau, die viel betete und sonntags zum Gottesdienst ging. Sie pflegte regen Kontakt mit ihren Geschwistern – so nannte sie die Mitglieder ihrer Kirchengemeinde – und traf sich auch Wochentags regelmäßig mit einigen von ihnen in ihrer sogenannten ‚Hausgruppe'. Durch die innere Ruhe und Freundlichkeit, die sie, trotz ihrer häufig unerträglichen Lebensumstände, heute ausstrahlte, war sie mittlerweile sehr beliebt. Für jeden hatte sie ein nettes Wort und alle Gespräche beendete sie mit einem ‚Gott segne dich'. Außer ihrem Mann Hannes mochten die Menschen das!

Richard Momsen und seine Gang terrorisierten die Bewohner der Nordstadt schon seit vielen Monaten. Sie erpressten von einigen Besitzern kleinerer Ladengeschäfte Schutzgeld und überfielen immer wieder andere Jugendliche, um ihnen ihr Geld, Handys oder Markenklamotten abzunehmen. Sie hatten Toby vor dem Trödelladen vom Putzer – so nannten alle den alten Hubertus Van de Kust, der mindestens schon hundertfünfzig Jahre alt sein musste – entdeckt und da er allein war, schien er ihnen ein willkommenes Opfer zu sein. Nur knapp war Toby ihrem Angriff entkommen und nun jagten sie ihn laut johlend vor sich her. Er türmte in Richtung Hafenviertel, da sie ihm dummerweise den Weg nachhause abgeschnitten hatten. Im Hafen kannte er sich allerdings bei weitem nicht so gut aus, wie daheim am Güterbahnhof. Tja, - am Güterbahnhof kannte er wirklich jeden Winkel. Dort hätten diese Kerle kaum eine Chance ihn zu erwischen. Doch dieses Wissen half ihm im momentanen Schlamassel nicht weiter. So blieb ihm im Augenblick nur die Möglichkeit, sich in den engen Gassen des Hafenviertels irgendwie zu verdrücken und zu hoffen, dass er möglichst schnell ein passendes Versteck finden würde. Also hastete er an den schmuddeligen Hauseingängen vorbei, in denen gelegentlich Betrunkene ihren Rausch ausschliefen oder die vorbeikommenden Passanten um Geld anbettelten. Die aus vielen Hafenbars auf die Straße dringende Musik, der Lärm der Zecher, der Gestank von Fisch, Urin, Mülltonnen, - das alles nahm er nicht wirklich wahr. Er musste nur zusehen, dass ihm umgehend irgendetwas Gutes einfiel. Und das musste sehr schnell passieren, denn die Nordstädter kamen immer näher und er konnte ihr Gejohle bereits deutlich hören.

Wie war er eigentlich in diese blöde Situation hinein geraten? Ok, - die Kirchstraße lag im Revier der Nordstadtgang und sie hatten ihn in der Schule mehrfach gewarnt, sich dort ja nie blicken zu lassen. Aber es war genau diese Adresse, die er in der alten Zeitung gefunden hatte. Er musste dieser Sache einfach auf den Grund gehen.

Es war gestern, nach der Schule. Sein Pflegevater Hannes lag wieder einmal betrunken auf dem Sofa und signalisierte durch lautes Schnarchen und glucksende Geräusche, dass er für die nächsten paar Stunden außer Gefecht war. Toby hatte sich auf den Dachboden verdrückt. Er kam oft hier hoch, weil der Alte ja auch oft genug betrunken war. Meistens tauchte er dann in eine Traumwelt ein und stellte sich vor, dass er richtige Eltern hätte, die ihn lieben und verwöhnen würden. Er dachte auch oft an ein Mädchen, das er in jeder Pause auf dem Schulhof sah und bei deren Anblick ihm immer ganz anders wurde. Hier, in seinen Träumereien war er ein Held, der mutig für seine Freunde kämpfte und den alle mochten. Als er heute die Klappe der Bodentreppe hinter sich geschlossen hatte, schob er die alte Decke, die als Vorhang vor das Dachfenster hing, ein wenig zur Seite. Im diffusen Licht entdeckte er diese alte Seemannskiste in der hintersten Ecke des Dachbodens. Wie zur Tarnung lagen einige alte Klamotten darüber, doch Toby hätte schwören können, dass sie beim letzten Mal noch nicht dort gestanden hatte. Weil ihm allerdings auch nach angestrengtem Überlegen keine passende Erklärung einfallen wollte, hörte er einfach auf, sich über ihre Herkunft weiter Gedanken zu machen und entschloss sich, sie etwas näher zu untersuchen.

Das alte Vorhängeschloss zu öffnen, war wirklich ein Kinderspiel und zwischen unzähligen Papieren, Briefen und Gegenständen, die er nicht kannte, hatte er eine alte Zeitung gefunden, die sehr, sehr alt zu sein schien. Sie war völlig vergilbt und zerfleddert. Zuerst dachte er, dass es sich um ein altes Exemplar eines dieser kostenlosen Zeitungen handeln würde, die jeden Sonntag vor der Haustür lagen. Jedenfalls ließen Aufmachung und die Überschrift *Toro-News* so etwas vermuten. Erst nach einiger Zeit bemerkte Toby, das alles, was er hier las, mit völlig fremden Schriftzeichen geschrieben war; Buchstaben, die er noch niemals vorher gesehen hatte und die er überraschenderweise trotzdem lesen konnte. Das war wirklich sehr, sehr sonderbar und er kratzte sich nachdenklich am Kopf, als ihm eine Annonce ins Auge fiel, um die irgendjemand mit rotem Filzstift einen Kreis gezeichnet hatte. Seine Neugier war geweckt und er sah sich die markierte Stelle genau an. Es war die Reklame eines sogenannten Kolonialwarengeschäftes, dessen Namen er schon mal gehört hatte: Van de Kust! Die, ebenfalls mit rotem Stift, auf den Rand der Zeitung gezeichnete Straßenskizze ließ keinen Zweifel zu: Es handelte sich um den kleinen Kramladen in der Nordstädter Kirchstraße.

Toby erschrak regelrecht, als er das Rufen von Irmchen hörte und schnell riss er die Annonce mit der Skizze aus der Zeitung heraus. Er steckte den Papierfetzen in seine Hosentasche, legte alles andere rasch, aber sorgsam wieder in die

Truhe zurück. Dann versteckte er sie erneut im hinteren Bereich des Dachbodens unter den herumliegenden, alten Klamotten. So würde sie bestimmt niemand finden! Wer auch schon? Außer ihm war hier seit Jahren niemand mehr herauf gekommen.

„Ich komme ja schon“, antwortete er den nun ungeduldiger klingenden Rufen seiner Pflegemutter. Bereits wenig später hatte er einen Entschluss gefasst: Er würde diesem Geschäft in der Kirchstraße einen Besuch abstatten, obwohl es im Gebiet der Nordstadtgang lag und obwohl er wusste, dass mit diesen Jungs nicht zu spaßen war.

Der große Schriftzug ‚Kolonialwaren‘ über dem Laden von Hubertus Van de Kust wirkte ebenso antiquiert, wie sein Besitzer selbst. Er bezeichnete sich gern als ‚Kolonialwarenhändler‘, obwohl diese Bezeichnung aus der Zeit stammte, als es noch Kolonien gab und in solchen Geschäften insbesondere Zucker, Kaffee, Tabak, Reis, Kakao, Gewürze und Tee verkauft wurden. Alle nannten ihn nur ‚Putzer‘, weil er den ganzen lieben, langen Tag in seinem Geschäft mit Putzlappen und Staubwedel herumlief und die Waren und Auslagen putzte. Ob es die alten Bonbongläser und die Ständer mit den anderen Süßigkeiten auf dem Tresen waren, oder die enormen Mengen von Antiquitäten aus fernen Ländern in den Regalen und an den Wänden. Ob es die unzähligen Bücher in den Fächern hinter dem Tresen waren, oder die vielen ausgestopften Tierpräparate, zu denen einiges Federvieh genauso gehörte, wie ein ausgewachsener Löwe und ein Gorilla, der einen Arm nach oben hielt – ganz so, als ob er nach einem Ast griff – und mit der anderen Faust gegen seine Brust zu schlagen schien. Ob es die vielen Wanduhren waren, die eifrig um die Wette tickten und zu jeder vollen Stunde ein Konzert aus „bim bam“ und „kuckuck“ veranstalteten, oder ob es der Trödel und Kitsch aus unzähligen Wohnungsauflösungen war. Hubertus Van de Kust putzte alles mit unglaublicher Hingabe und Gewissenhaftigkeit. Gelegentlich verirrte sich auch tatsächlich ein Tourist hierher in die Kirchstraße. Dann strich sich der Putzer rasch die wenigen verbliebenen Haare mit beiden Händen nach hinten, sortierte seine Kleidung, putzte noch schnell zwei- oder drei Mal über seine alte Leinenschürze und ging mit dem freundlichsten Lächeln, zu dem er fähig war, auf den vermeintlichen Kunden zu, um ihm seine Schätze anzupreisen.

Toby hatte sich draußen vor dem Schaufenster hingehockt und betrachtete, durch die Annonce in der seltsamen Zeitung neugierig geworden, sehr aufmerksam die Auslagen. Und richtig! Plötzlich entdeckte er hinten links in der Ecke eine sehr aufwendig verzierte, kleine Schatulle aus Metall, die von ihrer Form so aussah, wie die geheimnisvolle Seemannskiste zuhause auf dem Dachboden. Nur eben viel kleiner, knapp so groß, wie eine Zigarrenschachtel. Das Besondere daran war, dass auf dieser Schatulle, zwischen den Verzierungen etwas in den gleichen seltsamen Schriftzeichen wie in der alten Zeitung geschrieben stand: ‚Kamrintis nuklah meranieht imanty verassnoh‘! Er konnte es zwar lesen, aber die Worte ergaben keinerlei Sinn. Toby starrte die wertvoll wirkende Schachtel wie elektrisiert an, als direkt dahinter der Vorhang beiseite gezogen wurde und das diesmal sehr ernste Gesicht des Putzers auftauchte.

Was war das? Er winkte Toby zu sich herein. Immer eindringlicher wurden seine Gesten und er bedeutete ihm durch Zeichen, dass er durch die Ladentür zu ihm kommen sollte.

Nachdem Toby seine Fassung wieder gefunden und sich entschlossen hatte, tatsächlich hineinzugehen, war da plötzlich dieses komische Gefühl: Du wirst beobachtet! Instinktiv riss er den Kopf herum und dann sah er sie; hinter den Büschen, im Vorgarten eines Hauses auf der gegenüberliegenden Straßenseite: Richard Momsen und seine Gang! Das sah nach Ärger aus!

Die Erinnerung, dass dieser brutale Kerl ihn mit seinen Kumpels in der Vergangenheit bereits mehrmals nach der Schule aufgelauert und sein karges Taschengeld abgenommen hatte, war sofort in seinem Kopf. Im Sommer des vergangenen Jahres hatten sie ihm bei solch einer Prügelei sogar absichtlich den linken Unterarm gebrochen. Momsen zwang ihn damals mit den Worten ‚Halt ja dein Maul, sonst brennt eure Hütte' zu sagen, dass er unglücklich gestürzt sei und dass es dabei passiert wäre.

Ohne Rücksicht auf seine schwere Verletzung hatte er von seinem Pflegevater, der natürlich mal wieder völlig betrunken gewesen war, obendrein dann noch eine Tracht Prügel bekommen, weil Jacke und Hose bei der Klopperei kaputt gegangen waren. Danach brachte ihn Irmchen zum Knochenklempner, der den Arm behandelte und für mehrere Wochen eingipste.

Knochenklempner, – so nannten alle im Viertel Doktor Albert Friedemann, einen kleinen, etwas dicklichen Mann mit Nickelbrille. An der Tür zu seiner Praxis war ein großes Messingschild angebracht, das immer so glänzte, als ob es gerade frisch poliert worden wäre und auf dem stand: Doktor Albert Friedemann – Facharzt und Nuptiloge. Niemand wusste, was für ein Facharzt er eigentlich war und keiner hatte ihn jemals gefragt, was denn ein Nuptiloge sei. Dieser geheimnisvolle Arzt war damals ungefähr zur selben Zeit in der Güterbahnhofstraße aufgetaucht, zu der das Schicksal auch Tobyas zu seinen Pflegeeltern geführt hatte.

Während all diese Gedanken und Bilder durch seinen Kopf jagten, erledigten seine Beine, fast wie von selbst, eine für diesen Moment sehr vernünftige Tätigkeit: sie rannten - und das war auch gut so! Es war wirklich ein sehr ungünstiger Zeitpunkt, sich mit den Ereignissen der jüngeren Vergangenheit auseinander zu setzen, denn die Dumpfbacken aus der Nordstadt waren ihm dicht auf den Fersen und er kannte sich hier im Hafenviertel nun wirklich nicht aus. Gerade war er an einer Frau vorbei gerannt, die sehr ärgerlich auf ein schreiendes Kleinkind einredete, als er stolpernd zu Fall kam.

Dieses blöde Katzenvieh war ihm, von rechts kommend, genau zwischen die Beine gelaufen und machte sich nun laut schreiend davon. Schimpfend und wüste Flüche ausstoßend, landete Toby daraufhin sehr unsanft in einem riesigen Haufen Müll, der, aus alten Kartons, Kisten und Zeitungen bestehend, am Straßenrand lag und ihn auf der Stelle komplett von der Bildfläche verschwinden ließ.

Nun lag er hier unter all dem Abfall und spürte das Wummern seines Herzschlages bis in die Fingerspitzen hinein. Alle Knochen taten ihm weh und er bemerkte, dass es an seinem rechten Knie feucht und warm wurde. „So ein Mist“, dachte er, „das ist Blut und das gibt wieder Ärger mit dem Alten.“

Er hörte deutlich, wie seine Verfolger grölend an dem Müllhaufen vorbei stürmten, ohne ihn jedoch zu entdecken.

Schnell wurden ihre Stimmen leiser, bis sie kurz darauf gar nicht mehr zu hören waren.

Die Schmerzen waren vergessen und sein Puls hatte sich langsam wieder normalisiert. Toby grinste. Vorsichtig schob er ein bisschen von der Zeitung beiseite, die direkt auf seinem Gesicht lag, - gerade so viel, dass er etwas sehen konnte. Plötzlich schob sich die feuchte Nase eines schnuppernden Hundes durch die kleine Öffnung und eine scheinbar riesige, schlabbrige Zunge begann sein Gesicht abzulecken. Als die Luft rein zu sein schien, wühlte er sich aus dem Unrat heraus, stand auf und begann sich den Schmutz abzureiben. Rechtes Knie und rechter Ellenbogen waren kaputt und bluteten. Das war eigentlich nicht so schlimm, fand Toby, aber wegen dem zerrissenen Jackenärmel und dem Loch in der Hose würde er vom Alten bestimmt wieder Dresche kriegen.

Während er noch überlegte, ob und wie er diesem drohenden Ärger entgehen könnte, erschien plötzlich vor ihm, wie aus dem Nichts heraus, dieser höfliche, irgendwie ungewöhnlich aussehende Mann. Mit dem breitkrempigen Lederhut auf dem Kopf, dem Umhang aus gelblich-braunem Stoff, dem gepflegten Dreitagebart und den grauen, fast weißen Haaren, wirkte er schon fast ein wenig unheimlich. Irgendwie, wie aus einem Hollywood-Film entsprungen. So ein bisschen wie eine Mischung aus Indiana-Jones und Sean Connery, nur mit längeren Haaren. Allerdings zeigte der Fremde das freundlichste Lächeln, das Toby je gesehen hatte.

„Na, du Held“, sagte er mit einem sympathisch, väterlichen Tonfall.

„Hast wohl grad´ ´ne Menge Probleme, was? – Der Momsen; der alte Kronlechner; der Krall; und dann noch dein Vater… Möchte wirklich nicht in deiner Haut stecken, mein Freund."

Das Wort ‚Vater' hatte der Mann irgendwie recht merkwürdig betont, doch noch bevor er intensiver darüber nachdenken konnte, legte er die Hand auf Tobys Schulter, was den kaum merklich zusammenzucken ließ.

„Hab´ hier ´nen Brief für dich. Du bist doch der Tobyas Thorsen, oder?" sprach er weiter und hielt ihm, ohne ein Antwort abzuwarten, einen zerknitterten Briefumschlag hin. Gerade, als er danach greifen wollte, ließ der Mann den Brief wie zufällig auf den Boden fallen.

„Woher kennen Sie…, woher kennen Sie meinen Namen?", fragte Toby ein wenig verwirrt, als er sich bückte, um den Brief aufzuheben. Er wartete die Antwort nicht ab und fragte weiter:

„Wieso haben Sie überhaupt einen Brief für mich und von wem ist er denn?"

Toby bekam keine Antwort, denn als er wieder hoch kam, war der Mann spurlos verschwunden. Überrascht und erschrocken blickte er suchend in alle Richtungen, konnte ihn aber nirgendwo entdecken.

Mittlerweile war die Dämmerung herein gebrochen und wenn er noch größeren Ärger vermeiden wollte, als er durch die kaputten Klamotten ohnehin schon haben würde, dann war es höchste Zeit, sich auf den Heimweg zu machen. Er verstaute den seltsamen Brief ungelesen in der Innentasche seiner Jacke und lief – nun im gemäßigten Dauerlauftempo – in Richtung nachhause.

Wieder schossen ihm jede Menge Gedanken durch den Kopf: Was war das für ein Mann gewesen, der da so plötzlich auf der Bildfläche erschienen war und genauso unerwartet wieder verschwand? Warum hatte der Putzer ihn zu sich herein gewunken? Was war das für ein Brief? Wieso kannte der Mann seinen Namen? Was war das für eine kleine Blechkiste im Schaufenster vom Putzer? Zwischen all diesen Gedankenfetzen erschien Toby immer wieder das fies grinsende Gesicht von Richard Momsen…

Schnaufend und prustend bog er zwanzig Minuten später in die Güterbahnhofstraße ein. Er lief jetzt etwas langsamer und ging die letzten Schritte in normalem Tempo, um wieder richtig Luft zu bekommen und beim Betreten der Wohnung nicht aufzufallen.

2. Kapitel - Im letzten Moment

Vorsichtig und sehr leise öffnete er die Haustür. Alles war wie immer: Es stank nach Alkohol, Zigarettenrauch und Irmchens billigem Parfüm. Das laute Schnarchen des Alten war deutlich zu hören und signalisierte eine gewisse Gefahrlosigkeit.

„Soll er ruhig schnarchen, - dann kann er heute wenigstens keinen Alarm mehr machen“, dachte Toby, als er im Vorbeigehen einen kurzen Blick in den großen Garderobenspiegel warf, der im Flur an der Wand hing. Wie elektrisiert blieb er stehen! Hatte er das eben richtig gesehen? Er ging einen Schritt rückwärts, um wieder vor den Spiegel zu kommen. Das war doch nicht möglich! Er dachte kurz nach. Doch, doch, - er war vorhin gestürzt und dabei waren seine Sachen zerrissen! Doch jetzt im Spiegel sah er, dass da weder in der Hose, noch im Jackenärmel irgendwelche Löcher und Risse waren. Alles schien heile und in Ordnung zu sein.

Ungläubig tasteten seine Hände die Stellen hastig ab. Es war tatsächlich nichts mehr zu finden. Auch die Verletzungen an Ellenbogen und Knie waren völlig verheilt, so, als ob es nie auch nur einen Kratzer gegeben hätte. Während er darüber nachdachte, öffnete sich leise die Tür des Schlafzimmers.

„Da bist du ja endlich“, flüsterte Irmchen ihm erleichtert im Vorbeigehen zu und strich dabei durch seine zerzausten Haare. Sie zog ihn am Ärmel vorsichtig hinter sich her in Richtung Küche, während sie ihm durch den über den Mund gelegten Zeigefinger bedeutete, dass er leise sein sollte. Vorsichtig schloss sie die Küchentür, setzte sich an den alten Holztisch, vergrub ihr Gesicht in den Händen und begann hemmungslos zu weinen:

„Ich schäme mich so“, schluchzte sie. „Du musst dich verstecken, Toby. Du musst sofort hier weg. Heute noch! Wir haben dich verkauft.“

„Ihr habt was?“, fragte Toby, der nur zu gut verstanden hatte, was seine Pflegemutter im gerade offenbarte. Er wartete ihre Antwort nicht ab und sprach weiter:

„Das könnt ihr doch nicht tun, - wir leben immerhin im einundzwanzigsten Jahrhundert.“

„Ich weiß, mein Junge. Ich weiß! Und doch haben wir es damals gemacht“, jammerte die Pflegemutter aufgewühlt, „wir haben viel Geld für dich bekommen. Damals, als sie dich zu uns brachten zehntausend Mark und heute nochmal fünftausend Euro! Hannes hat das Geld in seiner Hosentasche und morgen Abend wird dich dieser widerliche Kerl mit seinen Kumpanen abholen.“

Irmchen wurde von einem neuen, heftigen Weinkrampf geschüttelt. Toby trat zu ihr an den Tisch heran, setzte sich ihr gegenüber auf einen Stuhl, sah ihr in die verweinten Augen und fragte:

„Warum, Muttchen?“

Er sagte immer Muttchen zu ihr, wenn sie traurig war.

„Warum nur habt ihr das gemacht? Ich habe euch doch nichts getan. Warum also habt ihr das getan?“

Irmchen rang nach Luft, versuchte sich zu beruhigen und ihre Gedanken zu ordnen:

„Na ja, du weißt ja, dass ich früher mal ganz anders war. Ich weiß, das ist keine Entschuldigung, aber ich war damals wirklich kein guter Mensch. Wir nahmen das Geld, weil ich unbedingt ans Meer in den Urlaub wollte. Na ja, wir haben dann noch ein paar schicke Klamotten gekauft und ein bisschen gefeiert. Dann war es auch schon alle. In den ersten Jahren habe ich diese Sache dann einfach verdrängt und vergessen. Seit einiger Zeit ist das allerdings nicht mehr möglich und es ist, als ob jemand immer wieder seinen Finger darauf legen würde. Ach, wenn ich es doch nur rückgängig machen könnte. Bitte verzeih mir, mein Junge."

Plötzlich riss Irmchen den Kopf ruckartig hoch und sah ihm direkt in die Augen:

„Es ist wirklich sehr ernst, Tobyas. Wir haben das Geld genommen und dieser feine Herr Krall sah nicht so aus, als ob er spaßen würde. Der hatte zwei kräftige Kerle dabei. Auch die sahen nicht so aus, als ob sie Komiker wären. Das ist also wirklich kein Spaß, Toby!"

Sie wischte sich mit der Rückseite der Hand die Tränen aus dem Gesicht, kramte ein altes, nicht mehr ganz frisches Taschentuch aus ihrer Schürze und putzte sich ausgiebig die Nase.

„Geh´ und pack dir schnell ein paar Sachen zusammen. Hier hast du ein bisschen Geld", sagte sie, „die Geschwister haben das auf die Schnelle für dich zusammengelegt."

Mit zittrigen Händen steckte sie ihm einige Geldscheine in seine Hosentasche.

„Bitte, Junge, - bitte melde dich zwischendurch regelmäßig beim Knochenklempner und sage ihm wo du geblieben bist, damit ich mir nicht solche Sorgen machen muss. Er wird mir deine Nachrichten immer zukommen lassen, ohne dass der Alte etwas merkt."

Irmchen hatte Toby mittlerweile wirklich von Herzen lieb gewonnen und ihr Schluchzen wollte und wollte nicht aufhören. Vorsichtig öffnete sie die Küchentür und lugte in den Flur hinaus. Hannes, ihr rücksichtsloser, tyrannischer Ehemann schnarchte immer noch laut und gleichmäßig. Sie drehte sich zu Toby um, winkte ihn heran und flüsterte:

„Beeile dich und sei schön leise, mein Tobylein…"

Der schlich zu dem kleinen, vielleicht sechs Quadratmeter großen Abstellraum am Ende des Flurs, der die ganzen Jahre sein Zimmer gewesen war, um dort eilig einige Sachen zusammen zu packen. Er verstaute hastig alles in seiner alten Umhängetasche, die er normalerweise für den Transport seiner Schulbücher benutzte. Danach pirschte er sich leise nach oben, auf seinen geliebten Dachboden. Er schloss die Bodenluke ganz vorsichtig, um den Alten nicht doch noch vorzeitig auf zu wecken.

Da es draußen bereits stockdunkel war, suchten seine Hände die alte Taschenlampe, die immer links am Trägerbalken stand.

„Da bist du ja", flüsterte er befriedigt, als er sie ertastet hatte. Ihr Lichtstrahl war nicht sehr hell, weil die Batterien schon ziemlich alt waren. Das Taschengeld, was er eigentlich für neue einsetzen wollte, hatte ihm Richard Momsen abgenommen. Na ja, jetzt war es sowieso egal. Als Erstes kroch er in die hintere Ecke des Dachbodens, in der er die Seemannskiste versteckt hatte. Außer den alten Kleidungsstücke, die er zur Tarnung seines Schatzes benutzt hatte und die auf dem Boden verstreut herumlagen, war dort nichts mehr zu finden. Das war doch nicht möglich! Sollte der Alte…? Der Gedanke nahm ihm die Luft. Hatte der Alte tatsächlich die Kiste gefunden? Er war wie gelähmt. Sein Herz raste. Die Augen sondierten den gesamten Dachboden, doch eigentlich erwartete er nicht, sie wieder zu finden. Vorsichtshalber kroch er trotzdem nochmal suchend in jeden Winkel des Bodens. Doch so sehr er sich auch abmühte: Die Kiste war und blieb verschwunden! Genauso mysteriös, wie sie aufgetaucht war.

Doch was war das? Ganz langsam und doch leise knarrend öffnete sich die Bodenluke einen kleinen Spalt. Toby erschrak und starrte angespannt in ihre Richtung. Wenn das jetzt der Alte war, müsste er sehen, dass er irgendwie abhauen könnte. Durchs Dachfenster vielleicht. Doch dann erkannte er im trüben Lichtkegel seiner Taschenlampe Irmchens Augen und er war ziemlich erleichtert.

„Nun beeil dich schon, Junge, - du musst los."

Seine Pflegemutter ermahnte ihn flüsternd aber liebevoll zur Eile.

Es war stockfinstere Nacht und dicke Nebelschwaden hingen in den Straßen. Gelegentlich hörte man in der Ferne das Kläffen eines Hundes, auf das dann gleich mehrere andere mit lautem Gebell antworteten, sowie das Schreien und Fauchen von sich prügelnden Katzen. Der Mond war hinter einigen Wolkenfetzen nur schemenhaft zu sehen.

Da standen sie sich nun gegenüber, um Abschied zu nehmen: Irmchen, die in diesem Augenblick die unglücklichste Frau der Welt war und ihr Pflegesohn Tobyas, der nicht genau wusste, ob er traurig sein-, oder sich freuen sollte. Keiner von Beiden wusste, was die Zukunft bringen würde. Sie zog den Jungen zu sich heran und nahm ihn in die Arme. Tränen kullerten ihr übers Gesicht. Sie küsste ihn heftig auf die Stirn und ihre rechte Hand zerwühlte seine Haare.

„Ach Junge, - wenn ich das alles doch nur wieder gutmachen könnte."

Sie zog Toby zu sich heran, umarmte ihn erneut und flüsterte ihm ins Ohr:

„Du bist was Besonderes, mein Junge…."

„Ja, - na klar, Muttchen. Ich weiß…."

„Nein, nein, - das meine ich nicht! Du bist wirklich ein besonderer Junge. Du hast Fähigkeiten, von denen du noch keine Ahnung hast, von denen du nichts weißt und du hast eine Aufgabe! Hörst du, - du hast eine sehr, sehr wichtige Aufgabe und diese Strolche wollen dich davon abhalten. Mehr weiß ich auch nicht."

Toby löste sich aus ihrer Umarmung, sah ihr in die Augen und fragte:

„Sag mal, Muttchen, hat der Alte gestern oder heute so ´ne Holztruhe vom Boden runtergeholt?"

„Der? Der und auf ´n Boden hochgehen? Das wäre ja Arbeit! Nee, nee, mein Kleiner. Der war da ganz sicher nicht oben. Das hätte ich mitgekriegt."

Irmchen war noch immer völlig aufgelöst und schluchzte nun wieder hemmungslos:

„Geh´ jetzt, Junge. Nun geh´ schon! Mach schnell! Gott im Himmel möge dich segnen und beschützen."

Sie schob ihn sachte von sich weg in Richtung Gehweg.

„Bitte denk daran, dass du Kontakt zum Knochenklempner hältst. Vergiss das nicht, ich ängstige mich sonst zu Tode."

„Ja, ja, mach ich" versprach Toby im Losgehen.

Das „ich hab dich lieb, mein Junge, - ich hab dich sehr, sehr lieb", das Irmchen noch flüsternd hinter ihm her rief, hörte er schon nicht mehr.

Während Toby über ihre Worte wegen seiner angeblich so wichtigen Aufgabe nachdachte, lief er einer ungewissen Zukunft entgegen. Schon sehr bald hatte ihn der dichte Nebel verschluckt…

3. Kapitel - Die Menschenjäger

Das Klopfen an der Wohnungstür klang sehr ungeduldig und Irmchen hörte deutlich mehrere Männerstimmen dahinter. Sie zuckte zusammen, weil sie genau wusste, wer da draußen stand.

„Hannes“ rief sie zaghaft nach ihrem, noch immer seinen Rausch ausschlafenden Mann. Als der auf das Rufen nicht reagierte und das Klopfen an der Tür immer heftiger wurde, verlor sie die Geduld, stürmte ins Wohnzimmer und riss ihrem Hannes wütend die Decke weg:

„Steh´ auf, du nichtsnutziger Trunkenbold! Da ist dein Besuch an der Tür. Du weißt, was die Kerle wollen. Komm gefälligst hoch und kümmere dich darum! Oder soll ich sie so hereinlassen? Eigentlich eine gute Idee! Dann können sie mal sehen, was du für eine Niete bist! Nur saufen, saufen und nichts arbeiten... Ach, - hätte ich doch damals nur auf meine Mutter gehört“, schimpfte sie und verschwand wieder in der Küche.

Hannes war auf Grund des Donnerwetters seiner Frau aufgewacht und versuchte nun, sich aufzusetzen. Dabei stellte er sich allerdings so ungeschickt an, dass er vom Sofa herunter rutschte und ziemlich unsanft auf seinem Hinterteil landete.

Bum, bum, bum… Das Klopfen an der Tür wurde inzwischen immer bedrohlicher.

„Aufmachen! Sofort aufmachen, sonst treten wir die Tür ein!“, schrien die Männer. Der Lärm schmerzte in Hannes

Kopf und alles um ihn herum begann sich zu drehen. Er fühlte sich schlecht. Sehr schlecht sogar, denn er war vom Alkohol noch sichtlich benommen. Vorsichtig versuchte er aufzustehen, verfing sich dabei aber in der Wolldecke, die noch immer um seine Hüften geschlungen war. Er strauchelte, wollte sich am Tisch festhalten, was nicht gelang und riss dann im Fallen mit der Tischdecke die Obstschale, Flasche, Glas und den vollen, stinkenden Aschenbecher herunter. Scheinbar orientierungslos taumelte er nun in Richtung Wohnungstür, krachte mit voller Wucht gegen dieselbe und landete schließlich erneut auf dem Fußboden. Augenblicklich war das Trommeln an der Tür vorbei. Die Männer draußen mussten einen gehörigen Schreck bekommen haben. Hannes rappelte sich wieder auf, sortierte seine Kleidung, um dann zögerlich die Tür zu öffnen.

„Ja bitte?" fragte er.

„Pass auf, du Kasper! Verarsch uns nicht! Du weißt genau, wer wir sind und was wir wollen! Karl Krall, dieser Name sollte dir bekannt vorkommen, alter Saufkopf! Du weißt schon, dein Wohltäter!"

Drei kräftige Kerle in langen, beigefarbenen Mänteln und mit schwarzen, breitkrempigen Hüten auf ihren Köpfen standen drohend im Treppenhaus. Sie sahen nicht so aus, als ob sie auf eine nette, kleine Unterhaltung vorbeigekommen wären. Schlagartig war Hannes hellwach. Er griff reflexartig in seine Hosentasche. Da war tatsächlich das Geld. Genau! Er hatte es gestern von diesem sauberen Herrn Krall bekommen. Es war genau die damals vereinbarte, zweite Zahlung dafür, dass er das Kind, was der Kerl vor knapp vierzehn Jahren vorbeigebracht hatte, heute wieder an ihn übergab. Er und sein Irmchen sollten den Bengel damals für einige Jahre in Pflege nehmen und kurz vor seinem vierzehnten Geburtstag wieder herausgeben. Dafür, und dass sie keine Fragen stellen, erhielten sie das Geld. Nun waren sie da, um seinen Pflegesohn Toby abzuholen und es galt noch immer: Keine Fragen stellen! Darauf hatte ihn der Typ soeben nochmal sehr deutlich hingewiesen. Eigentlich war es Hannes auch wirklich egal, was mit dem Bengel passieren sollte. Als der Kerl gestern mit dem Bündel Geldscheinen vor seinem Gesicht herum wedelte und dabei furchterregend grinste, hatte er zugegriffen und der Übergabe des Jungen für heute zugestimmt. Nun wollte er die Angelegenheit möglichst schnell hinter sich bringen. Er drehte sich um und rief in die Wohnung hinein:

„Toby! Komm her, Junge!"

Als er keine Antwort bekam, versuchte er den ungeduldigen Blicken seiner Besucher auszuweichen und grummelte vor sich hin:

„Wo steckte der Bengel bloß?", um daran anschließend nochmal sehr laut zu schreien: „Tobyas! Komm sofort hierher, du Früchtchen!"

Als auch jetzt kein Toby erschien, begann er hilfesuchend nach seinem Irmchen zu rufen:

„Frau! Irmchen, komm her! Wo steckt denn der Bengel wieder?"

Er blickte dabei entschuldigend zu den drei Männern, die sich gewaltsam in die Wohnung drängten. Dabei schoben sie Hannes unsanft und sehr bestimmt zur Seite. Einer von ihnen packte ihn am Kragen, zog ihn ganz dicht zu sich heran und zischte wütend:

„Ich sag ´s dir zum letzten Mal: Verarsch uns nicht, Saufkopf."

Er stieß den Betrunkenen angeekelt von sich weg, weil er dessen Alkoholfahne nicht ertragen konnte. Hannes stolperte rückwärts, verlor den Halt und fiel auf das Sofa. Fast gleichzeitig setzten sich die zwei anderen Männer rechts und links neben ihm hin, so dass er zwischen den Beiden eingeklemmt wurde. Hannes bekam echte Angst und begann unterwürfig zu stottern:

„Es... es tut mir wirklich sehr leid, meine Herren. Ich... ich weiß auch nicht, wo... wo der Bengel steckt und ich weiß, dass Ihre Zeit sehr kostbar ist."

Die Männer begriffen langsam, dass ihr Gegenüber die Abmachung nicht einhalten konnte. Der hatte inzwischen die Geldscheine aus seiner Hosentasche hervorgeholt und hielt sie dem, der ihn gestoßen hatte, entgegen, während er stammelte:

„Es... es tut mir echt leid. Wirklich. Aber der Bengel ist weg. Sie sehen ja selbst. Hier, bitte, nehmen sie das Geld zurück und gehen sie."

Der Mann lachte laut und höhnisch! Mit einer abwehrenden Handbewegung schlug er gegen das hingehaltene Bündel Banknoten, so dass diese wie Konfetti durch den ganzen Raum flogen. Wütend fauchte er Hannes Kronlechner an:

„Wir wollen das Scheiß-Geld nicht! Wir wollen den Jungen! Sofort!"

Hannes rief - die Männer rechts und links neben sich ängstlich anschauend – erneut nach Irmchen. Die war in der

Küche anfangs noch sehr ängstlich gewesen. Je länger jedoch die unangenehme Situation in ihrem Wohnzimmer andauerte und sich zuspitzte, umso mehr ärgerte sie sich über das unverschämte Benehmen dieser drei Kerle. Sie geriet richtig in Rage, kramte ein großes Tuch aus der Tasche ihrer Schürze, wischte sich das Gesicht ab, schnäuzte sich ausgiebig darin und nahm dann einen riesigen Kochlöffel aus dem Wandregal. Sie schob die Ärmel ihrer Bluse hoch, atmete dreimal tief durch und stürmte ins Wohnzimmer.

„Jetzt ist aber Schluss!" schrie sie die verblüfften Männer an. „Raus! Raus, aber ganz schnell!"

Mit einer Kraft, die man dieser zierlichen Frau nie zugetraut hätte, schlug sie mit dem Kochlöffel auf die drei Kerle ein.

„Ihr unverschämten Mistkerle! Ihr Flegel! Ihr solltet euch was schämen! Stehlt dem lieben Gott den Tag und belästigt kleine Leute, die sich gegen euch Banditen nicht wehren können! Raus, ihr Lumpengesindel! Raus aus meiner Wohnung, aber schnell!"

Sie trieb die völlig verdutzten Männer laut schimpfend und auf sie einschlagend vor sich her in Richtung Haustür. Als sich die ersten beiden im Treppenhaus in Sicherheit gebracht hatten, schubste sie den letzten hinterher und warf die Tür mit Schwung zu. Krachend fiel sie ins Schloss! Augenblicklich war alles ruhig.

Nach einem kurzen Augenblick hatten sich die drei Überrumpelten wieder gefangen und begriffen langsam, dass sie gerade alle Drei von einer kleinen Frau mit einem Kochlöffel rausgeschmissen worden waren. Von dieser Peinlichkeit durfte ihr Chef Karl Krall niemals etwas erfahren! Sie begannen von neuem gegen die Wohnungstür zu trommeln.

„Aufmachen, Du Schlampe! Sofort aufmachen, du Drecksweib! Gebt sofort den Jungen raus, sonst…“

In diesem Augenblick riss Irmchen die Tür auf und stand den erneut völlig überraschten Männern wutschnaubend gegenüber. Sie hatte inzwischen das umher liegende Geld aufgesammelt und schob die Geldscheine mit der linken Hand, dem direkt vor ihr stehenden Mann in den Ausschnitt seines Umhanges, ohne darauf zu achten, dass einige Banknoten zur Erde fielen. Mit der rechten Hand hielt sie ihm dabei den großen Kochlöffel drohend unter die Nase und fauchte:

„Schlampe? Hast Du gerade Schlampe zu mir gesagt?“

Der schwere Holzlöffel sauste auf den Kopf des Mannes herunter und es krachte dabei gefährlich.

„Der Junge wohnt hier nicht mehr! Habt ihr verstanden? Es gibt hier keinen Tobyas Thorsen mehr! Und ihr Gesindel lasst euch hier nie wieder sehen! Ihr Lumpen! Ich hetze euch die Polizei auf den Hals und jetzt macht, dass ihr wegkommt!“

Wieder krachte die Tür ins Schloss. Hannes saß mit aufgerissenen Augen und geöffnetem Mund auf dem Sofa. Er war hellwach und hatte die Szene mucksmäuschenstill beobachtet. Was war das denn gerade gewesen? War das sein immer ruhiges, immer ängstliches Irmchen? Oder hatte er vielleicht nur eine alkoholbedingte Halluzination gehabt? Er suchte mit dem liebevollsten Gesichtsausdruck, zu dem er fähig war, Augenkontakt zu ihr. Sie jedoch würdigte ihn keines Blickes, als sie an ihm vorbei, Richtung Küche verschwand.

4. Kapitel - Allein in der Nacht

Toby war innerlich ziemlich aufgewühlt und lief ziellos durch die Nacht. Das Echo seiner Schritte wurde von den Häuserwänden scharf zurück geworfen und es fröstelte ihn ein bisschen. Nicht, dass er wirklich fror, so kalt war es noch nicht; es war dieses besondere, komische Kältegefühl, das er jedes Mal bekam, wenn es ihm ein bisschen unheimlich wurde. Dann liefen ihm Schauer durch den ganzen Körper, die sich anfühlten wie Millionen kleiner Nadelstiche, gepaart mit einer seltsamen Eiseskälte, die ihn wellenartig von oben nach unten durchflutete.

Plötzlich hörte er links neben…, nein, es war wohl doch eher hinter sich, ein deutliches Rascheln im Gebüsch. Er stoppte und lauschte angestrengt in die Dunkelheit hinein, während eine noch heftigere Welle von Nadelstichen durch seinen Körper raste und ihn beinahe lähmte. Kalter Schweiß stand ihm auf der Stirn und seine rechte Hand kramte hastig in der Umhängetasche nach der Taschenlampe. Vorsichtig und sehr langsam drehte er sich in Richtung des Geräusches, während er dabei die Taschenlampe behutsam aus der Tasche herauszog, das Gebüsch sorgfältig anvisierte, um dann plötzlich das Licht einzuschalten. Von der Helligkeit erschreckt sprangen im selben Augenblick zwei Katzen aus dem Buschwerk direkt vor Toby auf den Gehweg, um pfeilschnell und laut schreiend in einer Nebenstraße zu verschwinden.

Augenblicklich war die Spannung von ihm abgefallen und er bemerkte, dass seine Knie weich wurden und einzuknicken drohten. Ihm war ganz schlecht. Er versuchte seine Gedanken zu ordnen und atmete tief durch.

„Nur Katzen", sagte er erleichtert zu sich selbst, „nur Katzen."

Er schaltete das Licht der Taschenlampe wieder aus, drehte sich zurück in die Richtung, in die er ursprünglich gegangen war und knallte schon beim ersten Schritt gegen etwas, was da vorher noch nicht gewesen war. Vor Schreck brachte er keinen Laut hervor und als sich eine kräftige Hand auf seine Schulter legte, hatte er das Gefühl, sein Herz bliebe stehen.

„Was machst du denn um diese Zeit noch auf der Straße, Junge?", hörte er eine männliche Stimme in gedämpfter Lautstärke fragen. Toby konnte noch immer nichts sagen. Es war, als steckte ihm ein dicker Kloß im Hals. Er zitterte am ganzen Körper. Die Stimme wurde jetzt freundlicher:

„Hab´ keine Angst, Junge. Es waren doch nur Katzen."

Unter der großen Hutkrempe erkannte er im Scheinwerferlicht eines vorbeifahrenden Autos das Gesicht vom Putzer.

„Herr..., Herr Van de Kust! Ich muss..., äh, ich will..., nein, ich meine, Sie sollten...", stammelte Toby völlig entnervt.

Hubertus Van de Kust schaute ihn besorgt an und bedeutete ihm, durch den über die Lippen gelegten Zeigefinger, dass er leiser sein sollte.

„Schon gut, mein Junge. Beruhige dich erst mal. Du bist doch der Tobyas Thorsen, nicht wahr? Warst Du es nicht, der sich heute Nachmittag so interessiert die ‚Dicscha' in meinem Schaufenster angeschaut hat?"

„Ja, ja, - also ich meine nein; ich kenne keine Dicscha! Aber, wissen Sie? Also, sie haben mich verkauft! Ich kann nie mehr nach Hause zurück", platzte es aus ihm heraus.

„Nicht so laut, Junge. Sie haben dich verkauft? Wer hat dich verkauft?" wollte der Putzer wissen.

„Na, die Kronlechners! Meine Pflegeeltern! Irmchen, ich meine, meine Pflegemutter hat mich am späten Abend gewarnt und weggeschickt. Ich soll ja nicht zurückkommen, hat sie gesagt", sprudelte es, nun ebenfalls flüsternd, förmlich aus seinem Munde hervor. „Der Alte war wieder völlig besoffen und hat ´nen Haufen Geld genommen und dann sind Männer gekommen, die mich holen sollten."

Der Putzer legte seinen Arm um Tobys Schultern und lenkte ihn mit leichtem Nachdruck über die Straße, während er dabei die Umgebung sondierte, so als ob er befürchtete, von irgendjemandem entdeckt, oder verfolgt zu werden.

„Du kommst jetzt erst mal mit zu mir und dann sehen wir weiter", sagte er leise in einem wohltuend freundlichen Ton, der dennoch keinerlei Widerspruch zuließ. Erst jetzt bemerkte Toby, dass sie sich in der Kirchstraße befanden und direkt auf den Kolonialwarenladen von Hubertus Van de Kust zuliefen.

„Du hast doch da so ´ne Taschenlampe, nicht wahr? Sei doch so gut und leuchte mir mal auf das Türschloss, Toby Thorsen", flüsterte der Putzer ihm zu, ganz so, als ob er befürchtete, durch zu viel Krach die Nachbarn zu wecken.

Er hatte ein großes Schlüsselbund aus der Hosentasche hervorgeholt und suchte ganz vorsichtig, um Lärm zu vermeiden, den passenden Schlüssel für die mit einem zusätzlichen Eisengitter versehene Ladentür. Drei verschiedene Schlösser mussten mit unterschiedlichen Schlüsseln geöffnet werden; eins oben, eins in der Mitte und eins im unteren Bereich der Tür. Als er den Eingang vorsichtig öffnete, wollte ein sehr einfacher Mechanismus gerade automatisch ein kleines Glöckchen betätigen, das innen im oberen Türrahmen befestigt war, doch Hubertus Van de Kust war schneller! Blitzschnell griff er durch den geöffneten Türspalt nach oben. Er erwischte die Bimmel, bevor sie ihren eigentlichen Zweck erfüllen konnte und dadurch vielleicht die ganze Umgebung geweckt hätte.

„Komm“, flüsterte er und bedeutete ihm mit einer Kopfbewegung, einzutreten. Suchend fingerte er in der Dunkelheit nach den Schlüssellöchern, um die Tür wieder sicher zu verschließen.

Toby versuchte währenddessen, sich im Halbdunkel des Raumes zu orientieren. Durch den hereinfallenden Lichtkegel eines vorbeifahrenden Autos bewegten sich die Schatten der ausgestopften Tiere gespenstisch über Fußboden und Wände. Dazu spielten die unzähligen Wand- und Standuhren mit ihren ungleichen Tickgeräuschen ein unheimliches Konzert, was ihm kalte Schauer über den Rücken laufen ließ.

Noch bevor sich Toby darüber klar werden konnte, ob er sich fürchten sollte, oder vielleicht doch nicht, spürte er die Hand vom Putzer erneut in seinem Rücken. Der schob ihn mit den gemurmelten Worten „nun geh´ schon“ in Richtung eines Durchganges im hinteren Teil des Ladens. Durch einen schweren, dunkelroten Vorhang kamen sie in einen schmalen Flur, von dem nach rechts zwei geschlossene Türen abgingen. Auf der linken Seite führte eine klapperig aussehende Holztreppe ins Obergeschoß und Hubertus Van de Kust deutete dem Jungen, er solle dort hinauf, nach oben gehen. Das Knarren der Stufen erschien ihm zuerst bedenklich laut zu sein. Als allerdings plötzlich aus dem Laden ein furioses Konzert von vielen unterschiedlichen ‚bim-bam´s' und ‚kuckuck´s' zu hören war, ging er auf den letzten Stufen ganz normal. Oben angekommen, öffnete der Putzer mit einem Schlüssel, den er vom Türrahmen heruntemahm, eine kleine, ziemlich niedrige Zimmertür und schob Toby hinein. Drinnen schaltete er das Licht an, doch die viel zu schwache Glühlampe machte den Raum nicht wirklich hell.

„Dies ist das Zimmer meiner Tochter Christin. Sie ist ungefähr in deinem Alter. Wirst sie sehr bald kennenlernen. Heute Nacht schläfst du hier, aber bitte, sei ganz leise. Ich weiß nicht, ob die Lumpen heute nochmal wieder kommen."

„Welche Lumpen kommen heute vielleicht nochmal wieder?", wollte Toby besorgt wissen.

„Mach dir keine Sorgen. Schlaf jetzt! Wir reden dann morgen beim Frühstück", antwortete der Putzer. Er drehte sich im Hinausgehen nochmals kurz um und murmelte:

„Und bitte, lass bitte alles so stehen, wie es steht. Ich möchte nicht, dass es wieder Stress gibt, wenn Christin zurückkommt. Also, gute Nacht, Tobyas Thorsen."

Leise verschloss er die Tür und Toby war allein…

Da stand er nun auf einmal mitten in einem typischen Mädchenzimmer. Zu allen Überfluss sollte er hier auch noch schlafen. Nur gut, dass ihn keiner seiner Kumpels sehen konnte. Er schaute sich um. Drei der mit Raufasertapete beklebten Wände waren in einem kräftigen rosa gestrichen. Igitt! Einige Poster von Tokio Hotel, Hannah Montana, High School Musical und Zac Efron waren an der einen Wand zu einer großen Collage drapiert und auf dem Bett lagen neben vielen kleinen Kissen, unzählige Stofftiere und Puppen. Er überlegte gerade, ob er nicht vielleicht doch auf dem Stuhl, im Sitzen schlafen sollte, als ihm der etwas muffige Geruch auffiel. Puhhh, wahrscheinlich hatte hier in den letzten Tagen niemand mehr gelüftet. Toby rümpfte die Nase; er wusste nicht genau, ob ihn nun wegen des seltsamen Gestanks, wegen der aufdringlichen rosa Farbe, oder wegen der vielen Puppen und Plüschtiere die Übelkeit überkam. Er schaltete das Licht aus, ging rasch zum Fenster hinüber und öffnete es vorsichtig. Mit kräftigen Zügen sog die frische Nachtluft in seine Lungen ein. Das tat wirklich sehr gut…

5. Kapitel - Ein heimlicher Brief

Die Ereignisse der vergangenen Stunden zogen noch einmal in seinen Gedanken an ihm vorüber: Die Seemannskiste auf dem Dachboden; er war sich sicher, dass sie vorher nicht da gestanden hatte. Die Zeitung in der unbekannten Schrift, die er trotzdem lesen konnte. Die kleine Blechschachtel im Schaufenster mit den gleichen, seltsamen Schriftzeichen, die jedoch Worte ergaben, die er nicht kannte. Die mit rotem Filzstift gezeichnete Straßenskizze neben der markierten Annonce des Kolonialwarenhändlers. Die wilde Flucht vor Momsen und seiner Gang. Und dann noch dieser seltsame Gandalf-Verschnitt mit dem großen Lederhut auf dem Kopf. Das freundliche Lächeln des geheimnisvollen Mannes hatte er augenblicklich klar vor Augen. Was hatte er nochmal gesagt? Deutlich erinnerte sich Toby an die Worte:

„Na, du Held“, hatte er gesagt, „hast wohl grad´ ´ne Menge Probleme?“

Und dann hatte er sie exakt aufgezählt, seine momentanen Probleme. Er kannte sie alle:

„Der Momsen; der alte Kronlechner; der Krall. Und dann auch noch dein Vater!“

Genau! So hatte er es gesagt. Auch, dass er nicht in Tobys Haut stecken wolle. Das Wort *Vater* hatte er dabei tatsächlich recht merkwürdig betont. Doch halt! Mit Vater konnte er ja gar nicht den Alten gemeint haben, denn er hatte ja vorher in seiner Aufzählung den ‚alten Kronlechner‘

namentlich genannt. Und dann noch dein Vater! Der alte Kronlechner und dann noch mein Vater…

Der Brief! Dieser Kerl hatte ihm doch einen Brief gegeben! Genau! Ein Brief! Wo war er denn bloß? Seine Hände durchwühlten die Hosentaschen. Nichts! Nachdem er die Vorhänge zugezogen- und das Licht wieder eingeschaltet hatte, schob er Kissen und Stofftiere seiner abwesenden Gastgeberin zur Seite und schüttete den gesamten Inhalt seiner Umhängetasche aufs Mädchenbett. Aufgeregt durchwühlte er alles. Wieder nichts! Sein Pulsschlag erhöhte sich langsam wieder und er spürte erneut deutlich, wie sein Herz kräftiger zu pumpen begann. Wo konnte dieser Brief nur geblieben sein? Während er sich auf die Bettkannte gesetzt hatte, überlegte er angestrengt, ob er ihn vielleicht auf dem Dachboden vergessen haben könnte. Vielleicht hatte er ihn gar verloren. Wie zufällig streifte, während des Nachdenkens, sein Blick die über dem Stuhl hängende Jacke. Augenblicklich fiel es ihm wieder ein! Die Innentasche! Dort hatte er den Brief hineingesteckt, nachdem er ihn von der Erde aufgehoben hatte und der Mann so plötzlich verschwunden war. In die Innentasche seiner Jacke!

Langsam, fast würdevoll stand er vom Bett auf. Er ließ den Stuhl mit der Jacke nicht mehr aus den Augen – gerade so, als ob sie jemand im letzten Augenblick dort wegnehmen könnte. Um möglichst jedes Knarren der Fußbodendielen zu vermeiden, bewegte er sich behutsam und völlig lautlos zur Jacke hinüber. Seine Hand berührte das Kleidungsstück vorsichtig, strich langsam an ihr herunter, tastete sich auf der Innenseite bis zur Tasche vor und glitt hinein. Toby wurde fast ohnmächtig, als er in der Jackentasche nichts ertasten konnte. Irgendwie schien ihm plötzlich alles Blut aus dem

Kopf zu entweichen und er musste sich am Stuhl festhalten und die Augen schließen, weil ihm schwindlig wurde. Dann begann sein Herz erneut zu rasen und er spürte es bis zum Hals hinauf. Alle Vorsicht war jetzt vergessen. Toby riss die Jacke vom Stuhl und durchwühlte hektisch sämtliche Taschen des Kleidungsstückes. Da! Da endlich! In der anderen Innentasche war ein Loch im Futter und der Brief war nach unten durchgerutscht. Nach wenigen Augenblicken hielt er das Schreiben in der Hand und die Nervosität und Hektik wich sogleich einer angespannten Ruhe.

Der Junge setzte sich gerade wieder aufs Bett, als ein lautes, langegezogenes, quakendes Geräusch hinter ihm die Stille zerriss. Er fuhr erschrocken herum und spürte seinen Herzschlag erneut bis in jede einzelne Haarwurzel.

Gott sei Dank - es war nur eine Babypuppe, die umgefallen war und ihr typisches „Mamaaaaaa“ quakte. Noch mehr solcher Aufregungen würde er wahrscheinlich heute Abend nicht mehr ertragen können, dachte er. Doch es sollte noch ganz anders kommen. Zuerst aber setzte er sich erleichtert wieder hin und während er sich mehr und mehr beruhigte, betrachtete er sehr aufmerksam das zerknitterte Kuvert: *„An Tobyas Thorsen“* stand vorne auf der Hülle und hinten hatte der Schreiber seinen Absender aufgeschrieben: *„Thomas Thorsen – zurzeit wohnhaft in Toro“*.

Bedächtig strich er den Umschlag mit den Händen glatt, öffnete ihn beinahe liebevoll und zog den Brief behutsam heraus. *„Mein lieber Sohn“* las er die Überschrift.

Er drehte den Brief herum und sah die Unterschrift: *„Dein dich immer liebender Vater“*. Er las es noch einmal, als ob er sich vergewissern wollte, dass das da auch wirklich stand: *„Dein dich immer liebender Vater“*.

Er ließ sich nach hinten aufs Bett fallen, hielt den Brief mit beiden Händen fest umklammert, als ob er befürchtete, dass man ihn ihm wegnehmen könnte und schloss die Augen. Er hatte es gewusst. Er hatte es immer gewusst und keiner wollte ihm glauben. Hier war der Beweis! Er hatte einen Vater! Einen richtigen, echten, eigenen Vater! Toby öffnete wieder die Augen und begann den Brief zu lesen:

„Mein lieber Tobyas,

ich bete zum Ewigen, dass Du diesen Brief erhältst. Mittlerweile bist Du fast vierzehn Jahre alt und es gibt nur diese eine Chance für mich, mit dir Kontakt aufzunehmen. Ich habe nur sehr wenig Zeit, dir diese Zeilen zu schreiben, da wir hier immer der Gefahr der Entdeckung ausgesetzt sind.

Auf einer alten Zeitung habe ich markiert, wo sich ‚Etwas' befindet, was unserer Familie gehört. Ein Freund hat diese Zeitschrift aus Toro herausgeschmuggelt und Du solltest sie inzwischen erhalten haben. Als man deine Mutter und mich entführte, konnte ich dieses ‚Etwas' noch kurz vorher einem guten, alten Freund zuspielen, der es in Verwahrung genommen hat. An deinem 14. Geburtstag wird die Verantwortung für dieses ‚Etwas' von mir auf Dich übergehen. Du wirst dann auch all die seltsamen Worte verstehen, die mit den komischen Schriftzeichen auf dem ‚Etwas' geschrieben stehen. Ich kann hier nicht deutlicher schreiben, falls der Brief doch in falsche Hände geraten sollte.

Nur so viel noch: Als Du geboren wurdest, hat man deiner Mutter und mir erzählt, dass Du tot zur Welt gekommen seist. Ein Mann, der sich Karl Krall nannte, hatte der Hebamme damals Geld gegeben, damit sie uns diese Lüge erzählte. Dann hat man dich bei Pflegeeltern untergebracht, um dich nicht zu beunruhigen und dich dadurch besser kontrollieren zu können.

Erst einige Wochen später erfuhren wir, dass man uns belogen hatte und dass Du lebst. Als wir dich zurückholen wollten, hat man uns entführt und seit dieser Zeit halten sie uns gefangen. So will man vermeiden, dass ich vor deinem 14. Geburtstag selber Zugriff auf dieses ‚Etwas' bekomme. Das wäre für meine Entführer nämlich in bestimmten Situationen sehr gefährlich.

Aus dem gleichen Grund haben sie große Angst vor dir, weil sie wissen, dass die Verantwortung und alles was dazu gehört, in diesem Jahr am Ende des achten Monats auf dich übergehen wird und dass dann Du ab deinem vierzehnten Geburtstag ein mächtiger und gefährlicher Gegner für sie sein wirst.

Wir haben keine Ahnung, was sie mit dir vorhaben; wir wissen nur so viel, dass sie alles daran setzen werden, um dich auszuschalten. Du musst besonders in den Tagen vor deinem vierzehnten Geburtstag sehr, sehr vorsichtig sein und auf alles Ungewöhnliche achten. Am besten, Du versuchst dich irgendwo zu verstecken, bis ein gewisser Ursu Kontakt zu dir aufnimmt. Er ist der Mann, der dir den Brief übergeben hat. Er ist der Freund, von dem ich vorhin sprach. Ihm kannst Du absolut vertrauen. Egal was passiert, halte dich immer an Ursu!

Deine Mutter Marie und ich werden nun schon über 13 Jahre an einem Ort festgehalten, den man Toro nennt. Ursu wird dir erklären, was für ein Ort das ist und wo er liegt. Solange das Wissen um dieses ‚Etwas' bei mir liegt, sind wir hier einigermaßen sicher. Ab deinem Geburtstag sind wir allerdings nicht mehr wertvoll für unsere Entführer. Was dann passiert, weiß der Himmel. Mama geht es von Jahr zu Jahr immer schlechter. Sie ahnt, dass es bald zu Ende sein wird und ihr größter Wunsch ist, dich vorher noch einmal kennen zu lernen. Ach, mein Junge, das möchte auch ich so gern…"

6. Kapitel - Entkommen

Plötzlich hörte Toby Stimmengemurmel, - leise, aber doch laut genug, dass es seine Aufmerksamkeit erregte. Die Stimmen kamen von der Straße. Der Brief verschwand blitzschnell zusammengefaltet in seiner Hosentasche. Er würde ihn später in Ruhe zu Ende lesen. Vorsichtig schlich er zum Fenster, schob den Vorhang ganz behutsam ein Stück zur Seite und sah vier Männer mit schwarzen, breitkrempigen Hüten und hochgeschlagenen Mantelkrägen vor dem Haus stehen, die sich mit gedämpfter Stimme unterhielten.

Während sie so miteinander sprachen, drehte einer der Vier wie zufällig seinen Kopf herum und schaute nach oben, - direkt zu dem Fenster, hinter dem Toby stand. Der Junge zuckte zurück und stand wie erstarrt mit dem Rücken zur Wand. Augenblicklich wurde ihm klar, dass die Männer nur wegen ihm hier sein konnten. Zufällig blieb sein Blick auf der gegenüberliegenden Zimmertür hängen, als er versuchte, seine Gedanken zu ordnen. Doch was war das? Ihm stockte der Atem, als er bemerkte, dass sich die Türklinke ganz langsam nach unten bewegte. Sein Herz wummerte wie verrückt und es war, als ob ihm jemand den Hals zudrücken würde. Augenblicke später wurde die Tür langsam, mit einem leisen Knarren geöffnet. Gott sei Dank! Es war nur der Putzer, der sich, jeden Lärm vermeidend, ins Zimmer schob:

„Du musst weg, - schnell, - nimm deine Sachen."

Während er noch sprach, begann er Tobys auf dem Bett ausgeschüttete Sachen wieder in der alten Umhängetasche zu verstauen.

„Schnell, zieh deine Jacke an, Junge. Das da unten ist der Krall mit seinen Männern. Das sind die üblen Kerle, die hinter dir her sind. An sie bist du auch verkauft worden. Also, schnell, schnell, du musst hier weg. Beeil´ dich!“

Er hängte Toby seine Tasche über die Schulter und zog anschließend etwas aus seinem Morgenmantel hervor:

„Hör´ mir jetzt bitte genau zu, mein Junge. Also, dein Vater ist ein sehr guter, alter Freund von mir und er hat mir vor langer Zeit etwas für dich übergeben….“

„Ich weiß“, flüsterte Toby, der sich an den Inhalt des Briefes erinnerte, „wenn ich vierzehn bin, werde ich die Verantwortung dafür bekommen.“

Verblüfft schaute ihn der Putzer an.

„Ja, das stimmt genau! Es ist die kleine Schatulle mit den kostbaren Verzierungen, du weißt schon, die aus meinem Schaufenster, für die du dich so interessiert hast. Es ist jetzt keine Zeit, dir alles zu erklären, nur so viel: Dieses Ding wird ‚Dicscha‘ genannt. Das ist eine Abkürzung für ‚Dictum‘ und ‚Schatulle‘, was so viel wie ‚Befehls-Kassette‘ bedeutet. Ohne dieses Kästchen wirst du niemals wirklich ganz in deine Bestimmung hineinkommen. Es ist sozusagen der entscheidende dritte Teil eines geheimen Notfallprojekts, das ‚Trias‘ genannt wird. Dies führt zu zwei geheimen Verstecken in Verbola, in denen absolut wirksamen Dinge für den Kampf gegen den Dunklen Großfürsten hinterlegt sind. Die vier Strolche da draußen waren gestern Abend schon mal hier und wollten die Dicscha klauen. Es sind Schattenkrieger der Dunklen Residenz und…“

„Es sind was für Krieger?“, fragte Toby ungläubig lächelnd.

„Das ist kein Spaß, Junge! Es sind Schattenkrieger der Dunklen Residenz und sie haben den Auftrag, um jeden Preis zu verhindern, dass du diese kleine Dose bekommst. Sie fesselten und schlugen mich, aber ich hatte die Schatulle Gott sei Dank inzwischen gut versteckt und habe ihnen weiß gemacht, dass ich sie längst an dich übergeben habe. Als dann meine Tochter Christin völlig ahnungslos nachhause kam, konnte ich sie gerade noch rechtzeitig durch einen Schrei warnen, sodass sie ihnen wohl entwischt ist. Das gute Kind hat es scheinbar tatsächlich im allerletzten Augenblick geschafft.“

Hubertus Van de Kust zog ihn am Ärmel seiner Jacke hinter sich her, auf den Flur…

„Mach schnell Junge, - du gehst hier hinaus…“

Als sie das Ende des Flurs erreicht hatten, öffnete der Putzer das Fenster und Toby kletterte hinaus, auf das Dach einer angrenzenden Garage.

„Du musst nach hinten und dann runter, durch den Garten zum Nachbargrundstück. Dort kommst du durch das Treppenhaus raus auf die Straße. Im Durchgang findest du ein schwarzes Fahrrad mit meinem Firmenschild an der Querstange, - hörst du? Ein schwarzes Fahrrad! Das nimmst du dir und dann fahr damit so schnell du kannst nach Melsin, in die Glockengasse zwölf. Da wohnen Verwandte von uns. Bestimmt ist Christin auch dorthin geflohen. Hast du das verstanden?“

Er schüttelte Toby an den Schultern, um sicher zu sein, dass er die Aufmerksamkeit des Jungen hatte und fuhr fort:

„Frage dort nach Christin Van de Kust. Sie wird dich dann dort mit einem gewissen Ursu zusammenbringen…“

„Ja, ich kenne diesen Namen. Mein Vater schrieb…“

„Schon gut, Junge. Hör´ mir zu! Sei bitte sehr, sehr vorsichtig und denke daran, dass es Leute gibt, die dich jagen und die um jeden Preis verhindern wollen, dass diese überaus wichtige Schatulle Ende des Monats in deinem Besitz ist. Wenn du meine Tochter gefunden hast, vergewissere dich, dass es auch wirklich Christin ist, die du vor dir hast. Teste sie mit der Frage: Erwartest Du Besuch?“

„Ja und?“, fragte Toby, „wie lautet die richtige Antwort?“

Hubertus Van de Kust zog den Jungen jetzt ganz nah zu sich heran und flüsterte ihm eindringlich ins Ohr:

„Sie wird dir antworten: ‚Ursu kommt wie immer‘. Daran wirst Du Christin erkennen! Es ist ganz wichtig, dass du dich vergewisserst, dass es wirklich meine Tochter ist, hörst Du? Das ist ganz wichtig, - nur mit ihr darfst du offen sprechen. Nur sie darf vom Brief deines Vaters wissen!“

Toby nickte heftig.

„Los, los, nun beeil dich schon. Glockengasse zwölf. Christin Van de Kust. Nur mit ihr sprich offen. Hast Du verstanden? Und frag sie: ‚Erwartest Du Besuch?‘ Du weißt schon, ‚Ursu kommt wie immer‘. Bitte, Junge, achte gut auf die Dicscha! Wenn sie in die Hände dieser Verbrecher fällt, ist alles verloren“, und wie, um sich selbst Mut zu machen, fügte er noch hinzu, „na ja, es wird schon alles gutgehen!

Nun beeile dich! Viel Glück Toby Thorsen. Wirst es gebrauchen können. Und bitte, sei sehr, sehr vorsichtig."

Leise schloss der Putzer das Flurfenster und zog vorsichtig die Vorhänge wieder zu.

Nun war Toby allein und lag mit dem Bauch nach unten auf dem kalten Garagendach. Er konnte die Stimmen der vor dem Haus stehenden Männer jetzt deutlicher hören. Er wusste genau, dass es falsch war, noch länger hier zu bleiben. Es war wie ein geheimer, innerlicher Zwang, der ihn vorsichtig nach vorne, in Richtung der Stimmen kriechen ließ. Als er die Dachkante der Garage beinahe erreicht hatte, schob er seinen Kopf ganz vorsichtig in eine Position, aus der er die Männer gut sehen konnte. Angestrengt versuchte er zu verstehen, was sie besprachen.

„...darf es auf keinen Fall nochmal passieren, dass er uns wieder entwischt, habt ihr das verstanden? Schließlich gehört ihr als ‚Verwirrer' zur Elitetruppe der Dunklen Residenz! Also, bis zum Ende des Monats müssen wir den Bengel haben, sonst gibt es richtigen Ärger und wir finden uns selbst alle im Knast von Toro wieder..."

„Du meinst, sie würden uns in den ‚Stall' sperren?"

„Na klar würden sie das! Und den ‚Stall' hat bisher noch niemand lebend verlassen. Also, wir erledigen zuerst den alten Mann; der steht ja sowieso auf der Liste und danach greifen wir uns diesen kleinen Flegel. Pass´ aber dieses Mal besser auf! Noch so einen Fehler wie bei den Kronlechners und ich werde dich sofort zurück schicken. Ich schwör ´s dir, bevor ich mir wegen dir die Karriere versaue, werde ich beim Dunklen Großfürsten für deine Degradierung sorgen."

Noch während er sprach, stieß er dem Angesprochenen heftig mit der Faust gegen die Schulter, ganz offensichtlich um seinen Worten den nötigen Nachdruck zu verleihen. Durch die Wucht des Stoßes strauchelte der Andere einen Schritt nach hinten und vollführte dabei eine ungewollte, leichte Drehbewegung, die seinen Kopf dabei zufällig in Tobys Richtung schleudert. Einen Augenblick schien es so, als ob er ihn nicht entdeckt hätte und er wandte sich wieder seinen Kumpanen zu. Doch sie sprachen nun sehr viel leiser als vorher und so sehr sich Toby auch bemühte, er konnte nichts mehr verstehen. Der Anführer der Gruppe blickte, während der Gestoßene weitersprach, mehrmals kurz, aber betont unauffällig, aus den Augenwinkeln in Tobys Richtung, ohne das er sich dabei irgendwie bewegte.

Reflexartig zog der Junge seinen Kopf zurück und zuckte zusammen. Er war sich ziemlich sicher, dass die Kerle ihn entdeckt hatten. Behutsam und jedes Geräusch vermeidend schob er sich nach hinten weg, in die Richtung, die ihm der Putzer gezeigt hatte. Seine Beine baumelten bereits nach unten und gerade wollte er sich hinunter gleiten lassen, als auf der ihm gegenüberliegenden Vorderseite eine Hand auftauchte, die sich an der Dachkante festhielt. Als Augenblicke später dann das Gesicht eines der Männer erschien, war Toby bereits auf dem Weg zum Nachbarhaus. Glücklicherweise erfasste der schwache Lichtkegel des Suchscheinwerfers den Flüchtenden nicht, als er die Nacht mehrfach dicht über Tobys Kopf wie ein energieloses Laserschwert zerschnitt.

„Mit dieser Funzel sehe ich hier gar nichts“, rief der Mann verärgert nach unten. „Gebt mir mal ´ne richtige Leuchte hoch. Los, - nun macht schon…“

Inzwischen war auch der Anführer aufs Dach geklettert und sah sich dort suchend um.

„Hier ist niemand!“, rief er verärgert in gedämpfter Lautstärke.

„Hier hinten auch nicht“, antwortete sein Kumpan von der anderen Seite.

„Ich hab´ aber ganz deutlich ein Gesicht gesehen“, schallte es von unten aufs Dach herauf. „Es war hundertprozentig ein Jungengesi…“ Genau in diesem Moment hörte man im Hintergrund das Klappen einer Haustür…

„Das ist er! Beeilt euch! Schnell, schnell zum Wagen!“

Hinter dem Vorhang stehend beobachtete der Putzer erleichtert, wie die Ganoven plötzlich in ihr Auto sprangen und mit quietschenden Reifen davon rasten…

Toby trat so heftig in die Pedalen, wie er nur konnte, als er hinter sich, am Ende der Straße, das Auto mit quietschenden Reifen um die Ecke kommen hörte. Als er sich kurz umsah, erkannte er im Gegenlicht der Straßenbeleuchtung die Umrisse der vier Gestalten mit den großen Hüten darin.

Er erhöhte seine Geschwindigkeit, aber der Wagen kam immer näher. Er wusste genau, dass jetzt eine gute Idee sehr hilfreich wäre, um diese Kerle abzuhängen. Praktisch in den Pedalen stehend, raste er Richtung Innenstadt und das schummrige Licht der Straßenlaternen ließ seinen riesigen Schatten gespenstisch über die Häuserfronten huschen. Das Fahrzeug der Ganoven hatte mittlerweile zu ihm aufgeschlossen und bedrängte ihn von hinten. Sie rasten gerade am Stadtpark vorbei, als er plötzlich und für seine Verfolger völlig unerwartet nach rechts abbog. Wirklich im allerletzten Moment erwischte er das schmale Fußgängertor, das in den Stadtpark hineinführte und verschwand zwischen Büschen und Bäumen. Hinter sich hörte er abermals quietschende Reifen, klappende Autotüren und das zuerst noch laute Fluchen seiner Verfolger wurde mit zunehmender Entfernung schnell leiser…

Es war noch stockfinstere Nacht, als Toby nach mehr als einer Stunde rasanter Fahrt das Ortsschild von Melsin im schwachen Lichtstrahl seines Fahrradscheinwerfers erkannte. Er stoppte und versuchte sich zu orientieren, was durch die Dunkelheit nicht einfacher wurde. In dem kleinen Ort war um diese Zeit die Straßenbeleuchtung längst abgeschaltet und der hinter dem Dorf am Himmel stehende Mond lies die Umrisse der Häuser durch den langsam aufsteigenden Bodennebel silhouettenhaft, fast wie ein Scherenschnitt aussehen. In der Ferne hörte man das Bellen einiger Hunde, die sich über große Entfernungen zu unterhalten schienen. ‚Glockengasse' hatte der Putzer gesagt. ‚Glockengasse, Glockengasse…'.

Während Toby versuchte, die angegebene Adresse ausfindig zu machen, schob er das Fahrrad durch die engen Straßen und Gassen. Sein Blick blieb am Umriss des Dorfkirchturms hängen, der sich deutlich gegen das Halbdunkel des Nachthimmels abhob.

„Genau", flüsterte er wie zur eigenen Bestätigung, „die Glockengasse wird sicherlich bei der Kirche sein."

Seine Schrittgeschwindigkeit erhöhte sich scheinbar von selbst und er eilte zielstrebig in Richtung Kirchturm. Es dauerte nicht mehr lange, bis er in die Glockengasse einbog und endlich vor dem Haus mit der Nummer zwölf stand. Er hatte es geschafft! Es war, als ob eine Zentnerlast von ihm abfiel. Langsam wich die Anspannung und sein Körper schien sich allmählich zu beruhigen. Er bemerkte deutlich, wie Kälte und Müdigkeit in ihm aufstiegen und den Wunsch nach einem ruhigen, warmen Nachtlager in ihm wachsen ließen. In der Tat! Jetzt war ganz sicherlich nicht die richtige Uhrzeit, um bei fremden Leuten an der Haustür zu klingeln. Er würde sich erst einmal ein Plätzchen zum Schlafen suchen und dann morgen früh Christin Van de Kust finden. Das war sicherlich immer noch früh genug, versuchte er sich selbst zu beruhigen. Die Kirchturmuhr schlug fünfmal, als er im Stroh der alten Scheune endlich einschlief…

Das Auto rollte mit abgestelltem Motor geräuschlos die leichte Neigung der Glockengasse herunter und kam vor dem Haus Nummer zwölf mit einem ganz dezenten Quietschen zum Stehen. Leise öffneten sich die Fahrzeugtüren und vier Männer mit großen Hüten und langen Mänteln stiegen aus. Sie huschten lautlos und zielstrebig auf die Scheune zu, in der Toby fest schlief. Hier schoben sie sich leise und jeden Laut vermeidend durch das nur angelehnte Scheunentor und die Lichtkegel ihrer Taschenlampen suchten das Innere ab. Kurz darauf hatte der erste Lichtstrahl sein Ziel gefunden und blieb auf dem schlafenden Toby stehen.

„Gepriesen sei der Dunkle Großfürst; ich habe ihn“, raunte der Mann den drei anderen zu, die daraufhin ihre Lampen ausschalteten und zu ihrem Kumpan hinübergingen.

Die Männer standen im Kreis um den schlafenden Jungen herum und zwei von ihnen bückten sich vorsichtig zu ihm hinunter. Ihre Hände hielten sie griffbereit nur wenige Zentimeter über die Schultern des Schlafenden und einer der Stehengebliebenen flüsterte:

„Auf Drei!“

Dann zählte er leise:

„Eins zwei, drei“, während sie gleichzeitig mit ihren Taschenlampen direkt in Tobys Gesicht leuchteten.

7. Kapitel - Die Täuschung

Plötzlich wurde der schlafende Toby ruckartig auf die Beine hochgerissen…

„Guten Morgen du Dieb“ hörte er laut und deutlich eine tiefe Männerstimme hinter dem gleißenden Licht, das ihn im Moment so blendete, dass die Augen schmerzten. Es dauerte einen Moment, bis er sich an die Helligkeit gewöhnt hatte und hinter der Lichtquelle das Gesicht eines Polizisten erkannte, der ihn streng ansah. An seinen Schultern spürte er den Griff von kräftigen Männerhänden und hinter dem Gesetzeshüter entdeckte er eine Frau und einige Mädchen, die in angemessener Entfernung standen und die Szene interessiert verfolgten.

„Nur ein Traum“, schoss es ihm durch den Kopf. Das seine Verfolger ihn erwischt hätten, war Gott sei Dank nur ein böser Traum gewesen. Er versuchte sich zu orientieren und die Situation einzuschätzen. Irgendwie erschien ihm die momentane Lage aber auch nicht viel besser.

„Wo hast du denn das Fahrrad her, Bürschchen?“ fragte ihn der Polizist eindringlich.

„Es gehört Tinis Vater“, hörte Toby eine Mädchenstimme hinter dem Polizisten antworten.

„Soll ich sie wecken?“, fragte eine zweite Stimme.

„Gott sei Dank, - das Mädchen ist also hier“, schoss es ihm durch den Kopf, als er sich dem Polizisten zuwandte, der ihn noch immer mit diesem Schraubstock-Griff festhielt:

„Hören Sie! Ich bin kein Dieb! Ganz ehrlich nicht! Ich suche Christin Van de Kust! Sie soll hier wohnen!“

„Und wie kommst du an dieses Fahrrad, du Früchtchen?“, forschte der Polizist dienstbeflissen.

„Ich habe nichts gestohlen. Das Fahrrad habe ich von Hubertus Van de Kust, dem Kolonialwarenhändler…“

„Das sehen wir auch! Willst uns wohl für blöd verkaufen, was?“, rief einer der Männer, die ihn immer noch an der Schulter festhielten und deutete auf das Werbeschild am Fahrrad, auf dem Name und Adresse vom Putzer standen.

„Da musst du dir schon eine bessere Erklärung einfallen lassen! Auch wenn wir hier auf dem Land sind, bedeutet das nicht, dass wir uns von so einem Rotzlöffel wie dir veralbern lassen!“

Eine ältere, energisch aussehende Dame trat nun aus der Gruppe der Zuschauer heraus und herrschte die Männer an, dass sie Toby sofort loslassen sollten. Dann wandte sie sich dem Polizisten zu:

„Wenn du mal bei der Jagd nach wirklichen Verbrechern auch so schnell bei der Sache wärst, Max! Lass den Jungen zufrieden! Du hörst doch, was er sagt; er will zu Christin. Mach´ hier also nicht so ´nen Wind und lass das Kind sofort los! Er ist mein Gast und wir warten hier bereits auf ihn! Hast du das verstanden, du Gesetzeshüter, du?“

Der Junge war sichtlich erleichtert, als die festen Griffe sich von seinen Schultern lösten und das angespannte Gesicht des Polizisten langsam ein freundlich, väterliches Lächeln annahm. Die resolute Dame hatte sich neben ihm hingehockt und sah ihm direkt in die Augen.

„Sag´ mir deinen Namen, Junge“, forderte sie ihn auf.

„Toby, - ich meine, ich bin Tobyas Thorsen und ich soll hier nach Christin…“

„Schon gut, Junge. Komm mit. Ich bringe dich zu ihr.“ Die Frau streckte ihm die Hand entgegen und zog ihn hoch. Dann legte sie ihren Arm um seine Schultern und ging mit ihm in Richtung des Wohngebäudes weg.

Max Kern, der Dorfpolizist und sein Kollege – einer der beiden Männer, die Toby festgehalten hatten – schauten sich achselzuckend an, setzten sich auf ihre Dienstfahrräder und radelten zu ihrer Polizeistation zurück. Der andere Mann und die Mädchen folgten Toby und der Dame in geringem Abstand ins Haus. Sie kamen in ein geräumiges Zimmer, in dem ein großer, grüner Kachelofen wohlige Wärme verbreitete.

„Du gestattest, dass ich mich vorstelle“ sagte die Dame zu Toby. „Ich heiße Corinna Carlson und bin hier die Lehrerin am Ort. Das dort drüben ist mein Mann Andreas, - er ist der Hausmeister der Schule und dies sind meine Töchter Adelheid, Maria, Simone und Eva.“

Die Mädchen waren im Alter zwischen fünf und dreizehn Jahren alt und verließen den Raum auf eine Handbewegung ihrer Mutter hin.

„Und du, du bist also Tobyas Thorsen?“, fragte sie so, als ob sie sich nochmals vergewissern wollte.

„Ja“, nickte Toby heftig mit dem Kopf. „Der Putzer…, äh, ich meine, Herr Van de Kust hat mir diese Adresse gegeben und gesagt, ich solle hier nach seiner Tochter fragen. Ist sie denn hier?“

„Ja, sicher doch! Sie ist hier… glaub´ ich“, sagte Andreas Carlson, wobei dieses „glaub´ ich“ doch etwas Unsicherheit bezüglich seiner Auskunft erkennen ließ. Er wandte sich zu seiner Frau und fragte: „Weißt du wo sie steckt? Ich habe sie heute Morgen noch nicht gesehen.“

„Sie sagt, dass es ihr nicht so gut geht“, antwortete Frau Carlson ihrem Mann.

„Ah ja“, erwiderte der.

Irgendetwas erschien Toby an dem Wortwechsel der Beiden seltsam. Er wusste nicht genau, was es war, aber hier stimmte etwas nicht. Was war mit dieser Christin los? Noch während er überlegte, hörte er die Frau sagen:

„Nun gut, sei ´s drum! Komm, ich bringe dich zu ihr.“

Behutsam aber bestimmt schob sie Toby in Richtung der Zimmertür, die dem Eingang gegenüber lag und mit vielen Fotos und Ansichtskarten vollgepinnt war.

Christin Van de Kust war mit ihren dreizehn Jahren ein ausgesprochen hübsches und intelligentes Mädchen. Mit ihren kurzen, blonden Haaren, dem unternehmungslustigen Gesichtsausdruck und der offenen und fröhlichen Art gewann sie sehr schnell die Zuneigung der Menschen in ihrer Umgebung. Seit dem Tode ihrer Mutter vor vier Jahren kam sie in den Ferien regelmäßig hierher und fühlte sich sehr wohl dabei.

Vorgestern, am späten Abend, stand sie dann plötzlich unangemeldet und völlig überraschend bei ihren Verwandten vor der Tür. Sie schien ein bisschen ‚durch den Wind‘ zu sein und sagte nur kurz, dass ihr Vater sie hierher geschickt habe, um auf einen Besucher zu warten. Anschließend war sie sofort zu Bett gegangen und hatte sich dann auch gestern den ganzen Tag in ihrem Zimmer verkrochen. Auch an diesem Morgen benahm sie sich nicht so, wie man sie hier, von ihren zahlreichen Besuchen her, kannte. Sie war weder singend ins Bad gegangen, noch war sie zum gemeinsamen Frühstück erschienen. Irgendwie schien es, als ob sie den direkten Kontakt zu ihrer Verwandtschaft vermeiden wollte. Selbst ihre beste Freundin, die dreizehnjährige Eva, mit der sie gewöhnlich alle Geheimnisse teilte und ihre gesamte Freizeit verbrachte, kam nicht an das Mädchen heran.

Onkel Andreas machte sich bereits Sorgen, ob das Mädchen vielleicht krank-, oder durch irgendetwas gekränkt- und deshalb beleidigt sei. Tante Corinna meinte jedoch, dass das wohl mit der Pubertät zusammenhängen würde und man das Kind einfach nur zufriedenlassen sollte.

„Sie hat mir gesagt, dass ihr nicht gut ist. Sie möchte auch heute nochmal lieber in ihrem Zimmer bleiben. Das passiert bei jungen Damen in ihrem Alter halt manchmal“, meinte sie beim Frühstück verständnisvoll.

8. Kapitel - Die geheimnisvolle Schatulle

Als Toby mit Corinna Carlson das Zimmer betrat, lag das Mädchen mit dem Gesicht zur Wand auf dem Bett, hatte den Kopfhörer ihres MP3-Players auf und hörte offensichtlich Musik. Scheinbar hatte sie von den Geschehnissen der letzten Minuten nichts mitbekommen.

„Du hast Besuch, Tini."

In diesem Augenblick hörte man Onkel Andreas nach seiner Frau rufen:

„Corinna! Schnell, komm! Das Fleisch brennt an! Was soll ich machen?"

Sie drehte sich kurz zur Tür und antwortete ihm, dass sie schon auf dem Wege sei und im Gehen sagte sie noch schnell:

„Also Kinder, ich lass euch jetzt allein. Ihr kommt ja sicherlich auch ohne mich klar."

Im nächsten Moment waren die Beiden allein im Zimmer. Christin hielt ihre Augen geschlossen und es hatte den Anschein, dass sie Toby wegen der lauten Musik im Kopfhörer nicht bemerkte. Er ging zum Nachtschrank hinüber und schaltete den dort liegenden, kleinen Player aus. Sie öffnete ihre Augen und drehte sich herum, um nachzuschauen, was mit dem Gerät los war. Als sie Toby bemerkte, schien sie sichtlich zu erschrecken und riss sich den Kopfhörer herunter.

„Wer… Wer bist du? – Was machst du hier? – Wie kommst du hier rein?"

Sie setzte sich auf die Bettkante, richtete die durch das Liegen ein wenig verrutschte Kleidung, warf einen flüchtigen Blick in den auf dem Nachttisch stehenden Spiegel und versuchte unauffällig die Frisur in Ordnung zu bringen.

„Bist du das?“, fragte Toby ungläubig.

Er glaubte in Christin ein Mädchen aus seiner Schule wiederzuerkennen. Sie war eine Klasse unter ihm und alle nannten sie dort Tini. Sie war ihm bereits öfters auf dem Pausenhof aufgefallen, weil sich dort ihre Blicke manchmal scheinbar zufällig getroffen hatten. Oft war er dann von ihrem Lächeln so verzaubert gewesen, dass er sich in der folgenden Stunde nicht wirklich auf den Unterrichtsstoff konzentrieren konnte. Und nun? Nun saß sie scheinbar da. Oder war sie es doch nicht? Er schaute sie lange an und war sehr verunsichert.

„Hi Toby. Was meinst du mit ‚Bist du das‘? Wer soll ich denn sonst sein? Natürlich bin ich Tini! Christin Van de Kust ist mein Name“, erwiderte sie ein bisschen zickig, um dann ihrerseits eine Gegenfrage zu stellen:

„Und was machst du hier?“

Der Junge war wegen ihrer heftigen Reaktion ziemlich durcheinander und versuchte die Fassung wieder zu erlangen. Sie schien es doch zu sein; immerhin kannte sie seinen Namen. Noch niemals zuvor war er ihr so nahe gekommen, geschweige, dass er jemals mit ihr auch nur ein Wort gesprochen hätte. Sie war wirklich sehr hübsch. Doch sie machte gar nicht den Eindruck auf ihn, dass es ihr irgendwie gesundheitlich schlecht ginge. Na, egal. Jetzt bloß nicht nochmal einen Fehler machen. Das wäre ja voll peinlich. Er wollte etwas Nettes sagen, doch was er nun hervorbrachte, klang nach einer Mischung zwischen grunzen und ersticken. Er atmete noch ein paarmal tief durch und begann nochmal von vorn:

„Na klar bist du Tini! Du… du bist doch die Tini, aus der sechs B, oder? Was machst du denn hier? Wieso nennst du dich Christin?“

Das Mädchen lächelte nun zufrieden. Offensichtlich hatte ihr Besucher es nun geschluckt: Sie war Christin Van de Kust!

„Ja, ja! Ich bin Tini aus der sechs B. Aber ich bin auch die Tochter vom Putzer, wie ihr meinen Papa nennt und deshalb heiße ich eigentlich Christin Van de Kust. Ich verbringe hier bei meiner Tante gerade die Feri… äh, also, ich bin oft in den Ferien hier und manchmal auch so zwischendurch. So wie heute zum Beispiel.“

So was Blödes! Da hatte sie sich ganz schön verhaspelt. Sie stockte erschrocken und warf einen prüfenden Blick zu Toby, um zu sehen, ob der etwas von ihrem Fehler bemerkt hatte. Als sie bei ihm keinerlei Reaktion bemerkte, fuhr sie fort:

„Also, ich war früher immer in den Ferien hier. Vorletzte Nacht bin ich, sozusagen, außer der Reihe hierhergekommen, um auf dich zu warten…“

„Auf mich? Wieso auf mich?“, wollte der Junge wissen.

„Na, weil ich glaub´, dass mein Vater dir da was gegeben hat, oder?“

Sie wartete einen Augenblick, ob er irgendwie reagieren würde. Als nichts passierte, sprach sie weiter:

„Komm, steh da nicht so steif rum. Oder haste Angst, dass ich dich beiße?“

Sie sah Toby direkt in die Augen, um abzuschätzen, ob er irgendeinen Verdacht hegte. Als sie nichts bemerkte, versuchte sie locker und entspannt zu wirken. Charmant lächelnd lud sie den Jungen erneut ein, sich neben ihr aufs Bett zu setzen:

„Nun komm schon her, Setz dich doch zu mir. Kannst ruhig auch Tini zu mir sagen. Das tun sowieso alle; außer meinem Vater natürlich. Aber sag´, stimmt es, dass man hinter dir her ist? Erzähl mal! Das ist ja echt spannend!“

„Ja, das stimmt. Ich war bei deinem Vater und er hat mir gesagt, dass ich, na ja, das ich, äh, also...“

Eine innere Stimme schien ihn warnen zu wollen, nichts von den geheimen Informationen und der rätselhaften Dicscha, die er in seiner Umhängetasche hatte, zu erzählen. Er wollte zuerst abwarten, was sie tat. Als er nun so stammelnd und innerlich mit sich ringend, vor dem Mädchen stand, blickte sie ihm fest in die Augen. Sie schien seine Zweifel zu bemerken und versuchte diese zu zerstreuen:

„Du wolltest mir was sagen, Toby! Entweder du tust es jetzt, oder du haust einfach wieder ab!“

Scheinbar beleidigt drehte sie ihm nun demonstrativ ihren Rücken zu. Da Toby inzwischen tatsächlich sehr misstrauisch geworden war, es aber verheimlichen wollte, begann er zu erzählen. Allerdings berichtete er nur die belanglosen Sachen, so zum Beispiel, dass sein Stiefvater ihn an fremde Männer verkauft habe und das er dann von zuhause abgehauen sei. Das Mädchen hörte ihm aufmerksam zu und sagte dann plötzlich und unvermittelt:

„Nun zeig doch schon mal her, die kleine Kiste, die dir mein Vater gegeben hat. Er hat mir extra gesagt, ich soll hierher fahren und auf dich warten."

Toby war nun völlig überzeugt davon, dass sie ihn anlog. Der Putzer hatte ihm doch ganz klar erklärt, dass sie aufgrund seines Warnrufes Hals über Kopf abgehauen war. Da war keine Zeit, um ihr noch irgendwelche Anweisungen zu geben. Er wusste ja nicht einmal genau, ob sie wirklich in Melsin war. Außerdem hatte er die Dicscha bisher mit keinem Wort erwähnt.

„Nun zeig schon her", drängte sie ihn lächelnd.

Er nahm die kleine, reich verzierte Schatulle, die ihm der Putzer anvertraut hatte aus der Tasche und tat so, als ob er sich angestrengt auf die Schriftzeichen konzentrieren würde.

„Nun los, lies schon vor! Ich weiß, dass du es lesen kannst", platzte es aus ihr heraus.

„Nein, das kann ich leider nicht" log er. „Wieso glaubst du denn, dass ich es lesen könnte? Versuch du´s doch mal!"

Toby schaute sie fragend an und hielt ihr die Dicscha hin. Das Mädchen nahm die Schatulle und schien sich angestrengt zu konzentrieren. Dann begann sie langsam zu lesen:

„*Der rechtmäßige Flitzer…*, nein, warte! *Der rechtmäßige Besitzer!* Genau, *der Besitzer dieser Schatulle ist berechtigt, den Abfluss…*, nein, nein! *Den Nachlass des Hauses Van de Kust zu empfangen.*"

Sie blickte zu Toby, um seine Reaktion abzuwarten und meinte dann:

„Wahrscheinlich irgendwelche Informationen über meine Vorfahren. Das wusste mein Papa wohl nicht. Na ja, vielleicht hat er diese Zeilen ja auch nie richtig gelesen. Ich werde ihm die Schachtel zurückgeben. Schließlich ist sie ja sein Eigentum! Die Inschrift hier bezeugt das ja!“

Sie schob die Metallschachtel unter ihre Bettdecke und versuchte umgehend das Thema zu wechseln, um Tobys Aufmerksamkeit von der Schatulle abzulenken.

„Was soll das denn nun bedeuten?“ fragte Toby erregt. „Willst du mich jetzt verarschen?“

Tini schaute ihn entrüstet an.

Toby wurde sichtbar ärgerlich und forderte die Rückgabe in scharfem Ton:

„Gib sie mir zurück! Sie gehört mir! Ich will sie sofort haben! Los, mach schon!“

Tini merkte, dass es dem Jungen offensichtlich sehr ernst war. Körperlich war sie ihm deutlich unterlegen und so holte sie die Kassette widerwillig hervor:

„Sei bloß nicht so laut und mach hier nicht so ´n Wind! Hilf mir lieber, das Ding aufzumachen. Ist ja völlig zu gerostet. Hast du ´n Messer oder so was ähnliches?“

„Na klar habe ich ein Messer! Los, zeig schon her!“

Toby bemühte sich, den Anschein zu erwecken, dass er die Schatulle gründlich untersuchte. Allerdings hatte er auf gar keinen Fall vor, sie hier zu öffnen. Er wollte sich nichts anmerken lassen und sagte:

„Das ist ja wirklich alles vergammelt. Kriegen wir jetzt gar nicht auf. Das Ding lässt sich wahrscheinlich nur gewaltsam öffnen.“

„Tatsächlich…“, meinte das Mädchen, das ihn genau beobachtete und keinen Moment aus den Augen ließ.

„Das kriegst du so nicht mehr auf. Scheint wohl schon etwas länger bei deinem Vater rumzuliegen“, spielte Toby den Resignierten.

Sie sprang auf, sagte „Momentchen“ und holte aus der Küche einen ganz normalen Dosenöffner.

„Weiß nicht, ob wir es tatsächlich gewaltsam öffnen sollten“, murmelte Toby, der scheinbar angefangen hatte, die kleine Schachtel mit seinem Taschenmesser zu bearbeiten. Das Mädchen forderte ihn nun auf, es mit dem Büchsenöffner zu versuchen.

„Mach schon“, feuerte sie ihn ungeduldig an. „Du wirst schon sehen, es gehört alles der Familie Van de Kust.“

Ganz deutlich fühlte Toby nun ein innerliches Stoppsignal! Dieses komische Gefühl, dass irgendetwas nicht stimmte, war ganz plötzlich zur Gewissheit geworden. Warum belog ihn diese Tini so frech? Warum tat sie so, als ob sie die Schriftzeichen lesen konnte? Und ganz offensichtlich wollte sie unbedingt wissen, was in der Schatulle drin ist. Plötzlich fiel Toby wieder ein, dass er ja eigentlich diesen komischen Test mit ihr machen sollte. Zu blöd, er hatte das einfach vergessen, weil diese Tini ihn geschickt abgelenkt hatte. Wie bescheuert war er eigentlich? Hoffentlich hatte er ihr nicht schon zu viel erzählt, oder gezeigt. Auffällig war es schon, wie wichtig ihr die Schatulle war. Auf gar keinen Fall würde er sie nochmal aus der Hand geben. Auf gar keinen Fall! Ihm musste jetzt nur etwas unauffällig Intelligentes einfallen, damit er die Testfrage noch nachträglich stellen konnte, um so sein Gewissen zu beruhigen. Insgeheim wusste er, dass sie die richtige Antwort nicht kannte.

„Kann ich dich mal was fragen, Tini?“

„Klar, - was denn?“, fragte das Mädchen interessiert zurück.

„Also, du siehst echt toll aus; äh…, also ich meine…, na ja. Du hast dich wirklich super zurecht gemacht.“

„Danke. Willst du mich anbaggern?“

„Nein, nein! Ich dachte nur, weil du dich so chic gemacht hast! Erwartest Du Besuch?“

Toby versuchte locker zu wirken, beobachtete ihre Reaktion aber sehr genau. Was hatte der Putzer gesagt? „Ursu kommt wie immer“!

Sie wirkte ein wenig verunsichert, antwortete dann aber scheinbar gelangweilt:

„Nee, außer dir keinen. Wieso willst du das wissen?“

Das war nicht die richtige Antwort! Das war ganz und gar nicht die richtige Antwort! Er hatte es gewusst! Irgendetwas stimmte nicht. Sie schien tatsächlich nicht die Tochter vom Putzer zu sein. Doch diese angebliche Tini durfte jetzt auf keinen Fall merken, dass er irgendeinen Verdacht geschöpft hatte.

„Übrigens, du hast natürlich Recht. Wenn die Büchse wirklich deiner Familie gehört, gebe ich sie deinem Vater wieder zurück. Ich sehe ihn ja sowieso morgen Vormittag“ log er.

„Es ist doch viel einfacher, du gibst sie gleich mir. Dann bist du die Verantwortung los und musst nicht nochmal extra zu ihm hinfahren“, entgegnete sie schlagfertig.

„Och, weißt du, das ist kein Problem für mich. Er hat sie mir gegeben, also wird er sie auch von mir zurückbekommen. Ich möchte dich damit wirklich nicht belasten, wo du doch sicher noch einige Tage hier bei deinen Verwandten bleiben möchtest.

Das Mädchen wollte gerade protestieren, da öffnete sich die Zimmertür und Onkel Andreas schaute herein:

„Kommt, wir wollen essen. Übrigens, wir haben Besuch bekommen. Also macht schnell. Bitte!“

„Besuch?“, riefen Beide fragend wie aus einem Munde und jeder erschrak aus einem anderen Grunde.

„Wer ist denn gekom…?“, wollte die falsche Tini fragen, konnte den Satz aber nicht vollenden, weil der Kopf von Onkel Andreas bereits wieder verschwunden war.

9. Kapitel - Der neue Freund

Alle saßen um den großen Tisch im Zimmer mit dem grünen Kachelofen und unterhielten sich angeregt. Das Mittagessen in den Schüsseln dampfte und der Geruch von gebratenem Fleisch und frischem Gemüse hing in der Luft, als die Beiden herein kamen. Während Toby nach einem freien Platz Ausschau hielt und dabei versuchte, den Besucher auszumachen, hatte das Mädchen ihn längst gesehen. Sie ging an Toby vorbei, um den Tisch herum und reichte dem Besucher mit einem strahlenden Lächeln die Hand.

„Guten Tag! Ich freue mich so sehr, dich zu sehen."

„Ich freue mich ebenfalls sehr, dich zu sehen! Doch warum so förmlich? Was ist los, kleine Tini. Kriegt denn dein alter Freund Ursu heute keinen Begrüßungskuss?"

Erst jetzt nahm Toby den Fremden am Tisch wahr, dessen Gesicht er allerdings nicht erkennen konnte, da es gerade von der falschen Tini verdeckt wurde. Was hatte der Mann da gerade gesagt? „Dein alter Freund Ursu"? Ursu? War das nicht der Name des Freundes, von dem sein Vater geschrieben hatte? Auf jeden Fall kam dieser Name in der Geheimantwort vom Putzer vor! Ja, genau! „Ursu kommt wie immer"!

Tini, oder wer auch immer das war, küsste den Besucher nach seiner Aufforderung nun rechts und links auf die Wangen. Ihre ganz offensichtliche Unsicherheit verriet aber, dass sie diesen Ursu nicht wirklich zu kennen schien. Plötzlich drehte sie ihr Gesicht zu Toby und sagte, wie um von sich selber abzulenken:

„Der da, lieber Onkel Ursu, - der da ist mein neuer Freund Toby."

„Ja, ja. Ich habe von Toby Thorsen gehört. Ein junger Mann, der andauernd in irgendwelchen Schwierigkeiten steckt", sagte die Stimme hinter Tinis Kopf lachend.

Toby kannte diese Stimme. Fieberhaft überlegte er, wo er sie schon gehört hatte und als Tini aufstand, um sich auf den Platz neben dem Besucher zu setzen, erkannte er das Gesicht dieses Mannes sofort. Wenn er nicht bereits gesessen hätte, wären ihm jetzt wahrscheinlich die Beine eingeknickt. Das war der Mann, von dem er vor ein paar Tagen den Brief seines Vaters bekommen hatte und der dann auf so geheimnisvolle Weise verschwunden war! Dieser Mann war, laut dem Inhalt des Briefes, ein sehr guter Freund seines Vaters. Der Junge atmete schwer, rang um seine Fassung und meinte, jeden Augenblick ohnmächtig zu werden. Fast automatisch griff er in seine Hosentasche, um zu prüfen, ob der Brief noch da war. Er hatte das Gefühl, dass ihn alle am Tisch anstarrten. Die scheinbar unendlich andauernde Stille war unerträglich und wurde endlich von Tante Corinnas Stimme unterbrochen:

„Toby! Hallooo, Erde an Tobyyy!"

Die Lehrerin sah besorgt zu ihm herüber.

„Was ist los, Toby? Ist alles in Ordnung? Hey, sag doch was."

Augenblicke später hatte er sich wieder gefangen, versicherte allen, dass es ihm gut gehe und versuchte, sich so normal es irgendwie ging zu verhalten. Alle begannen jetzt, sich etwas auf die Teller zu tun und als der Besucher aufstand und sich zu der Schüssel mit dem Gemüse hinüber beugte, tat Toby das Gleiche. So kamen sie, wie zufällig, mit ihren Gesichtern ganz nahe zusammen. Während sich beide die Teller füllten, versuchte er dem Gast etwas zuzuflüstern, ohne dabei die Lippen auffällig zu bewegen:

„Das ist nicht Tini", hauchte er ihm zu.

„Hab´ ich längst bemerkt, Toby Thorsen! Tini hat noch nie Onkel zu mir gesagt. Ich kenne sie einfach schon viel zu lange, als dass man mich so einfach verschaukeln könnte", gab er genauso heimlich flüsternd zur Antwort.

Toby dachte nach. Sein Vater hatte ihm geschrieben, dass dieser Ursu ein guter Freund sei, dem man vertrauen darf. Aber warum war er nur hier?

„Toby, setz dich endlich. Du nervst", herrschte ihn das Mädchen an. Sie schien etwas von der Unterhaltung der Beiden bemerkt zu haben.

„Kennst du meinen Onkel?", fragte sie einen Augenblick später scheinbar beiläufig.

„Nein, hab´ ihn eben zum ersten Mal gesehen."

„Ist das nicht der Mann, von dem du mir vorhin erzählt hast? Ich meine den, mit dem Brief? Du weißt schon?", bohrte sie weiter.

Toby war von ihren Fragen sichtlich genervt und stocherte mit der Gabel auf dem Teller herum. Er wollte sich nicht weiter mit diesem Mädchen unterhalten. Erstens war sie nicht Tini und zweitens log sie, dass sich die Balken bogen. Er signalisierte ihr, dass er den Mund voll habe und deshalb nicht sprechen könne. Dabei beobachtete er sie aus den Augenwinkeln. Nach einer Weile hob Ursu unmerklich seinen Kopf und schaute zu Toby herüber; so intensiv, als ob er Kontakt mit ihm aufnehmen wollte. Niemand bemerkte es. Toby hielt seinem Blick stand und ohne den Kopf zu bewegen, deutete Ursu mit den Augen zu der Tür von Tinis Zimmer. Was sollte das? Ganz offensichtlich wollte der Mann, dass er in dieses Zimmer ging.

Plötzlich hörte der seltsame Gast auf zu essen, wischte sich mit der Serviette über Mund und Bart und wandte sich Toby zu:

„Wir müssen reden, Junge. Komm!"

Er deutete mit einer Kopfbewegung Richtung Tür, stand auf und ging in das Zimmer hinein. Toby zögerte keinen Augenblick. Er stand so schnell auf, dass sein Stuhl nach hinten umkippte. Schuldbewusst, aber schnell hob er ihn wieder auf, um dann diesem Ursu zügig zu folgen. Gerade, als er die Tür hinter sich zu machen wollte, bemerkte er, dass auch die falsche Tini aufgestanden war und schnellen Schrittes hinter ihm her eilte. Der Junge hatte die Klinke fest in der Hand, als sie ihm plötzlich, auf unerklärliche Weise entglitt und die Tür mit Schwung, direkt vor der Nase des Mädchens, ins Schloss knallte. Gleichzeitig drehte sich der Zimmerschlüssel, wie von Geisterhand bewegt, herum und so prallte das Mädchen mit dem Schwung ihrer Gehbewegung heftig gegen die Tür. Ihr lautes Schimpfen war deutlich zu hören.

„Wir kommen ja gleich wieder heraus", rief Ursu aus dem Mädchenzimmer, wie zur Beruhigung, in Richtung Esszimmer durch die verschlossene Tür.

„Was ist denn nur los? Was ist das für ein Mädchen?“, fragte Toby den Freund seines Vaters. „Was stimmt denn nicht mit dieser seltsamen Tini?“

„Da stimmt so Einiges nicht! Und das hast du auch wirklich sehr gut bemerkt, Tobyas Thorsen“, antwortete der Besucher und fuhr fort: „Sag´ mir, was du vermutest!“

„Na ja, sie hat sich so merkwürdig verhalten und sie tat so, als ob sie diese sonderbaren Schriftzeichen lesen könnte. Vater schreibt aber, das nur ich sie lesen kann und wenn ich vierzehn bin, kann ich auch die Bedeutung dieser komischen Worte verstehen.“

Dann erzählte Toby, dass dieses Mädchen auf die Testfrage „Erwartest Du Besuch“ nicht die richtige Antwort geben konnte und dass sie die kleine Truhe unbedingt in ihren Besitz bringen wollte. Als ihr das jedoch nicht gelang, versuchte sie ihn dazu zu bringen, sie gewaltsam zu öffnen.

Das Klopfen und Hämmern an der Tür wurde immer heftiger. Die angebliche Tini ließ nun keinen Zweifel mehr daran, dass sie unbedingt herein wollte.

„Das ist mein Zimmer! Ihr könnt mich nicht einfach ausschließen! Macht sofort auf!“

Ursu reagierte umgehend.

„Ich sagte dir schon, ich habe nur kurz etwas mit Toby zu besprechen! Männersachen! Du verstehst das schon, mein liebes Kind“, versuchte er sie zu beruhigen, während er Toby zuzwinkerte. „Wir kommen gleich wieder heraus!“

Dann sagte er leise zu Toby:

„Das ist ganz sicher eine von Kralls Leuten! Ein veredelter Tributist, nehme ich mal an. Gehört auf jeden Fall zur

Armee der Schattenkrieger. Die wollen dich, mein lieber Toby! Dich, oder die Dicscha. Am liebsten Beides! Ich bin hier, um dich nach Verbola abzuholen. Doch wir müssen zuerst die echte Tini finden. Ich habe meinem Freund Hubertus versprochen, dass ich immer auf seine Tochter aufpassen werde. Ich bin es ihm schuldig. Also hör zu Junge, wir müssen so schnell wie möglich von hier weg."

Ursu forderte Toby mit einer Handbewegung auf, sich zu setzen. Der verstand allerdings nur die Hälfte von dem, was Ursu ihm gerade erzählt hatte und stellte jede Menge Fragen:

„Wie, du holst mich nach Vermolah; oder was hast du gesagt, wohin willst Du mich nochmal abholen? Und wieso müssen wir hier ganz schnell weg? Was erzählst du da von edlen Tributisten und Schattenkriegern? Was ist hier eigentlich los?", wollte der sichtlich überforderte Toby wissen. Ursu ignorierte die Fragen des Jungen allerdings und fuhr fort:

„Nicht so laut, mein Freund! – Dieses Mädchen da draußen ist eine von Denen. Sie ist eine Schattenkriegerin, die sie auf dich angesetzt haben."

Toby verstand nur ‚Bahnhof'. Er war sichtlich verwirrt und alles, was dieser Ursu ihm da erzählte, verbesserte diesen Zustand nun wirklich nicht.

„Was ist denn los, Toby Thorsen? Unsere Zeit wird knapp! Wenn du deine Eltern je kennenlernen möchtest, müssen wir uns wirklich beeilen!"

„Dieses Mädchen, äh, ich meine diese Schattenkämpferin, wo kommt sie her?", wollte Toby wissen.

„Schattenkriegerin! Sie ist ganz sicher eine Schattenkriegerin! Sie dürfte im Grade eines ‚Verwirrers' stehen und gehört zur Dunklen Residenz", erklärte Ursu den Jungen.

„Ok, also diese Verwirrte", Toby deutete mit einer Kopfbewegung Richtung Tür, „weiß sie, wo meine Eltern sind?"

Ursu blickte ihn erstaunt an:

„Nein, natürlich nicht! Die weiß das ganz sicher nicht! Sie ist ein unterer Grad. Die sind nur fürs Grobe da. Und wo sich deine Eltern befinden, das wissen wir Beide doch inzwischen ziemlich genau: In Toro, der Dreigeteilten!"

Er horchte kurz an der Tür, wandte sich wieder Toby zu und fragte:

„Sag mal, mein Junge, hat dein Vater in seinem Brief an dich irgendwelche wichtigen Informationen mitgeteilt? Hat er vielleicht versteckte Hinweise gegeben oder sagt er etwas darüber, wie viel Zeit uns noch bleibt?"

„Was meinst Du mit ‚wie viel Zeit uns noch bleibt'?"

„Sie werden deine Eltern töten, wenn sie nicht mehr wichtig für den Dunklen Großfürsten sind. Gibt es irgendwelche Hinweise in dem Brief?"

„Was ist das eigentlich für ein komischer Großfürst?"

„Erklär ich dir alles später, wenn wir ein bisschen mehr Zeit haben. Versprochen! Also, gibt es irgendwelche wichtigen Hinweise für uns in dem Brief deines Vaters?"

„Na ja, also…"

„Was also?", fragte Ursu neugierig.

„Naja, ich habe den Brief noch gar nicht zu Ende gelesen. Irgendwie kam immer was dazwischen“, entschuldigte sich Toby.

„Na dann…“

Ursu blickte ihn erwartungsvoll an, während er sein Ohr vorsichtig gegen die Zimmertür drückte.

„Na dann was?“, fragte der erstaunt zurück.

„Na dann lies ihn bitte zu Ende“, forderte er ihn freundlich lächelnd, aber doch sehr bestimmt auf.

Der Junge kramte die Nachricht des Vaters aus der Hosentasche. Er kauerte sich etwas abseits in einer der Zimmerecken auf den Fußboden und suchte die Stelle im Schreiben, an der er letztes Mal zu lesen aufhören musste.

„…Deine Mutter Marie und ich werden nun schon über dreizehn Jahre an einem Ort festgehalten, den man Toro nennt. Ursu wird Dir erklären, was für ein Ort das ist und wo er sich befindet. Solange das Wissen um dieses ‚Etwas‘ bei mir liegt, sind wir hier einigermaßen sicher. Ab deinem Geburtstag sind wir allerdings nicht mehr wertvoll für unsere Entführer. Was dann passiert, weiß der Himmel. Mama geht es von Jahr zu Jahr immer schlechter. Sie ahnt, dass es bald zu Ende sein wird und ihr größter Wunsch ist, dich vorher noch einmal kennen zu lernen. Ach, mein Junge, das möchte auch ich so gern. Ursu, der Mann, der Dir den Brief übergeben hat, ist der Freund, von dem ich vorhin sprach. Ihm kannst Du absolut vertrauen!“

Ja! Genau! Das war die Stelle, an der er das letzte Mal aufhören musste. Toby lass weiter:

„Ihm kannst Du absolut vertrauen! Und bitte, höre ihm gut zu! Von dem, was er Dir erzählen wird, muss Manches für dich sehr unwahrscheinlich klingen, doch ich bitte dich von ganzem Herzen: Ver-

traue ihm! Er wird Dir alles erklären und zeigen, was ich leider nicht tun konnte.

Vielleicht gelingt es euch ja, mit Hilfe dieses ‚Etwas' Toro mal zu besuchen. Auch der Sepabezirk ist einen Abstecher wert und man kann preiswerte Tagestouren dorthin buchen. Ursu weiß das alles und wird es Dir erklären! Am meisten Spaß machen diese Touren, wenn man noch ein paar Freunde mitnimmt. Es gibt da wirklich viel zu sehen. Bleibt aber immer schön in den gekennzeichneten Touristengebieten und meidet den hinteren Bereich des Bezirks. Besonders das sogenannte Empfangsgebäude der Hüllenwesen, sie nennen es ‚Happy Residenzia'. Es ist die Grenzstation aus dem Sepabezirk in die Schattenresidenz hinein. Von dort werden alle HüWes in ihre endgültige Verlorenheit geschickt. Eine ziemlich traurige Angelegenheit. Doch Achtung! Es ist dort sehr, sehr gefährlich! Also bitte, bitte, unbedingt meiden!

Übrigens, dieses ‚Etwas, von dem ich vorhin sprach, es ist sehr wichtig, dass nur Du es bekommst! Es darf auf gar keinen Fall in falsche Hände gelangen, hörst du? Nimm es mit, falls Du nach Toro reisen solltest. Es vervielfacht deinen Spaß auf der Reise! Gib diesen Brief bitte auch Ursu zum Lesen! Später wirst Du alles verstehen!"

Toby blickte kurz zu Ursu hinüber, so, als ob er sich vergewissern wollte, dass es der Ursu ist, von dem sein Vater hier schrieb. Er las weiter…

„Falls wir uns nicht mehr persönlich kennen lernen sollten, dann segne dich unser Gott im Himmel. Du warst und bist immer in unseren Herzen. Jeden Abend denken wir an dich und beten, dass es Dir gut ergehen soll. Wir haben dich sehr lieb, mein geliebter Sohn. Dein dich liebender Vater."

Wieder blickte Toby zu Ursu hinüber:

„Hier! Hier steht was!"

„Was denn? Was steht denn da?“, fragte Ursu angespannt.

„Na ja, im Brief steht, dass ich dir den Brief zum Lesen geben soll. Und hier steht auch, dass ich dir vertrauen kann. Kann ich denn?“

Ursu tat so, als ob er über diese Frage nachdenken müsse. Er kratzte sich scheinbar grüblerisch am Kopf, konnte sich ein kleines Lächeln allerdings nicht verkneifen.

„Natürlich kannst Du das! Du musst es sogar! Denn Du hast keinerlei Möglichkeit, mich zu testen. Für den alten Ursu hast Du keine Testfrage bekommen“, sagte er lächelnd, als er den Brief nahm und zu lesen begann.

„Das ist ja hochinteressant! Ja, ja, der Thomas ist wahrlich ein guter Hüter des Trias!“

„Er ist was für ein Hüter?“, wollte Toby wissen.

„Erklär´ ich Dir später. Versprochen! Jetzt verstehe ich auch, warum sie Christin entführt haben. Sie wollen dich unschädlich machen, mein Junge! Genau darum geht es ihnen. Genial ausgedacht! Hat nur leider nicht geklappt“, freute sich Ursu und ging zum Fenster hinüber. Er drehte sich zu Toby um und sagte:

„Wir müssen die echte Tini unbedingt finden, denn ich glaube“, Ursu machte bei dem, was er sagte, ein sehr besorgtes Gesicht, „dass Christin wirklich in sehr ernsten Schwierigkeiten ist. Ich bin für sie verantwortlich. Wir müssen schnell handeln!“

„Ich will jetzt sofort in mein Zimmer! Macht sooofort auf!“, schrie die zornige Mädchenstimme von draußen, während sie mit ihren Fäusten an die verschlossene Tür trommelte.

Dadurch, dass sie sich so sehr erregte, geschah etwas Seltsames: Das Weiße ihrer Augen begann scheinbar langsam zu leuchten, so dass die dunklen Pupillen noch stechender hervorzutreten schienen. Ihr hübsches Mädchengesicht nahm plötzlich harte, abstoßend wirkende Züge an, während Onkel Andreas und der Rest der Familie dem Treiben fassungslos zusahen.

Ursu hatte inzwischen das kleine Zimmerfenster geöffnet und war hinaus in den Hof gestiegen. Von draußen beugte er sich wieder herein und rief dem Mädchen zu:

„Einen kleinen Moment noch, mein Engelchen! Wir kommen sofort!" Er machte Toby heftige Zeichen, dass er sich beeilen solle und half ihm über den Fenstersims ins Freie hinaus.

10. Kapitel - Mit dem Kopf durch die Wand

Die Beiden huschten über den Hof zur Scheune hinüber, an der das Lastenfahrrad stand, das Toby vom Putzer bekommen hatte.

„Los, in diese Richtung! Ich glaube, ich weiß schon, wo wir unsere kleine Tini finden können! Ist gar nicht so weit von hier! Los, beeil dich doch!"

Der väterliche Freund deutete mit der Hand Richtung westlichem Ortsausgang und während er auf den Gepäckträger aufsprang, strampelte Toby bereits los, so schnell er nur konnte. In rasanter Fahrt bogen die beiden am Ende der Straße rechts ab und sausten die Dorfstraße entlang, am Ortsausgangsschild vorbei, um schon sehr bald zwischen Feldern und Bäumen zu verschwinden.

Bereits nach wenigen Kilometern forderte Ursu den Jungen auf, in einen Waldweg abzubiegen. Nach weiteren dreihundert Metern radelten sie für einige Zeit parallel zu einem auffällig eingezäunten Gelände. Toby dachte, es wäre eine militärische Anlage. Der Zaun ragte in die Höhe und wirkte mit dem Stacheldraht sehr abweisend. Er war mindestens drei Meter hoch. Die Menschen hinter diesem Zaun wollten ganz offensichtlich unter sich bleiben. Da, - da plötzlich kam ein Tor in Sicht. ‚Kleingartenverein Waldesruh' stand auf einem großen Schild über dem verschlossenen Eingangstor.

„Nicht anhalten", flüsterte Ursu ihm von hinten zu. „Fahr bitte ganz normal weiter und guck nicht so auffällig hinüber", raunte er weiter. „In ungefähr hundert Metern geht es links ab. Fahr` da rum und wenn dich dann keiner sieht, hältst du an, ok?“

Kurz darauf war Tobi um die angekündigte Ecke herumgefahren und einige Augenblicke später hielt er hinter einem großen Gebüsch an. Er drehte sich nach hinten, um Ursu zu fragen, was nun geschehen sollte. Ursu? Wo war er denn nur geblieben?

„Nun mach schon“, hörte er seinen geheimnisvollen Begleiter leise rufen. Er blickte in die Richtung, aus der seine Stimme kam und sah ihn bereits hinter dem Zaun, auf dem Gelände der Kleingärtner.

„Wie, - wie haben Sie denn das gemacht?“, wollte er erstaunt stotternd wissen.

„Erklär´ ich Dir später. Hör zu, Junge, vorhin waren wir schon mal beim ‚Du‘ angekommen. Du bist der Sohn meines Freundes und ich kenne dich schon, seit Du geboren bist. Sag also nicht immer ‚Sie‘ zu mir. Nenn mich wie vorhin ‚Ursu‘. Das tun nämlich alle meine Freunde. Und…“, er machte eine kleine Kunstpause, „ich habe viele Freunde. Sehr viele sogar! So, und jetzt müssen wir erst mal die kleine Tini befreien! Komm schon!“

Ursu machte ein paar Schritte auf Toby zu. Er ging direkt durch den Zaun hindurch und stand plötzlich wieder direkt vor Toby. Mit offenem Mund und wie angewurzelt stand der Junge da. Er wollte seinen Augen nicht trauten. Dieser Mann war eben, vor seinen Augen, durch den Maschendrahtzaun gegangen, so als ob der gar nicht da wäre.

„Was war das denn eben? Das glaub ich jetzt nicht“, stammelte er fassungslos, während Ursu seinen Finger auf den Mund legte und ihm bedeutete, dass er leiser sein solle.

„Sei nicht so laut, Toby. Man darf uns hier draußen nicht sehen“. Er legte beruhigend seinen Arm um die Schulter des Jungen und schob ihn sachte direkt vor den Zaun.

„Noch ein bisschen näher, Junge. Geh ganz nah an den Zaun ran. Schließe deine Augen und gleich machen wir gemeinsam einen großen Schritt nach vorn! Verstanden?“

Die Beiden standen nebeneinander und nur dreißig Zentimeter trennten ihre Nasenspitzen vom Maschendraht des Zaunes. Toby schloss die Augen – allerdings nicht ganz. Ursu stand links neben ihm und hatte den Arm noch immer auf seinen Schultern. Er konnte nicht sehen, dass Toby sein rechtes Auge unmerklich ein klein wenig öffnete. Gerade so viel, um zu beobachten, was passieren würde. Der geheimnisvolle Mann an seiner Seite flüsterte:

„Cedis parietibus nunc!“

Als Ursu nun einen Schritt nach vorne tat und wie zuvor einfach durch den Zaun hindurchging, wurde er plötzlich ruckartig nach rechts, in Tobys Richtung herumgerissen, denn der war mit viel Getöse im Zaun hängen geblieben! Milde lächelnd drehte Ursu sich um und flüsterte durch die Maschen des Zaunes:

„Du hast geschummelt, Tobyas Thorsen! Mit Schummeln funktioniert das nicht! Du musst mir vertrauen! Ich sagte dir, Du sollst die Augen schließen!“

Der Junge hatte sich weggedreht und hielt die Hände vors schmerzende Gesicht. Ursu kam wieder durch den Zaun zurück, half Toby auf und Beide stellten sich erneut vor dem Zaun auf. Diesmal würde er die Augen geschlossen lassen. Und wieder:

„Cedis parietibus nunc!“

Nun machte Toby gemeinsam mit Ursu einen riesigen Schritt vorwärts und ein leichtes Kitzeln durchflutete dabei seinen Körper. Als er die Augen wieder öffnete, standen die Beiden auf dem Gelände der Kleingärtner.

„Das glaubt mir wirklich kein Mensch! Sag mal, Ursu, bist Du so was Ähnliches wie ein Zauberer?“

„Zauberer? Nein, nein! Zauberer gibts doch nur in Menschenmärchen. Die brauchen diese Geschichten von Gandalf, Albus Dumbledore und dem Weihnachtsmann“, antwortete Ursu schmunzelnd. Hinter einem nahen Busch holte er eine dort versteckte, alte Schubkarre hervor, in der eine große Gießkanne, eine Harke, ein Eimer und noch einige andere Dinge lagen.

„Wenn Du kein Zauberer bist, was bist du dann?“, wollte Toby wissen.

„Ich bin ein Kleingärtner“, witzelte er augenzwinkernd, während er sich eine große, dunkelgrüne Gärtnerschürze umgebunden hatte.

„Ich meine das ernst! Was bist Du wirklich?“, bohrte Toby ungeduldig nach.

„Ich bin ein Zeitengänger aus Verbola. Ich erzähl dir später genau, was das ist. Versprochen! Jetzt müssen wir uns aber erst mal ein bisschen tarnen, damit jeder denkt, dass wir hier dazu gehören.“

Er reichte Toby ebenfalls eine Schürze und die Gießkanne. Der runzelte allerdings seine Stirn und murmelte vor sich hin:

„Na klar, ein Zeitengänger. Logisch! Ein nicht zaubernder Zeitengänger, der durch Zäune gehen kann! Was denn sonst?“

„Nun hör schon auf zu grummeln. Wir müssen uns beeilen und die arme Tini befreien. Hier, du nimmst noch die Harke über die Schulter. Ich fahre die Schubkarre. Beweg dich unauffällig. Wir sind Vater und Sohn, die hier ihren Garten bestellen. Verstanden?“

Toby nickte und kurz darauf gingen die Beiden schnellen Schrittes an einigen der anderen Kleingärten vorbei. Die Leute darin sahen neugierig zu ihnen herüber und einer versuchte, sie in ein Gespräch zu verwickeln:

„Na, wohl neu hier, wie? Der Papa und der Junior, was? Wo soll`s denn hingehen?“

Ursu tat so, als ob er ihn nicht richtig verstanden hätte und grüßte lächelnd mit einem Kopfnicken, um im nächsten Moment mit seiner Karre nach links in einen schmalen Stichweg abzubiegen, so dass der Sichtkontakt zu dem Frager schnell abriss. Toby folgte ihm zügig.

Nach kurzer Zeit kamen sie zu einem scheinbar sehr kleinen Gartengrundstück, das sich von den anderen Kleingärten jedoch dadurch unterschied, dass es von einer sehr hohen, dicht gewachsenen Hecke umgeben war.

„Hier ist es“, flüsterte Ursu, „hier ist der Trabantensitz der Schattenresidenz. Hier werden wir auch Tini finden, hoffe ich. Nun mach schon! Wir müssen uns beeilen. Nicht, dass der Kerl von eben hinter uns hergelaufen kommt.“

Ursu ging auch hier, ohne anzuhalten, durch die Hecke hindurch, ohne dass sich dabei ein Ast oder Blatt bewegte.

„Na logo! Der Trabantensitz! Was denn sonst? Ist doch klar! Und warum sollten wir auch eine Tür suchen? Wir gehen ja immer einfach überall ‚so' durch. Na denn…"

Toby versuchte es ihm nachzutun, aber bei ihm funktionierte es nicht. Er drehte sich nach allen Seiten um und prüfte, ob irgendjemand Ungebetenes käme. Die Luft schien rein. Mit beiden Händen schob er einige Äste beiseite und versuchte hindurch zu steigen, allerdings erkannte er sehr schnell, dass das nicht möglich war. Irgendwie ging es hinter dieser dichten Blätterwand nicht weiter. Er streckte seinen Arm hindurch, tastete ein bisschen herum und stieß, zu seiner großen Überraschung, auf eine von außen nicht sichtbare Betonwand. Hier gab es auf gar keinen Fall ein Durchkommen! Keine Chance!

„Oh, Entschuldigung" hörte er plötzlich Ursu sagen, dessen Oberkörper und Kopf aus Betonwand und Hecke herauslugte. „Du bist ja noch nicht soweit. Hatte ich ganz vergessen. Moment, ich komme zu Dir und dann machen wir es wieder gemeinsam. Du weißt schon, Augen zu und ‚Cedis parietibus nunc'!"

Nun stand auch Toby auf dem fremden, unheimlich wirkenden Grundstück, das hier drinnen mindestens hundertfach größer wirkte, als es von außen ausgesehen hatte!

„Was ist das? Wo sind wir hier? Das sah doch eben noch so aus, wie ein ganz kleiner Garten. Wieso stehen wir jetzt hier in einem Wald? Wo kommt der denn her?" Toby hatte viele Fragen, aber Ursu hatte noch keine Zeit, ihm alle zu beantworten. Er legte erneut den Finger auf den Mund und zog den Jungen in den Wald hinein. Sie bewegten sich bereits einige Zeit durch dieses dicht bewaldete Gelände von der

Mauer weg, als sich Ursu in halb gebückter Haltung zu Toby umdrehte und warnend auf den Boden deutete.

„Achtung! Pass gut auf die Stolperfallen auf“, flüsterte er ihm zu und zeigte auf einen Alarmdraht, der unmittelbar vor ihnen über den Boden gespannt war.

„Immer schön nach unten gucken und Acht geben“, ermahnte der Zeitengänger den Jungen nochmals nachdrücklich.

Schon bald kamen sie an den Rand einer großen Lichtung, die etwa in der Mitte des geheimnisvollen Grundstücks zu liegen schien. Toby folgte dem rätselhaften Freund, der sich schnell, aber lautlos wie eine Katze und immer die Deckung des Waldrandes ausnutzend, auf die kleine Blockhütte zubewegte. Die stand ziemlich versteckt, auf der anderen Seite der Lichtung und man musste schon sehr genau hinsehen, um sie überhaupt zu entdecken. Sie war von einer Gruppe wildwachsender Sträucher umgeben und fast völlig von Schlingpflanzen und Efeu überwuchert. Alle ihre Fenster waren mit metallenen Fensterläden verschlossen und zusätzlich mit robusten Vorhängeschlössern gesichert. Das Blockhaus hatte eine Grundfläche von vielleicht fünf mal vier Metern, nicht mehr. Sie sah von außen verlassen aus, so, als ob schon Monate lang niemand mehr hier gewesen wäre.

„Hier ist es“, flüsterte Ursu. „Hier ist der Trabantensitz der Schattenresidenz. Hier halten sie höchstwahrscheinlich unsere Tini gefangen. Komm her und – egal was passiert – verhalte dich ganz ruhig. Hörst Du? Egal, was passiert – absolut mucksmäuschenstill!“

„Bist du wirklich sicher?“, fragte der Junge, um seinen neuen Freund vielleicht doch noch zum Umkehren zu bewegen. Er spürte sein Herz deutlich im Hals wummern. Zusätzlich drangen allerlei Geräusche an seine Ohren. Das Zirpen von Grillen und anderen Insekten, das Zwitschern von Vögeln und in der Ferne waren vorbeifahrende Autos zu hören. Doch halt! Waren das da nicht eben Stimmen gewesen? Er konzentrierte sich, so sehr er nur konnte und tatsächlich! Da waren menschliche Stimmen! Sehr gedämpft, aber doch deutlich als Männerstimmen erkennbar. Sie kamen ganz zweifellos aus dem Inneren der kleinen Holzhütte!

Er machte Ursu durch Zeichen darauf aufmerksam, dass er von da drinnen etwas gehört hatte. Der legte seinen Finger über die Lippen und winkte ihn zu sich heran.

„Hier, nimm den Transparenter, setze ihn vorsichtig gegen die Wand und schau hindurch. Aber bitte, keinen Mucks!"

Er reichte Toby ein kleines – ja, was war das eigentlich? Es sah etwa so aus, wie ein kleines Fernrohr, annähernd so dick wie ein normaler Flaschenkorken und vielleicht doppelt so lang. Ursu hatte auch so ein Ding. Er hielt es mit dem einen Ende an die Außenwand der Gartenlaube und setzte sein Auge auf das andere Ende. Anschließend drehte an einem kleinen Einstellring hin und her, der sich ungefähr in der Mitte dieses Dings befand. Toby beobachtete ihn einen Moment und tat es ihm nach. Er traute seinen Augen nicht! Mit diesem Ding konnte er durch die Wand hindurchsehen, so, als ob die aus Glas wäre!

„Na gut", dachte er, „ein Typ, der durch Zäune und Betonwände geht, muss wahrscheinlich auch so was haben."

Durch das Drehen am Einstellring, konnte er die Blickrichtung hinter der Wand verändern und zu seiner großen

Überraschung sah er im Inneren der Hütte nicht den erwarteten vielleicht viermal fünf Meter großen Raum, wie jeder vermutet hätte; nein, er sah eine riesige Halle von vielleicht hundertfünfzig Metern Länge und dreißig Metern Breite. Die Höhe des Raumes konnte er nicht ausmachen. Nach oben schien es kein Ende zu geben. Im hinteren Bereich der Halle standen mehrere hundert, mit Tüchern vermummte Gestalten. Irgendwie erinnerten sie Toby an Wüstenkrieger. Sie standen dort in einer militärähnlichen Aufstellung, also mehrere Reihen ganz dicht nebeneinander, doch keiner von ihnen tat etwas, oder bewegte sich irgendwie. Man konnte meinen, dass es sich um lebensgroße Puppen handeln würde.

Ungefähr in der Mitte dieses großen Raumes, an der rechten Seite, führte eine breite, wunderschön geschwungene Treppe zu einer großen, doppelflügligen Tür hinauf, die ganz offensichtlich von zwei ebenfalls vermummten und bewaffneten Gestalten in Kampfanzügen bewacht wurde.

Toby drehte den Einstellring des Transparenters nun nach links. Ungefähr in fünfzehn Metern Entfernung befand sich die linke Ecke des riesigen Raumes. Diese Ecke war durch bepflanzte Raumteiler vom Rest der Halle abgetrennt, so dass dort ein separater Bereich von vielleicht sechs mal zehn Metern entstanden war. Innen gesehen wohlgemerkt! Ganz links, ungefähr einen Meter aus der Ecke heraus, befand sich eine Tür. Wahrscheinlich die Eingangstür. Von Tobys Position aus gesehen, stand ungefähr drei Meter vor der Tür ein Tisch, an dem zwei Männer saßen, die sich sehr angeregt unterhielten. Auf dem Tisch standen eine Flasche guten, französischen Cognacs und zwei Gläser. Die beiden Kerle machten keinen sehr freundlichen Eindruck und waren offensichtlich bewaffnet. Neben einem Messer und Revolver am Gürtel hatte jeder von ihnen noch eine Maschinenpistole am Stuhl hängen.

Toby nahm sein Auge vom Transparenter und blickte nach links zur äußeren Ecke der Blockhütte, um die innere Entfernung mit der äußeren- zu vergleichen: Diese äußere linke Ecke war keine zwei Meter von ihm entfernt, während es drinnen doch gut fünfzehn Meter zu sein schienen. Erstaunt drückte er sein rechtes Auge erneut auf die Optik und drehte weiter am Einstellring. Da, ein bisschen weiter rechts stand ein Stuhl, an dem ein Mädchen gefesselt war. Er konnte ihr Gesicht nicht erkennen, da sie mit dem Rücken zu ihm saß, aber das musste Tini sein!

Ihr genau gegenüber an der Wand hatte man ein Whiteboard angebracht, auf das die Kerle etwas geschrieben hatten, was ihm bekannt vorkam: ‚Kamrintis nuklah meranieht imanty verassnoh'. Jedes Geräusch vermeidend holte er seine Dicscha aus der Tasche und verglich die Beschriftung mit dem, was dort an der Tafel stand. Es war ohne Zweifel identisch.

Zwar konnte er nun, dank des Transparenters, durch die Holzwand hindurchsehen, aber leider nichts von dem verstehen, worüber die Männer sprachen. Als er sich gerade damit abfinden wollte, stupste Ursu ihn an und reichte ihm einen kleinen, kabellosen Kopfhörer herüber und machte ihm Zeichen, dass Gerät ins Ohr zu stecken. Sobald das geschehen war und er sein rechtes Auge wieder auf das sonderbare Sehrohr aufsetzte, konnte er jedes gesprochene Wort aus dem Inneren klar und deutlich verstehen. Und zwar immer von dort, wo er gerade mit Hilfe des Einstellringes hinguckte.

„…dann sind wir hier ja bald soweit! Wenn wir diese dämliche Dicscha haben, können die beiden Verbola-Typen ihr Rerum in die Tonne kloppen. Ihr ganzer schöner Spezialplan ist dann für alle Zeiten gestorben. Ist sozusagen nicht das Papier wert, auf dem er geschrieben wurde!“

Die beiden Kerle lachten lauthals.

„Sobald wir die Kleine unserem Vorgesetzten, dem edlen ‚Hochnebulöser‘ Karl übergeben haben, steht unserer Beförderung sicher nichts mehr im Wege. Dann brauchen wir nur noch diesen blöden Bengel mit der dämlichen Schatulle und wir schaffen die gesamte Brut nach Toro in den Stall. Wird auch Zeit, dass wir endlich mit der fürstlichen Liquidierungsliste vorankommen. Sind ja doch noch ´ne Menge Typen drauf, die ausgeschaltet werden sollen. Schließlich brauchen unsere Genossen im Toroer Galazum dringend Nachschub für den nächsten Schließtag.“ Wieder lachten die Beiden.

„Sag mal, wie heißt das Früchtchen noch gleich, das wir hier unbedingt kassieren sollen?“, fragte der Eine, als er sich ein wenig beruhigt hatte.

„Tobyas Thorsen heißt der Strolch! Dem Dunklen Großfürsten sei Dank, dass der kleine Scheißer nichts über seine wahre Identität weiß. Ärgerlich ist nur, dass wir jetzt eigentlich nur noch wegen ihm hier rumsitzen und warten dürfen, wie die blöden ‘Tributisten’ auf ihre Veredelung. Ich freu´ mich wirklich schon höllisch darauf, diesen Auserwählten bald in meine Finger zu bekommen!“

Toby zuckte zusammen. Er kannte diese Männer! Es waren zwei von denen, die ihn beim Putzer beinahe erwischt hätten. Da lagen ja auch ihre sonderbaren Mäntel in der Ecke.

„Na du kleine Schlampe“, wandte sich einer von ihnen nun geringschätzig dem Mädchen zu, deren Stöhnen deutlich zu hören war. „Wirst auch bald Tributistin sein! Ich sage dir, dann werden wir richtig Spaß miteinander haben. Jede Menge Spaß!“

Der Mann lachte aus vollen Hals, zwinkerte seinem Kumpanen zu, nahm die Cognacflasche vom Tisch und ging zu dem Mädchen hinüber. Während er nun Tini langsam den hochprozentigen Alkohol über den Kopf goss, kramte er mit der anderen Hand ein Feuerzeug aus der Tasche. Er fuchtelte ihr mit der offenen Flamme vor dem Gesicht herum, als ob er sie jeden Moment anzünden wollte.

„Weißt du nicht vielleicht doch, was die dämlichen Zeichen an der Tafel bedeuten, mein kleiner, dunkler Engel? Brauchst nur zu nicken, dann mach ich dir das hässliche Klebeband von deinem Zuckerschnütchen ab“, höhnte der Kerl Tini grinsend an. Die Augen des Mädchens funkelten zornig und man merkte, wie sie an ihren Fesseln zerrte. Toby setzte den Transparenter vorsichtig ab. Er atmete tief durch. Als er Ursu fragte, was nun zu tun sei und keine Antwort erhielt, bemerkte er, dass er allein war. Der Zeitengänger war bereits vor einigen Augenblicken leise aufgestanden und unbemerkt hinter der Blockhütte verschwunden.

„Na prima“, sagte er zu sich selbst. Toby machte sich Sorgen. Er merkte, wie die Angst langsam in ihm hochkriechen wollte.

Was war das? Das plötzliche Gepolter aus dem Inneren der Hütte ließ Toby reflexhaft zusammenzucken. Seine Angstgefühle wichen augenblicklich einer aufgeregten Neugier und so schnell er konnte, setzte er den Transparenter erneut an die Wand. Drinnen war im selben Moment die Tür hinter dem Tisch aufgestoßen worden und ein weiterer Mann war eingetreten. Im ersten Augenblick nahm Toby nur unbewusst wahr, dass die offene Tür, vor der dieser Mann stand, ins Freie führte. Erst als dieses Reh so dicht daran vorbeihuschte und er einen Atemzug später den Transparenter absetzte, erkannte er, dass es sich da drinnen tatsächlich um die Außentür dieser Blockhütte handelte, denn das Reh von da drinnen kam nun direkt um die äußere Ecke der Blockhütte gelaufen. Toby erschrak ebenso, wie das Tier, das sich mit einem riesigen Satz nach hinten ins Unterholz rettete. Es dauerte nur wenige Sekunden, bis er sich wieder gefangen hatte. Er schaute erneut in das Innere der Hütte. Gerade warf der Mann die Tür hinter sich zu und die beiden anderen am Tisch sprangen auf, um so etwas, wie eine militärische Grundstellung einzunehmen.

„Dunkelheit sei mit Dir, Hochnebulöser Karl! Wie kommst du denn hierher? Wir dachten, du bist noch…"

Die beiden Bewacher von Tini waren ganz offensichtlich sehr überrascht und völlig eingeschüchtert, als der Neuankömmling ihren Gruß in scharfem Ton erwiderte:

„Dunkelheit sei auch mit Euch, Verwirrer!"

Dann schimpfte der Mann los:

„Seid ihr wirklich nicht fähig, den einfachsten Auftrag einigermaßen vorschriftsmäßig auszuführen? Den ganzen Tag sitzt ihr hier auf euren Ärschen herum, sauft und quält ein kleines Mädchen! Ihr wollt Verwirrer der Schattenresidenz sein? Ihr seid eine Schande für den Dunklen Großfürsten! Nur weil wir schon so lange als Team zusammen arbeiten und weil ich euch eure Beförderung zum Langmantel-Agenten nicht versauen will, werde ich diesmal noch ein Auge zudrücken. Wenn ihr es allerdings erneut vermasselt, muss ich in die Residenz berichten! Ihr könnt sicher sein, das ist dann das Ende eurer Karriere in der Armee der Schattenkrieger!“

„Danke für deine Nachsicht, oh edler Hochnebulöser Karl“, antworteten die zwei Gescholtenen wie geprügelte Hunde im Chor. Nun erkannte Toby den Mann! Es war Karl Krall, der Anführer dieser seltsamen Gangstertruppe. Er hatte ihn damals beim Putzer ganz deutlich sehen können. Krall zog seinen Mantel aus, warf ihn über einen der Stühle, auf dem die beiden anderen gesessen hatten, um selbst im nächsten Augenblick darauf Platz zu nehmen.

„Hört genau zu, meine tapferen Verwirrer“, sagte Karl Krall mit spöttischen Unterton, „ihr geht jetzt sofort nach vorne zur Straße und…“

„Ja, aber ich dachte…“, wandte einer der Beiden unterwürfig vorsichtig ein.

Krall sprang auf und schrie scheinbar außer sich vor Wut:

„Habe ich irgendeinem von euch Blödianen erlaubt, zu denken? Habe ich euch gestattet, mich zu unterbrechen?“

Er schubste den einen der beiden Bewacher mit Wucht gegen die Wand, wo dieser völlig eingeschüchtert in sich zusammen sackte.

„Du dachtest also, ja? Der Herr Verwirrer dachte! Ich fass` es nicht! Ihr Beide hört mir jetzt mal genau zu! Es ist nicht euer Job, zu denken! Das Denken erledigen wir oberen Grade für euch! Verstanden? Ihr seid nur Verwirrer und das sind untere Grade! Ich bin ein ‚Hochnebulöser‘ und somit ein oberer Grad! Habt ihr das jetzt? Ist das nun wirklich jedem von euch klar geworden? Oder habt ihr etwa alles vergessen, was wir euch in der Ausbildung beigebracht haben? Seid ihr denn wirklich so dämlich?“

Nun packte er den am Boden Kauernden mit beiden Händen am Revers, riss ihn ruckartig hoch, ließ ihn dann aber los und machte einige putzende Bewegungen über dessen Brust, als ob er ihm das Revers wieder glatt streichen wollte. Dann sprach er wieder in einem sehr ruhigen und entspannten Tonfall weiter:

„Also, entschuldigt meine Aggressivität. Aber ich sag es jetzt für euch Zwei nochmal ganz langsam: Ich befehle euch, sofort nach vorne zur Straße zu gehen und dort auf unseren vierten Mann zu warten. Der kommt in ungefähr einer halben Stunde mit dem Wagen. Dann fahrt ihr alle gemeinsam diesen Thorsen-Lümmel mit der doofen Schachtel holen. Euer Kamerad weiß, wo der sich versteckt hält. Aber bleibt vorne an der Straße in Deckung, damit euch niemand sieht! Ich passe hier solange auf die Göre auf und warte, bis ihr mir die Schatulle und diesen Knilch bringt. Habt ihr das verstanden?“

Völlig eingeschüchtert nickten die zwei Verwirrer ihrem Vorgesetzten heftig zu, zogen sich die Mäntel an und nahmen ihre Waffen von den Stuhllehnen.

„Wenn ihr also das Früchtchen erwischt habt, kommt ihr sofort wieder hierher, damit wir gemeinsam aufbrechen können! Dann sollte eurer Beförderung nichts mehr im Wege stehen. Die Dunkelheit sei mit euch, Verwirrer!“

„Die Dunkelheit sei auch mit Dir, Hochnebulöser Karl!“

Die beiden drehten sich gerade zur Tür, als Karl Krall sie nochmal zurückrief.

„Und bitte, denkt daran, ihr wartet solange an der Straße, bis ihr abgeholt werdet. Vorher geht ihr auf gar keinen Fall weg“, wiederholte er streng. „Und kommt mir ja nicht mit leeren Händen zurück, verstanden?“

„Oh ja, natürlich! Selbstverständlich! Und danke, du edler Hochnebulöser Karl!“

Zackig machten die beiden auf dem Absatz kehrt und begaben sich eilig zum Ausgang, um die Blockhütte schnellen Schrittes zu verlassen.

11. Kapitel - Tinis Befreiung

Die beiden Verwirrer hatten nur zu gut begriffen, dass von der erfolgreichen Durchführung ihres Auftrages nicht nur die Beförderung ihres Vorgesetzten Karl Krall vom Hochnebulöser zum Großlügner abhing, sondern auch ihre eigene, vom Verwirrer zum Langmantel-Agenten. Das bedeutete in der Hierarchie der Schattenresidenz einen deutlichen Sprung nach oben und war mit vielen zusätzlichen Privilegien verbunden. Andererseits wussten sie aber auch, dass eine Degradierung das Ende im Stall des Galazums für sie bedeuten würde. Man würde sie dort zu seelenlosen Zwitterwesen machen, oder töten. Das mussten die Beiden unbedingt vermeiden. Entsprechend eifrig wollten sie sich nun so schnell wie möglich zu der ihnen befohlenen Stelle an der Straße begeben.

Toby erschrak und rollte sich reflexartig nach hinten. Er suchte unter einen Busch Deckung, um von den Beiden nicht entdeckt zu werden. Als die um die Ecke der Hütte gestürmt kamen, steckte ihnen der Anpfiff ihres Vorgesetzten noch so in den Knochen, dass sie ihn nicht entdeckten. Sie waren zu sehr mit sich selbst beschäftigt und verschwanden schnell im dichten Wald. Bereits nach wenigen Augenblicken konnte Toby ihre Schritte und ihr Gemurmel nicht mehr hören. Er war schweißgebadet und schloss für einen Moment die Augen. Was passierte hier gerade mit ihm? Wo, - wo um Gottes Willen war er hier nur hineingeraten?

„Hallöchen! Ich bin die Christin! Kannst aber ruhig Tini zu mir sagen. Das machen sowieso alle. Aber sag mal, ich kenn dich doch. Du bist doch der Junge vom Pausenhof, der immer so verlegen guckt. Was treibst du eigentlich da unten?“

Tobi war zu Tode erschrocken und riss die Augen auf! Da stand das Mädchen, das er eben noch hinter dieser Wand gefesselt in der Gewalt von Karl Krall gesehen hatte. Wie war das möglich? Wo nur Ursu geblieben war? Jetzt hätte er jemanden wie ihn, mit diesen übernatürlichen Fähigkeiten, gern an seiner Seite gehabt. Jetzt wäre auf jeden Fall ein sehr guter Zeitpunkt, sich aus dem Staube zu machen. Hastig winkte er das Mädchen näher zu sich heran und flüsterte erregt:

„Schnell, duck dich! Der Kerl wird deine Flucht gleich bemerken! Wir müssen unbedingt weg.“

Und wie zu sich selbst sprechend fügte er noch hinzu:

„Wo nur dieser Ursu stecken mag?“

Das Mädchen hatte sich gerade zu ihm hinunter gebückt, als er sich zur anderen Seite der Blockhütte umdrehte, um mit ihr nach hinten, in den Wald zu verschwinden. Genau in diesem Augenblick trat Karl Krall in seinen Fluchtweg und so prallte er mit seinem Kopf unsanft gegen dessen Beine…

„Kann ich Dir irgendwie behilflich sein?“, fragte der in bedrohlichem Tonfall. Toby schaute von unten langsam an seinen Beinen herauf, bis sich ihre Blicke trafen:

„Nein, nein, danke! Ich cruise hier unten nur so ein bisschen mit den Ameisen herum“, versuchte Tobi die Situation durch einen flotten Spruch zu entkrampfen.

„So, so, sieh mal an. Du cruist da also mit ein paar Ameisen herum. Interessant! Wirklich sehr interessant. Wir haben hier also einen echten Komiker“, sagte der Kerl mit gereizter Stimme. „Steh augenblicklich auf, du Witzbold, sonst helfe ich dir dabei!“

Tobi gehorchte der Anweisung nur widerwillig und blickte dem Mann abwartend direkt ins Gesicht. Das war eindeutig Karl Krall, der Anführer dieser finsteren Truppe, die auch ihn jagten. Auf gar keinen Fall durfte diesem Gauner die Dicscha in die Hände fallen. Jetzt musste ihm schnell irgendwas Gutes einfallen…

„Tja, scheint dumm für dich gelaufen zu sein, wie?“, triumphierte der Kerl grinsend. „Deine Dicscha bist Du auf jeden Fall los. Kannst dich schon mal von ihr verabschieden.“

Das sollte es nun gewesen sein? Er drehte sich zu Tini um und bemerkte ihr Schmunzeln nicht, als er ihr mit Blicken klarzumachen versuchte, das sie gleich, wenn er ihr ein Zeichen geben würde, fliehen sollte. Durch eine Überraschungsaktion würde er den Fiesling vielleicht überrumpeln können. So sprang er mit dem Schwung der Bewegung, mit der er sich wieder zu Karl Krall umdrehte, diesen mit einem riesigen, katzenhaften Satz an – jedenfalls glaubte er das - und schrie dabei so laut er konnte:

„Hau ab Tini! Los, hau ab und lauf was du kannst!“

Die Wucht seines Aufpralles hätte im Normalfall sicherlich völlig ausgereicht, um einen Kerl wie diesen Karl Krall von den Beinen zu bringen. Doch sein vermeidlicher Gegner war unbemerkt einen Schritt zur Seite getreten und so sprang Toby mit lautem Angriffsgeschrei einfach ins Leere. Nach ungefähr zwei Metern verlor er im Flug das Gleichgewicht und landete recht unsanft in einem wilden, stacheligen

Brombeerbusch. Schnell rappelte er sich wieder auf. Sein Herz raste und sein Körper schien komplett mit Adrenalin gefüllt zu sein. Die Augen suchten nach dem vermeidlichen Rivalen, doch das schallende Gelächter von Tini und ihrem Bewacher irritierte ihn sehr. Da standen die Beiden nebeneinander vor ihm und schienen sich königlich zu amüsieren.

„Ich glaub´ ich spinne“, entfuhr es ihm. „Is´ wirklich sehr komisch! Zum Totlachen!“

Er war völlig verwirrt, aber auch ein kleines bisschen verärgert, als er krampfhaft versuchte, sich aus dem Dornengebüsch zu befreien und die Situation richtig einzuschätzen.

„Es reicht! Lass es gut sein“, sagte Tini kichernd zu Karl Krall und der entgegnete, ebenfalls noch immer herzhaft lachend:

„Meinst du wirklich, mein Kind?“

Der Mann blickte theatralisch zum Himmel, hob beide Hände hoch und schien sich angestrengt zu konzentrieren. Jeder Gesichtsmuskel war gespannt, als er sprach:

„Mutetur confestim Ursu!“

Augenblicklich schien er sich völlig geräuschlos, mit riesiger Geschwindigkeit um seine eigene Achse zu drehen und als Tobi wieder etwas erkennen konnte, stand sein Freund Ursu vor ihm.

„Absolut de luxe“, entfuhr es Toby erstaunt und bewundernd. Wie, wie hast Du denn das gemacht? Du bist doch…“

„Mutetur confestim Karl Krall!“ Erneut sprach der Zeitengänger etwas für Tobi völlig Unverständliches, bei dem er nur den Namen seines Verfolgers erkannte und aus der darauf folgenden Schnell-Drehung tauchte erneut Karl

Krall, der Hochnebulöser der Schattenresidenz auf, der sofort weitermachte und rief:

„Pass auf, Junge! Hier kommt noch jemand, den Du kennst! ‚Mutetur confestim Tobyas Thorsen'!"

Diesmal erschien... Tatsächlich, es war kaum zu glauben, aber da stand scheinbar Toby höchstpersönlich.

„Das ist absolut unglaublich! Das träum ich doch wohl nur! Wie machst Du das denn?"

„Du hast es doch vorhin selber gesagt. Ich bin so was wie ein Zauberer." Ursu lachte dabei herzhaft und verwandelte sich wieder in den Zeitengänger zurück.

„Hast Du die Dictum Schatulle?"

„Na klar! Ich soll sie doch nicht mehr aus der Hand geben, oder?"

„Genau! Gib´ sie nie wieder aus der Hand, Tobyas Thorsen! Hörst du, niemandem und nie! Von ihr hängt das Überleben von allem ab, was wir als ‚gut' bezeichnen!"

Nun drängte Ursu allerdings zur Eile:

„Wir müssen jetzt unbedingt schnell weg hier, bevor uns die Handlanger der Finsternis auf die Schliche kommen. Also los, hier entlang, und bitte, wir fassen uns jetzt alle an den Händen und lassen erst dann wieder los, wenn ich es sage. Verstanden?"

„Ja, Ursu", antwortete Tini.

„Hast auch du das verstanden, Tobyas Thorsen? Erst dann wieder loslassen, wenn ich es sage?"

Toby nickte heftig und während sie sich an den Händen haltend auf die Lichtung hinausrannten rief Ursu:

„Pervolamus aeres nunc!“

Plötzlich hoben sie vom Erdboden ab und hatten Augenblicke später bereits die beträchtliche Flughöhe von vielleicht dreihundert Metern erreicht.

„Ich glaub´ ich spinne! Das ist ja wie bei Harry Potter“, rief er begeistert in Richtung Tini, die zwischen ihm und Ursu hing.

„Harry Potter? Du machst wohl Witze? Harry Potter ist doch bloß ein Kindermärchen! Dies hier, Toby Thorsen, dies hier ist die Realität!“, jubelte Tini.

„Ich glaub` das einfach nicht! Lass bloß unseren alten Zauberer nicht los“, rief er ihr lachend zu und stieß ebenfalls laute Begeisterungsschreie aus!

12. Kapitel - Das Geheimnis der Dicscha

Nach wenigen Augenblicken ermahnte Ursu seine übermütigen ‚Passagiere' zur Ruhe und deutete zur Erde hinunter. Dort sahen sie auch sofort den Grund für seine Vorsicht, denn da unten versteckten sie die beiden Männer, die der falsche Karl Krall zur Straße abkommandiert hatte. Sie hockten in einem nassen Straßengraben und warteten dort auf ihren Kumpan, nicht ahnend, dass der niemals kommen würde. Sie hatten die zwei Kerle gehörig hinters Licht geführt!

Während des rasanten Fluges pfiff ihnen der Wind nur so um die Ohren. Als sie wenig später über Melsin waren, bemerkte Tini, dass ein unten auf der Dorfstraße mit seinen Eltern gehendes Kind sie zufällig am Himmel entdeckt hatte. Es zerrte aufgeregt am Ärmel des Vaters, um ihn auf das seltsame Etwas am Himmel aufmerksam zu machen.

„Hey, Ursu", rief Tini nach vorne, „bitte denk´ daran, dass es für uns normale Menschen relativ ungewöhnlich ist, sich durch die Luft fliegend fortzubewegen!"

Ursu hatte die Leute auch entdeckt und verstand Tinis Befürchtung sofort. Er handelte augenblicklich:

„Abdimur momento temporis!"

Als das kleine Kind die drei plötzlich wie von Geisterhand vom Himmel verschwinden sah, fing es verschreckt an zu weinen und klammerte sich ängstlich ans Bein der Mutter. Die ahnungslosen Eltern nahmen es auf den Arm, versuchten es zu beruhigen und suchten mit ihren Blicken den

Himmel ab. Irgendetwas da oben musste den Kleinen so verängstigt haben, doch außer einigen kleinen Wolken konnten sie nichts entdecken.

Wenig später landeten die drei Freunde sachte, so, wie man es von gut geübten Gleitschirmfliegern kennt, in einer Gegend, die Toby nur allzu bekannt vorkam: Sie setzten in der Güterbahnhofstraße, direkt vor dem Haus von Knochenklempner Albert Friedemann, in seinem Vorgarten, neben dem Gehweg auf. Mehrere Passanten liefen an ihnen vorbei, ohne irgendetwas zu bemerken.

„Nicht loslassen Freunde! Nicht loslassen, bis wir beim Doktor drin sind“, ermahnte Ursu die Beiden. „Solange wir uns angefasst halten, können sie uns weder sehen noch hören.“

„Sehr beruhigend“, dachte Toby, der auf der anderen Straßenseite Richard Momsen mit seinen Jungs entdeckt hatte. Sie waren ganz offensichtlich auf der Suche nach ihm. Leise fragte er vorsichtshalber nochmal bei Ursu nach:

„Und man kann uns wirklich nicht sehen und auch nicht hören?“

Als der Zeitengänger ihm versicherte, dass bestimmt nichts passieren konnte und keinerlei Gefahr bestand, solange sie sich nur angefasst hielten, schrie Toby in Richtung der Nordstadtgang:

„Hey, Momsen! Hast du deine Pfeifenköppe mitgebracht? Hier bin ich! Kommt doch her, ihr Schisser! Kommt her, dann gibts gleich ´nen richtigen Einlauf!“

Toby war sehr erregt und während er laut schimpfte, lief er einige kurze Schritte in Richtung Straße und bemerkte nicht, dass er dabei Tinis Hand losließ. Mit beiden Armen wild gestikulierend stand er nun, für jedermann gut sicht- und hörbar, am Straßenrand:

„Momsen, du alter Plastikgangster! Traust du dich tatsächlich mit deiner Gazellenfraktion hier in mein Gebiet?“

Die Jungs auf der anderen Straßenseite blieben wie angewurzelt stehen und ihre Köpfe flogen herum.

„Thorsen!? Da bist du ja endlich! Hast dich tatsächlich aus deinem Versteck raus gewagt? Das war ein Fehler! Wirst gleich sehen warum, denn jetzt bist du reif!“, rief ihm Richard Momsen drohend herüber und schon stürmten sie los, um sich auf Toby zu stürzen. Der bemerkte nun endlich, dass er Tini versehentlich losgelassen hatte und dass ihn die Kerle bereits seit einigen Augenblicken sehen und hören konnten. Er ließ die heran stürzenden Angreifer nicht aus den Augen und versuchte dabei hinten irgendwie Tinis Hand zu erwischen. Da war aber nichts! Er drehte sich rasch um, aber weder Tini, noch Ursu waren da! Na klar, - er konnte die Beiden ja nicht sehen. So ein Mist! Seine Situation schien ziemlich außer Kontrolle zu geraten und gleich würde hier wahrscheinlich eine wilde Klopperei losgehen. Sechs gegen einen! Wie üblich würde er wohl wieder ´ne ordentliche Tracht Prügel beziehen. Gerade in dem Moment, als Richard Momsen ihn als erster erreichte und sich auf ihn stürzte, hatte jedoch Tini seine Hand ergriffen und ihn kräftig nach links weggerissen. In genau diesem Augenblick war Toby für seine Angreifer nicht mehr sichtbar und so taumelte deren Anführer ins Leere. Er landete mit ordentlichem Schwung hinter dem Zaun, im Blumenbeet des Vorgartens. Die anderen Jungen konnten gerade noch rechtzeitig anhalten und sahen sich verblüfft an. Sie konnten nicht begreifen, was hier gerade passiert war.

„Was sagte ich vorhin, Tobyas Thorsen?“, fragte Ursu mit väterlich strenger Stimme. „Erst loslassen, wenn ich es erlaube!“

Richard Momsen war inzwischen wieder auf den Gehweg zurück geklettert und putze ich den Dreck von seinen Klamotten.

„Thorsen! Hörst Du mich? Wo immer du dich versteckst, ich kriege dich!“ schrie er, während er sich irritiert in alle Richtungen umschaute. Nach seinem „wir ziehen uns erst mal zurück“, setzte sich die Gruppe ratlos in Bewegung. Als sie an den drei unsichtbaren Freunden vorbeigingen, wollte sich Toby diese einmalige Chance nicht einfach so entgehen lassen und scheinbar aus dem Nichts heraus bekam Richard Momsen noch eine deftige Kopfnuss verabreicht. Anschließend stolperte er noch über ein unsichtbares Bein, so dass er beinahe erneut zu Fall kam.

Ursu, Tini und Toby lachten herzhaft und gingen nun an die Tür der Praxis des Knochenklempners. Sie wollten gerade klingeln, als Albert Friedemann bereits von innen öffnete. Der kleine, etwas dickliche Mann mit Nickelbrille auf der Nase strahlte über das ganze Gesicht und begrüßte die Besucher herzlich. Offensichtlich konnte er die drei sehen und hören, obwohl sie sich noch an den Händen hielten.

„Das war ja ´ne riesige Nummer! Hab´ vom Fenster aus alles gesehen. Der Momsen kann das aber gut vertragen“, lächelte er Toby an, um sich dann dem Zeitengänger zuzuwenden:

„Ursu, alter Freund! Schön dich wieder zu sehen.“

Er schloss die Tür sagte zu Tini und Toby, dass sie Ursu nun loslassen dürften. Beide sahen ihren väterlichen Freund fragend an und der bestätigte das Gesagte durch ein Kopfnicken. Endlich konnten sie sich wieder frei bewegen! Albert Friedemann umarmte Ursu aufrichtig und küsste ihn zur Begrüßung mehrfach auf beide Wangen.

„Wo hast du dich nur so lange herumgetrieben, alter Freund? Ich hab´ mir schon Sorgen um dich gemacht. Doch, höre: Schlimme Gerüchte machen die Runde in Verbola. Ich habe alle meine Informanten kontaktiert. Alle bringen mir die gleichen schlechten Nachrichten. Es braut sich was zusammen. Der Dunkle Großfürst hat gedroht, ganz Toro zu übernehmen. Er hat uns ultimativ aufgefordert, unseren Bezirk und auch die Enklave Grela bis spätestens zum 12. September freiwillig und bedingungslos an die Schattenresidenz zu übergeben, sonst will er einen Tag später die, wie er meint, ‚historische Ordnung‘ durch die Armee der Schattenkrieger wiederherstellen lassen. Du weißt, was das bedeutet! Ich denke, dass wir jetzt handeln müssen!“

Nun wandte er sich Tini und Toby zu. Sein Gesicht wurde wieder freundlich und er begrüßte die Beiden ebenso herzlich.

„Habt ihr Hunger, oder vielleicht Durst? Na klar! Was für eine dumme Frage. Das sieht man doch! Ihr seid hungrig und durstig! Geht schon mal in die Küche und bedient euch aus meinem Kühlschrank. Ich habe noch kurz etwas mit Ursu zu besprechen.“

Er schob die Beiden freundlich, aber bestimmt in die Küche und schloss die Tür.

Toby und Tini holten sich Wurst, Käse, Schokocreme, eine riesige Schüssel mit Erdbeerpudding, für jeden eine Flasche Limo und setzten sich an den großen Tisch, der in der Mitte des Raumes stand. Während Toby eine Scheibe Brot mit der Schokoladencreme bestrich, hatte er das erste Mal Gelegenheit, Tini in Ruhe anzuschauen. Sie war wirklich ein sehr hübsches Mädchen und er dachte daran, dass er unzählige Male auf dem Schulhof an ihr vorbei gegangen war, aber nie gewagt hatte, sie anzusprechen.

Die plumpen Sprüche, die einige seiner Mitschüler den Mädchen gegenüber machten, waren ihm schon immer zu wider gewesen: „Na Muschi, biste auch juckig?“, oder „Hey Baby, bisschen Speichelhockey gefällig?“ Solche, oder ähnlich dämliche Äußerungen waren ihm immer überaus peinlich und er schämte sich sogar ein bisschen dafür. Nun saß ihm eben diese Tini gegenüber, aß mit ihm und sie unterhielten sich, als ob sie schon lange alte Freunde wären.

„Danke, dass du mich gerettet hast“, sagte sie scheinbar beiläufig, während sie dabei eine Scheibe Käse aus der Verpackung fingerte.

„Gern doch“, antwortete Toby gespielt cool, „na ja, eigentlich war es ja Ursu.“

„Ich weiß!“, erwiderte sie und strahlte ihn dabei mit einem überwältigenden Lächeln an. „Aber Du warst dabei und Du wolltest den Krall angreifen, damit ich hätte abhauen können. Du bist ein Held, ehrlich! Du bist ab heute mein Held!“

Toby merkte, wie ihm das Blut in den Kopf schoss. Verlegen stocherte er mit dem Löffel in der Puddingschüssel herum. Na ja, - eigentlich hatte sie ja Recht. Er war tatsächlich auf den Anführer der Truppe aus der Schattenresidenz losgegangen. Immerhin war der deutlich größer und stärker als er selbst. Und zu diesem Zeitpunkt wusste er ja noch nicht, dass es sich dabei nur um Ursu gehandelt hatte. Er war erstaunt über sich selber und zugleich auch hoch zufrieden. Um seinen Mund spielte ein kleines Lächeln.

„Ich würde zu gerne wissen, wer das in Melsin tatsächlich war. Ursu sagt, es war eine Verwirrte, oder so ähnlich. Die sah wirklich genauso aus wie du. Ich bin nur stutzig geworden, weil sie die Antwort nicht…“

„‚Ursu kommt wie immer‘ meinst du?“, warf Tini fragend ein.

„Ja, genau! Als sie diese Antwort nicht wusste, war mir sofort sonnenklar, dass Du es nicht sein konntest und das da irgendwas nicht stimmte. Als dann noch Ursu auf der Bildfläche erschien und die falsche Tini ganz offensichtlich nur seinen Namen kannte, weil er zu ihr gesagt hatte ‚kriegt denn dein alter Freund Ursu heute keinen Begrüßungskuss‘, war das die letzte Bestätigung, dass sie gelogen hatte.“

„Du hast ja gesehen, was Ursu kann. Er nimmt bei Bedarf die Gestalt von jeder gewünschten Person an. Er hat ja sogar deine eigene Gestalt angenommen“, warf Tini ein. Ganz sicher gibt es auch auf Seiten der Schattenresidenz Leute mit ähnlichen Fähigkeiten und wenn man…“

Mitten in diese Unterhaltung hinein betraten Doktor Albert Friedemann und Ursu, der Zeitengänger die Küche und setzten sich zu den Beiden an den Tisch.

„Und? Seid ihr satt geworden?“, fragte Ursu, während Doktor Friedemann sich aus Tinis Limo-Flasche ein Glas eingoss, um es dann mit einem Zug zu leeren.

„Albert, - also ich meine Doktor Friedemann sagt, dass die falsche Tini ein Verwirrer ist“, begann Ursu, um sogleich vom Doktor unterbrochen zu werden:

„Ja, ja, aber bitte, nennt mich nicht Herr Friedemann, oder Doktor Friedemann. Das klingt so distanziert und macht mich so alt. Und Onkel Albert finde ich – offen gestanden – ein bisschen altmodisch. Also, Du bist Tini, du bist Toby und ich bin Doc Albert! Nennt mich einfach ‚Doc Albert‘. Alles klar?“

Toby und Tini nickten heftig. Schien ja doch ganz nett zu sein, der Knochenklempner.

„Und übrigens, das ich hier im Viertel Knochenklempner genannt werde, ist mir selbstverständlich nicht verborgen geblieben. Das ist für meine manchmal sehr feine, fast künstlerische Arbeit zwar eine sehr schlichte Bezeichnung“, stolz warf er dabei seinen Kopf in den Nacken, „doch ich verzeihe euch!“

Ein leichtes Grinsen huschte über sein Gesicht, während er Toby und Tini beobachtete und dann fortfuhr: „Also, die falsche Tini war ein Verwirrer“.

„Ja, so was sagte Ursu bereits, aber was ist das genau?“, wollte Toby wissen.

„Ein Verwirrer? Verwirrer sind die zweitniedrigsten, unteren Grade der Armee der Schattenkrieger. Darunter gibt es nur noch die ‚Gemeinen Spitzel‘. Alle sind unmittelbar dem jeweiligen ‚Dunklen Trabanten‘ unterstellt. Diese wiederum sind die weltlichen Repräsentanten ihres Obersten, dem ‚Dunklen Großfürsten‘, dem Herrscher der Schattenresidenz. Die sogenannten ‚Dunklen Trabanten‘ sind praktisch so etwas wie die Präsidenten von Staaten, nur viel mächtiger und böser! Von ihnen existieren nicht sehr viele; man sagt, dass es auf jedem Kontinent nur einen Einzigen gibt, der dann für die Unterwerfung seines Gebietes unter die Macht des Dunklen Großfürsten verantwortlich ist."

Toby und Tini sogen voller Staunen weitere Details über ihre Verfolger auf, die Doc Albert ihnen offenbarte.

„Und Verwirrer verfügen über einige Fähigkeiten, die auch Zeitengänger, wie unser Freund Ursu beherrschen. Dazu gehört auch der Persönlichkeitstransfer. Deshalb bin ich sicher, dass die falsche Tini eigentlich gar kein Mädchen war, sondern einer von ihnen. Andere Begabungen, wie zum Beispiel das Fliegen in mit Luft gefüllter Umgebung, die Unsichtbarkeit, oder das Durchqueren fester und organischer Materie, wie Wände oder ähnliches, haben sie nicht. Das hast du ja gesehen, als die falsche Tini nicht durch die von euch verschlossene Zimmertür hindurch konnte. Allerdings darf man diese Verwirrer auf keinen Fall unterschätzen! Das wäre absolut tödlich!"

Ursu wandte sich jetzt an Toby und forderte ihn auf, die Dicscha hervorzuholen. Er stellte das wunderschöne, kostbar verzierte Stück auf den Tisch, ohne sie dabei loszulassen. Einen Moment lang war es mucksmäuschenstill.

Der Doktor schob Toby einen kleinen Stick zu, so einen, mit dem sich Diabetiker immer in die Finger stechen, um dann den Zuckergehalt ihres Blutes zu messen. Er sagte ruhig und bestimmt:

„Nur du darfst sie nun öffnen, denn nur du hast jetzt und in Zukunft die Hütergewalt über sie und ihren Inhalt. Ich bitte dich, öffne sie jetzt."

Der Junge suchte Blickkontakt mit Ursu, der ihm lächelnd zunickte und sagte:

„Ja, es ist alles in Ordnung. Du kannst es nun tun. Wir sind hier unter Freunden und der Tag ist gekommen."

Feierlich blickte er in die Runde und fuhr fort:

„Stich mit dem Stick in deinen Zeigefinger und warte, bis sich an der Einstichstelle ein kleiner Blutstropfen bildet. Dann drücke deinen Finger mit diesem Blutstropfen auf den höchsten Punkt der Wölbung in der Mitte der Schatullen-Oberseite, da wo der kleine rote Fleck ist."

Als Toby tat, wie ihm gesagt wurde, öffnete sich die Dicscha mit einem kurzen, elektrisch klingenden Surren. Nun sah man sehr deutlich, dass da doch ein Deckel war.

Bedächtig hielt er die Truhe hoch und las nun zuerst die Inschrift, die aus diesen sonderbaren Schriftzeichen bestand und die zwischen den Verzierungen auf der Außenseite eingelassen war:

„Kamrintis nuklah meranieht imanty verassnoh."

Toby richtete sich auf und blickte nachdenklich ins Nirgendwo. Er überlegte kurz und sagte dann:

„Ok, dann lasst uns das mal überprüfen!"

„Kamrindviech nuklear meteran - oder was auch immer Du gerade gesagt hast", meldete sich Doc Albert zu Wort, „Du wirst es uns schon übersetzen müssen, lieber Toby, denn niemand von uns hier weiß, was in aller Welt diese seltsamen Worte bedeuten sollen!"

Er entschuldigte sich mit einem „Sorry, das hatte ich ganz vergessen." Dann sprach er weiter:

„Hier steht: *Bist du erwählt, so nutze die Schlüssel zur Erkenntnis.*“

„Fällt dir eigentlich irgendetwas auf, Tobyas Thorsen?“, fragte Ursu lächelnd.

„Nein, was denn?“

„Na, Du kannst diese eigenartigen Schriftzeichen nicht nur lesen, sondern Du kennst plötzlich auch die Bedeutung dieser sonderbaren Worte! Weißt du auch warum das so ist?“

Er hatte Recht! Nochmal schaute er sich die komischen Worte an. Er hatte keinerlei Probleme, daraus *Bist du erwählt, so nutze die Schlüssel zur Erkenntnis* zu lesen. Seltsam. Nein, er wusste tatsächlich nicht, warum er das mit einem Mal konnte und schüttelte verwirrt seinen Kopf. Ursu war unterdessen aufgestanden und forderte den Doktor und Tini auf, es ihm gleich zu tun. Verwundert starrte Toby die drei Stehenden an, die plötzlich ‚Happy Birthday‘ zu singen begannen.

„Herzlichen Glückwunsch zu deinem vierzehnten Geburtstag, lieber Toby!“ Alle nahmen ihn in den Arm und beglückwünschten ihn. Das hatte er ganz vergessen! Natürlich, er hatte ja heute Geburtstag und sein Vater hatte ihm geschrieben, dass er ab da die Bedeutung dieser geheimen Sprache kennen würde. Dann wurde Ursu wieder ganz ernst und sagte:

„Die Tatsache, dass Toby ab heute in seine Berufung hinein kommt, bedeutet für unsere Freunde - seine Eltern - unter Umständen nichts Gutes. Vermutlich müssen wir sogar mit dem Schlimmsten rechnen.“

Alle sahen sich nun besorgt an. Der Knochenklempner durchbrach das Schweigen als Erster und fragte:

„Wie lautete der Satz noch gleich?“

„*Bist du erwählt, so nutze die Schlüssel zur Erkenntnis.* Also das ist meine Übersetzung“, antwortete der Junge leicht verunsichert.

Der Doktor wiederholte diesen Satz sehr langsam und bedächtig, als ob er ihn ganz besonders und intensiv verinnerlichen wollte. Er stand auf und lief angestrengt nachdenkend in der Küche hin und her.

„*Bist du erwählt, so nutze die Schlüssel zur Erkenntnis*“, wiederholte er immer wieder leise vor sich hin. Was konnte damit nur gemeint sein? Mittlerweile hatte Toby den nun geöffneten Deckel der Dicscha aufgeklappt und ein großes Halstuch herausgeholt, auf dem so etwas wie eine Straßenkarte aufgedruckt war. In dieses Tuch war ein kleines Gerät eingewickelt, das wie ein iPod aussah und das sofort sein Interesse weckte.

„Oh, ein Dudelrechteck“, meinte Toby neugierig und sah sich das Teil von allen Seiten genau an. Tini und Ursu hatten sich vorgebeugt und untersuchten währenddessen das Tuch genauer. Sie begutachteten den Stadtplan und fanden, neben zwei mit einem Kreuz markierten Stellen, noch weitere sonderbare Schriftzeichen. Auch Doc Albert kam wieder zum Tisch herüber und schaute ebenfalls nachdenklich auf das vor ihm ausgebreitete Tuch. Er zog es zu sich herüber, kratzte sich am Hinterkopf und schien angestrengt nachzudenken.

„Toro! Ganz eindeutig Toro!“, stellte er fest und schaute zu Ursu, um sich seine Aussage bestätigen zu lassen.

„Ja, das meine ich auch! Den Platz, wo das eine Kreuz eingezeichnet ist, kenne ich nur zu gut! Dort ist ein Ausbildungscamp unserer Torwächter."

Wieder lief der Doktor nachdenklich in der Küche auf und ab. Plötzlich rief er:

„Beim Allmächtigen! Ich glaub´ ich hab´s! Momentchen, ich bin gleich wieder da!"

Toby, der an dem kleinen Gerät herumprobierte, bemerkte nach einiger Zeit, dass der Doc es sich offensichtlich anders überlegt hatte und nicht weggegangen war, sondern noch immer nachdenklich in der Küche hin- und herlief.

„Hey, Doc, kannst Du mal bitte kurz herkommen?", fragte Toby. Als der Angesprochene nicht reagierte und der Junge auch nach längerem Warten keine Antwort erhielt, schaute er zu den anderen Beiden und meinte beiläufig:

„Spricht wohl nicht mit jedem, unser Herr Doktor, was?"

Das Mädchen hob ihren Kopf, lächelte ihn an und antwortete:

„Er hat doch gesagt, dass er mal kurz weg muss. Warte doch, bis er wieder da ist."

„Wie, warte doch bis er wieder da ist. Spinnst Du? Da geht er doch! Oder willst du mir etwa erzählen, das wäre nur ein Geist?"

Tini und Ursu lachten laut los. Er war verwirrt und ärgerte sich auch ein bisschen, weil ihn das Gelächter der Beiden ziemlich verunsicherte.

„Schön, dass ihr Zwei euch gut amüsiert“, sagte er beleidigt und verärgert.

„Nun sei doch nicht gleich eingeschnappt. Der Doc ist wirklich nicht hier. Das was Du da siehst, ist ein Hologramm, mit dem man Leute wie dich täuschen kann.“

Ursu ging zum Hologramm hinüber und wedelte mit seinen Armen in den Umrissen des Doktors herum, so dass Toby erkennen konnte, dass da wirklich ‚Nichts‘ war.

„Doc Albert ist einer von uns; er ist allerdings kein Zeitengänger, sondern ein Zeitgrenzler. Der Beste, wenn ihr mich fragt. Er ist wahrscheinlich nur kurz für einige Zeit hinter der Zeitgrenze verschwunden, um sich in einer wichtigen Sache Gewissheit zu verschaffen. Das macht er immer so. Sicher kommt er gleich zurück.“

Ursu kratzte sich am Hinterkopf, dann wandte er sich dem Jungen zu und sagte:

„Los Toby, ließ doch bitte mal vor, was da noch so alles auf dem Stadtplan steht. Aber bitte gleich die Übersetzung, wenn´s geht.“

„*Ist Saybot Nhezreiv kommt Lules Ende Schließtag*“

„Keine Ahnung was das nun wieder heißen soll. Ist das denn schon die Übersetzung?“, wollte Tini wissen.

„Toby, du solltest vielleicht mal in das Dudelrechteck reinschauen, bis der Doc wiederkommt.“ Dabei zeigte sie auf das kleine iPod-ähnliche Gerät neben der Schatulle und Toby kam um den Tisch herum, setzte sich und begann den ‚Informander‘ gründlich zu untersuchen. Kein Schalter, kein Schieberegler, keine Sensorfläche. Nichts! Außer einigen farblich markierten Bereichen unter dem kleinen Bildschirm war nichts zu sehen.

Tini hatte sich währenddessen nochmal mit dem Satz, der auf der kleinen Blechtruhe stand, beschäftigt. Sie hatte ihn auf einen Zettel geschrieben und kam nun ganz aufgeregt damit zum Tisch zurück.

„Hier Freunde, hier steht: *Bist du erwählt, so nutze die Schlüssel zur Erkenntnis*. Habt ihr gehört? Hier steht *nutze die Schlüssel*, nicht *nutze den Schlüssel*."

„Ja, das ist eindeutig die Mehrzahl", meinte Toby bestätigend. „Hier wird von mehreren Schlüsseln gesprochen! Aber leider haben wir hier keinen einzigen! Es muss also irgendwo mindestens zwei Schlüssel geben!"

Keiner von ihnen hatte bemerkt, dass Doc Albert inzwischen zurückgekommen war und ihnen bereits einige Zeit zuhörte.

„Da habt ihr völlig Recht", sagte er und die Köpfe der Drei flogen zu ihm herum. Drei neugierige Augenpaare starrten ihn verblüfft an.

„Nun sag schon!" und „Da bist du ja wieder!" und „Wo warst du denn?" prasselte gleichzeitig auf ihn ein. Der Doktor trat an den Tisch heran und sagte:

„Ihr Menschen seid ziemlich schlau, was? Das mit den Schlüsseln habt ihr gut rausgefunden. Einen habe ich schon gefunden und ich glaube, ich weiß auch, wo der zweite ist." Als er das sagte, schaute er vielsagend lächelnd zu Ursu hinüber.

„Tini, Du weißt, dass es nicht möglich ist, dass du Ursu hinter die Zeitgrenzen begleitest. Heute schläfst du am besten hier bei mir im Gästezimmer und morgen früh werden wir uns beide mit deinem Vater treffen, um einige Dinge zu erledigen, die noch sehr wichtig für uns alle sein werden. Ich denke, dass wir uns dann in ein paar Tagen alle gemeinsam wieder hier treffen. Was meint ihr?"

Er strich Tini zärtlich über den Kopf, weil er genau wusste, dass sie immer sehr traurig war, wenn sie nicht mit nach Verbola hinüber durfte. Doch das war ganz und gar unmöglich! Schließlich wandte er sich an Toby und sagte sehr ernst:

„Ich möchte, dass Du jemanden kennenlernst, heute noch! Und ich möchte, dass Du dir gemeinsam mit unserem Freund Ursu etwas anschaust."

13. Kapitel - Grenzgänger

Doc Albert ging nun zu dem unscheinbaren Bild, das an der gegenüberliegenden Wand hing und klappte es wie eine Tür auf. Dahinter war ein kleiner Geldschrank, den er scheinbar durch das Scannen seines Fingerabdrucks öffnete. Doch, anstatt aufzugehen, fuhr der komplette Safe plötzlich wie ein Fahrstuhl nach unten und ein darüber liegender, zweiter Wandsafe kam zum Vorschein und stoppte genau an der Wandöffnung. Doc Albert öffnete ihn, winkte Ursu zu sich heran und sagte:

„Wie immer, alter Freund."

Der Zeitengänger ging hinüber und stellte einige Gegenstände, die er aus den Taschen seiner Bekleidung holte und die Toby nicht erkennen konnte, hinein.

„Da fehlt noch ein Transparenter", stellte der Doktor fest.

„Dir entgeht auch wirklich nichts, Doc", bemerkte Ursu und drehte sich zu Toby um. „Du hast noch einen Transparenter in deiner Tasche. Den braucht unser Herr Doktor Friedemann jetzt. Sonst nimmt er uns nicht mit." Ursu zwinkerte ihm lächelnd zu.

Nachdem alles wieder verschlossen war und das Bild an seinem Platz hing, verabschiedeten sie sich von Tini und folgten dem Doktor, der mit ihnen seine Privaträume über den Flur verließ. Er führte sie durch einen Lagerraum, von dem sie in einen weiteren Flur kamen und schließlich seine Praxisräume erreichten. Sie gingen am Wartezimmer der Patienten vorbei, hinein in sein Sprechzimmer und von dort aus, durch eine große Doppeltür in das eigentliche Behandlungszimmer. Als Doc Albert die Tür öffnete, war es in dem Raum stockfinster. Alle Fenster waren verdunkelt und es roch ein wenig nach Krankenhaus.

„Moment, ich mach erst mal Licht an“, rief er ihnen zu, während er in den dunklen Raum hineinging und den Lichtschalter suchte. Es folgte das typisch klickende Startgeräusch angehender Leuchtstofflampen und nach einem kurzen Lichtgewitter war der Raum taghell. In seiner Mitte stand ein großer, massiv vom Fußboden hoch gemauerter Operationstisch, über dem eine ganze Batterie von OP-Lampen hing, die an einem Schwenkarm befestigt waren. Links und rechts neben dem Op-Tisch standen jeweils ein Hocker für den Arzt und seinen Assistenten.

Doc Albert setzte sich und holte einen Fingerstick aus seiner Hosentasche, mit dem er sich in den Zeigefinger pikste. Als Toby bemerkte, dass der kleine Blutstropfen, der sich an der Einstichstelle bildete, goldgelb war, entfuhr ihm leise die Bemerkung:

„Hast Du gesehen? Es ist gelb“, und er versuchte die Fassung nicht zu verlieren, als Ursu ihm flüsternd antwortete:

„Ja, ich weiß. Meins auch!“

Der Doktor steckte nun seinen Finger, mitsamt dem gelben Blutstropfen in ein kleines Loch an der Seite des Operationstisches und murmelte etwas Unverständliches. Plötzlich hob sich der gesamte massive Tisch um einige Zentimeter aus seinem Fundament im Fußboden und schien wie auf einem Luftkissen zu schweben.

Doc Albert tippte mit dem Zeigefinger leicht gegen den Koloss, der daraufhin scheinbar gewichts- und geräuschlos zur Seite schwang und eine Treppe freigab, die nach unten führte.

„Kommt“, forderte er sie auf und die drei stiegen gemeinsam in das Loch im Fußboden. Schon wenig später standen sie in einem kleinen, unmöblierten und fensterlosen Raum, an dessen linker Seite eine Tür zu sehen war.

„Sie wissen, dass wir kommen“, sagte der Doc zu Ursu, während er die kleine Tür aufschloss.

„Es ist lange her, dass Menschen durch die MaKi-Schleuse nach Verbola gekommen sind“, sagte Ursu nachdenklich.

„Ja. Zuletzt war es Thomas Thorsen, Tobys Vater. Das ist aber auch schon wieder über vierzehn Jahre her. Es muss kurz vor der Entführung gewesen sein“, erinnerte sich Doc Albert.

Als sie nacheinander durch die schmale Tür traten, standen sie auf einer balkonähnlichen, großen Betonplatte von vielleicht zehn mal drei Metern, die an einer fast senkrechten Felswand angebracht war. Diese Wand, die komplett aus milchigem Mineralglas zu bestehen schien, war lichtdurchlässig und funkelte, als ob sie aus Diamanten bestehen würde. Genau gegenüber, in etwa dreißig Metern Entfernung, verlief parallel zu dieser eine zweite Felsglaswand, so dass man das Gefühl bekam, in einer riesigen Schlucht zu sein. Trotzdem war durch die Transparenz der Wände alles taghell. Toby machte neugierig einen kleinen Schritt nach vorn, um einen Blick nach unten zu riskieren. Er konnte den Boden dieses tiefen Abgrunds nicht erkennen und meinte fasziniert zu sich selbst:

„Da möchte ich nun nicht gerade runterfallen."

Ursu hatte ihn beobachtet, stupste ihn kurz an und bedeutete ihm, dass er doch auch mal nach oben schauen sollte. Auch hier konnte man das Ende der Schlucht nicht sehen. Fast senkrecht verlief sie durch das mächtige ‚Mawazo Kikwazo Massiv'. Genau in seiner Mitte durchstieß sie es und wurde somit zum Ende aller jemals von Menschen gedachten Gedanken. Deshalb nannten die Zeitlinge diesen dreißig Meter breiten, undurchdringlichen Streifen ‚Gedankenhorizont'. Er trennte Verbola vom Reich der Menschen und von der Schattenresidenz.

Toby schaute sich um. Rechts führten einige Stufen, die aus der Schluchtwand herausragten, ungefähr zwanzig Meter steil nach unten zu einem Treppenabsatz, der wie ein Balkon ohne Geländer in den gefährlich wirkenden Abgrund hineinragte. Dort angekommen, betrachtete der Junge die Felswand hinter sich ein wenig genauer und entdeckte ein in das milchige Mineralglas eingraviertes, mannshohes Rechteck. Auch die Diagonalen waren durch Vertiefungen in der Wand kenntlich gemacht. Die Unterkante des Rechtecks befand sich ungefähr zwanzig Zentimeter über dem Balkon, auf dem sie nun standen. An den vier Ecken war jeweils ein kleines Loch, von nur wenigen Zentimetern Durchmesser in die Wand gebohrt. Auch gegenüber, auf der anderen Seite des Gedankenhorizontes, gut dreißig Meter Luftlinie von ihnen entfernt, gab es auf gleicher Höhe solch einen balkonähnlichen Absatz, in dessen Wand man schwach die Umrisse eines weiteren Rechtecks erkennen konnte. Die zwei merkwürdigen Gestalten, die Toby dort drüben entdeckt hatte, freuten sich offensichtlich sehr über die Ankunft von ihm, dem Doc und Ursu. Bereits während sie die Treppe herunterkamen, versuchten die beiden wild gestikulierend auf sich aufmerksam zu machen und riefen zu ihnen herüber:

„Funahhh! Funahhh Doktor! Kasiehn schera zipenh tuffah! Henarahs mikener fizkah noluhmm?“

Sie winkten immer noch aufgeregt, als plötzlich ein Dritter und ein Vierter, einfach so, aus der matt-transparenten Wand hinter ihnen kamen und sich zu ihnen gesellten. Auch diese Beiden schienen sich über die Ankömmlinge sehr zu freuen. Doc Albert legte seine Hände um den Mund und rief hinüber:

„Fizkah noluhmm Ursu! Fizkah noluhmm Tobyas Thorsen!“

„Henarahs mikener fizkah Tobyas Thorsen?“ Die vier Gestalten drehten sich um, steckten ihre Köpfe zusammen und tuschelten miteinander.

Toby sah verwundert zu Ursu und fragte:

„Was sind das denn für welche? Und was rufen sie?“

„Das sind Zeitlinge. Um genau zu sein, das sind die Torwächter der Zeitlinge.“

„Zeitlinge? Torwächter? Was um Gottes Willen sind denn nun wieder Zeitlinge? Und welches Tor wird bewacht und warum? Ich jedenfalls sehe da drüben kein Tor! Wie sind die Typen überhaupt da rüber gekommen?“

Toby war sichtlich verwirrt und sah Ursu fragend an. Der legte ihm seine Hand beruhigend auf die Schulter und sagte erklärend:

„Die gehören zu mir. Ich bin auch ein Zeitling und die da drüben passen auf, dass hier außer einem gewissen Tobyas Thorsen kein anderer Mensch über den Gedankenhorizont rüberkommt."

Der Junge verstand nicht gleich, schloss seine Augen und versuchte sich zu konzentrieren. Zeitlinge, Torwächter, Zeitgrenzler... Er war ganz durcheinander. Wieso durfte eigentlich nur er über diesen Gedankenhorizont? Mittlerweile hatten die vier Torwächter ihre Beratung beendet, schauten wieder zu ihnen herüber und einer von ihnen rief:

„Fizkah kerschim netallah Ursu patreh Tobyas!

Als Toby seinen Namen hörte, öffnete er wieder die Augen und fragte neugierig:

„Was sagt er? Was will er von mir?"

Doc Albert übersetzte sinngemäß:

„Er sagt, es ist alles in Ordnung. Ihr könnt jetzt rüberkommen."

Ursu wandte sich erneut an Toby und erklärte:

„Über diesen Abgrund können wir nicht einfach hinüberfliegen, da in der Mitte dieser Schlucht der Gedankenhorizont der Menschen verläuft. Das ist ein ungefähr fünfzehn Meter breiter Streifen, in dem ‚Nichts' ist. Also, ich meine mit ‚Nichts' tatsächlich ‚gar Nichts'. Natürlich ist er somit auch luftleer, so dass wir bei dem Versuch hinüberzufliegen, abstürzen und im großen See der verlorenen Gedanken umkommen würden. Glaub´ mir, das ist eine der zuverlässigsten Sicherheitsmaßnahmen gegen unerwünschte Eindringlinge. Nur mit Hilfe von Doc Albert und den vier Torwächtern auf der anderen Seite kommt man da hinüber."

Plötzlich hörte Toby ein Geräusch, das wie elektrisches Summen klang. Ein bläulich-grüner Lichtstrahl, ähnlich dem aus einer Laserkanone, schoss schnurrgerade in eines der vier Löcher, die sich hinter ihnen in der Wand befanden. Er verfolgte das Licht mit den Augen nach drüben und sah, dass einer der Torwächter seinen Finger in das Loch gesteckt hielt, aus dem der Strahl herauskam. Die anderen drei führten nun ebenfalls nacheinander ihre Finger in die verbliebenen Löcher ein. Jedes Mal schoss ein weiterer Lichtstrahl heraus, der sofort in den gegenüber liegenden Vertiefungen auf ihrer Seite des Abgrunds sein Ziel fand. So entstand über die acht Endpunkte dieser Strahlen eine sichtbare Verbindung zwischen den Felswänden auf beiden Seiten. Doc Albert hatte sich inzwischen erneut in den Zeigefinger seiner rechten Hand gepikst. Er trat mitten in das leuchtende Gebilde hinein, direkt vor das Rechteck an der Wand und drehte sich dann um. Den kleinen Blutstropfen, der sich an seinem Finger gebildet hatte, tupfte er nun genau auf den Schnittpunkt der beiden diagonalen Verbindungsstrahlen. Augenblicklich veränderte sich das leuchtende Gebilde. Es sah so aus, als ob sich die vier Strahlen über dem Abgrund, jeweils bis zu den Außenkanten der balkonähnlichen Betonplatten, mit transparenter Folie verbanden und so eine Art rechteckigen Tunnelrohrs entstand. Der gesamte Vorgang, einschließlich des elektrischen Summtones, wurde durch ein ziemlich lautes Schließgeräusch beendet. Es klang so, als ob jemand einen riesigen Riegel ins Schloss fallen lassen würde. Dann war es absolut still.

„Komm Junge! Keine Angst", rief Ursu ihm zu, „wir dürfen nicht bummeln. Diese Brücke steht genau neunzig Sekunden! Während dieser Zeit kann uns Nichts passieren. Folge mir einfach und schau am besten nicht nach unten.

Glaub´ mir, es ist völlig ungefährlich. Ich habe das schon tausende Male gemacht!"

Der Zeitengänger hatte sich bereits einige Meter vom Treppenabsatz entfernt und stand nun zwischen diesen Strahlen, in der gummiartig nachgebenden Verbindungsfolie über dem Abgrund. Er forderte Toby mit winkender Handbewegung auf, ihm zügig zu folgen.

„Du brauchst wirklich keine Angst zu haben! Ich bin mit deinem Vater hier unzählige Male durchgelaufen und es ist niemals was passiert. Das ist wie eine schwankende Hängebrücke! Nur ist sie wie ein rechteckiges, durchsichtiges Rohr geschlossen und mit Atemluft gefüllt. So kannst Du nicht herunterfallen und wir kommen immer sicher nach drüben! Also, mach schon! Trau dich!", rief ihm sein neuer Freund ermutigend zu! Er nahm allen Mut zusammen und folgte ihm in dieses schwankende und wenig Vertrauen einflößende Etwas. Seine Füße sanken bei jedem Schritt tief in die Folie ein, so dass er bereits befürchtete, sie müsste jeden Moment reißen. Das Ding schien wirklich sehr instabil zu sein und wackelte ganz schön. Er stützte sich mit den Händen an den Seiten ab und versuchte so, das Gleichgewicht zu halten. Nach einigen Metern drehte er sich nochmal vorsichtig zu Doc Albert um und rief ihm fragend zu:

„Kannst du mir bitte einen Gefallen tun?"

„Natürlich, mein Junge. Was ist es denn?"

„Kannst du Irmchen Kronlechner Bescheid geben, dass es mir gut geht? Sie macht sich große Sorgen um mich und sie sagte mir, dass ihr Kontakt habt!"

Während der Doktor auf die Uhr zeigte und ihm Zeichen machte, dass er weitergehen solle, nickte er ihm lächelnd zu und erwiderte:

„Das mach ich gern, mein Junge. Sehr gern! Aber jetzt macht voran! Die Zeit rennt!"

Er zeigte mahnend auf den, in großen Leuchtziffern an die Wand projizierten Countdown, der gnadenlos signalisierte, dass bereits zwanzig Sekunden verstrichen waren.

Als Toby ungefähr in der Mitte über dem Abgrund ankam, hielt er kurz an, um ein wenig zu verschnaufen. Das tiefe Eintauchen in diesen gummiartigen, wabbeligen Untergrund kostete viel Kraft. Er schloss die Augen, bückte sich ein wenig und atmete mehrmals tief durch. Plötzlich wurde er vom aufgeregten Rufen Ursus aus seiner Verschnaufpause aufgeschreckt:

„Beeil dich Toby! Um Gottes Willen, beeil dich! Du hast nur noch dreißig Sekunden! Mach schnell und komm schon!"

„Fünfzehn Meter in dreißig Sekunden sollten zu schaffen sein" dachte er und öffnete seine Augen. Da er noch immer leicht vorgebeugt dastand, fiel sein erster Blick in die unendliche Tiefe unter ihm und schlagartig wurde ihm schwindelig. Er wankte und stürzte nach hinten. Alle Versuche, auf dem instabilen Untergrund wieder hochzukommen, misslangen.

„Völlig ungefährlich, - total ungefährlich...", brummelte er vor sich hin, aber er kam einfach nicht auf die Beine. Ursu hatte schnell reagiert und war ihm zu Hilfe gekommen. Er packte ihn an den Schultern und riss ihn hoch. Gemeinsam erreichten sie den rettenden Betonabsatz bei den Torwächtern wirklich im allerletzten Augenblick! Noch während die Beiden aus der Röhre sprangen, waren die neunzig Sekunden verstrichen und mit einem schnalzenden Geräusch löste sich die Brücke in Nichts auf.

„Puh, das war echt knapp", entfuhr es dem Jungen.

„Kann man wohl so sagen", erwiderte Ursu erleichtert, während er zu Doc Albert hinüberblickte. Der stand wie gelähmt auf dem gegenüberliegenden Absatz und hatte das ganze Geschehen verfolgt. Schweißperlen standen auf seiner Stirn. Mit zitternden Händen kramte er ein Taschentuch hervor, um sich damit das Gesicht abzuwischen.

Ursu und die Torwächter begrüßten sich nun ausgiebig und ausgesprochen herzlich. Sie unterhielten sich eine ganze Weile in dieser seltsamen Sprache, wobei Tobys Name häufiger genannt wurde. Gelegentlich guckten die Zeitlinge dabei auch freundlich zu ihm herüber.

„Ok", rief Ursu plötzlich und winkte Toby zu sich heran. „Wir können weiter!" Er forderte ihn auf, sich mit dem Gesicht dicht vor die Wand zu stellen.

„Schließ deine Augen und dann auf mein Zeichen einen Schritt nach vorne. Und Toby, - es funktioniert wirklich nur bei fest geschlossenen Augen!"

Der Junge musste grinsen.

„Cedis parietibus nunc", hörte man den Zeitengänger sagen und die Beiden machten wieder einmal gemeinsam einen großen Schritt vorwärts.

Doc Albert hatte auf der anderen Seite solange gewartet, bis die Beiden in der Wand verschwunden waren. Er rief den Torwächtern noch einen Gruß zu und stieg dann rasch wieder die Treppenstufen nach oben, in sein Behandlungszimmer. Wie im Vorbeigehen stieß er den Operationstisch an, der sich sogleich lautlos schwebend an seinem ursprünglichen Standort positionierte und so den geheimen Eingang wieder verschloss. Er schaltete das Licht aus, verschloss die Doppeltür des Behandlungsraumes und ging durch die leeren Praxisräume wieder ins Wohnzimmer hinüber, wo Tini ihn bereits sehnlichst erwartete.

„Und? Hat alles geklappt?“, wollte sie wissen.

„Ja, hat alles reibungslos funktioniert. Wenn du möchtest, kannst du noch ein bisschen lesen. Ich muss nochmal für ein paar Minuten weg.“

Er verließ das Zimmer, um sich im Flur Schuhe und Gehrock anzuziehen. Als er sich auf den Weg machte, um Irmchen Kronlechner zu besuchen, wurde es bereits langsam dunkel.

14. Kapitel - Verboten?

Tini stand auf und ging zum Bücherregal hinüber. Doc Albert hatte wirklich unglaublich viele Bücher. Ob er die wirklich alle gelesen hatte? Naja, alt genug war er ja. Sie musste grinsen. Sie wollte gerade wieder zum Sessel zurück, als ihr dieser alte, abgegriffene Buchrücken ins Auge fiel, auf dem nur noch die Buchstaben ‚Verbo…' zu erkennen waren.

„Verbo… Was ist das denn? Wahrscheinlich *Verboten*", sagte sie zu sich selbst. „Ist ja sehr interessant. Muss ich mir doch gleich mal angucken, was unser Albert da so an *Verbotenem* hat."

Sie zog das Buch heraus, setzte sich und öffnete den Deckel und las: *Verbola – Grundwissen für Auserwählte.*

„Doch nicht ‚Verbotenes'. Doch bloß ‚Verbola'. Hm,- mal sehen."

Tini blätterte weiter. Zu gern´ hätte sie Toby und Ursu hinüber begleitet. Doch das war wohl nicht möglich. Sie begann zu lesen:

„Wir beglückwünschen dich zu deiner Auserwählung durch unseren Obersten Rat. Dieses Buch wird dir einige Zusammenhänge erklären, die du als Doppler aus Verbolas Distrikt Hodie nicht kennst. Als Neuling in Verbolas Grenzland Parvus solltest du dieses Buch gewissenhaft studieren, denn davon kann das Leben Vieler abhängen.

Verbola, wie das verborgene Land von Eingeweihten genannt wird, liegt hinter der großen Gedankenbarriere ‚Mawazo Kikwazo'. Dieser Wall umgibt das gesamte Reich der Menschen und ist für ihre

Gedanken undurchdringlich, aber für ihre Augen nicht zu sehen. Für uns Zeitlinge hingegen ist der Mawazo Kikwazo eine echte, hochgebirgsartige Barriere, die wir nicht einfach überqueren können.

Es gibt nur wenige Menschen, die von Verbola gehört haben und es gibt nur eine Sippe im Menschenreich, aus der ausnahmsweise ein menschlicher Zeitengänger berufen werden darf: Die Thorsen-Sippe. Nur dieser Eine ist es, dessen Füße unser Land betreten darf. Durch ihn wird die Harmonie zwischen Menschen und Zeitlingen aufrechterhalten.

Wie du weißt, ist die genaue Größe Verbolas ein Geheimnis, dass für immer verborgen bleiben muss. Fest steht jedoch, dass unser Land unvorstellbar groß ist. Außer dem Grenzland Parvus, in dem du ab jetzt zuhause bist, gibt es noch zwei Distrikte: Hodie und Lamina. Du selbst lebst in Zukunft hier in Parvus. Wie ein Trennstreifen liegt es zwischen Lamina und Hodie. Den Dopplern der beiden Groß-Distrikte ist es strengstens untersagt, das Grenzland zu betreten.

Es wird so sein, dass du, nach deiner Auserwählung und Berufung, Aufträge in ganz Verbola, in der Enklave Grela oder auch im Reich der Menschen ausführen musst. Deshalb ist es wichtig, dass du Einiges darüber erfährst.

In ganz Verbola leben mehr als sechsundachtzig Milliarden Zeitlinge. Du bist einer von ihnen und als ehemaliger Doppler aus dem Distrikt Lamina, weißt du warum wir so viele sind. Weil jeder Bewohner im Reich der Menschen in Verbola als Doppler noch einmal vorhanden ist! Das ist so, weil im ewigen Gesetz festgelegt wurde, dass kein einziger Mensch jemals verloren gehen darf.

So lebten seit Beginn der Menschheitsgeschichte insgesamt neunundsiebzig Milliarden Menschen auf der Erde. Die Doppler dieser bereits Verstorbenen befinden sich heute in einem besonderen Bereich Verbolas: Im Distrikt Lamina. Dort sind sie nach ihren Lebensjah-

ren getrennt. Sie leben in den einzelnen Etagen von sogenannten Pagodentempeln zusammen. So gibt es immer ganz oben eine Etage, die ausschließlich von den ältesten Dopplern bewohnt wird. In einigen dieser Tempel gibt es tatsächlich welche, die über achthundert Jahre alt sind. Das bedeutet, dass einige dieser Bauwerke über achthundert Stockwerke haben, weil ja jede Etage für ein anderes Lebensalter reserviert ist. Ganz unten, im Parterre, leben also immer alle, die nicht älter als ein Jahr alt geworden sind."

Tini stellte sich Gebäude vor, die achthundert Etagen hatten. Die mussten doch mindestens zwei Kilometer hoch sein… Fasziniert las sie weiter:

„Andere Bereiche Laminas sind als Sperrbezirke auch für uns Auserwählte verboten. Dort befinden sich die Doppler der Menschen, die als Hüllenwesen in die Schattenresidenz gebracht wurden. In diese Zonen dürfen wir nur mit einer Sonderberufung des Obersten Rates.

Da, wo du herkommst, im Distrikt Hodie dagegen, befinden sich die sieben Milliarden Doppler derer, die zurzeit - also heute - im Reich der Menschen leben. Dort gibt es viele Sippenburgen, in denen die verschiedenen Doppler-Sippen zusammenleben. Sie sind menschlichen Familien und ihren Städten und Dörfern sehr ähnlich.

Doch jetzt möchte ich dir einiges über deine neue Heimat, das Grenzland Parvus erzählen. So wie du, haben alle Bewohner des Grenzlandes durch die Berufung vom Obersten Rat besondere Aufgaben zugewiesen bekommen. Sie sind entweder Torwächter, Zeitengänger, Besorger oder Zeitgrenzler. Einige von uns nehmen auch noch weitere Spezialaufgaben wahr.

Während es den Bewohnern der beiden Groß-Distrikte verboten ist, ihre Gebiete zu verlassen, dürfen wir uns überall in Verbola frei bewegen. Für uns gibt es überhaupt nur sehr wenige Beschränkungen, wie zum Beispiel die Sperrgebiete in Lamina. Einige von uns können sogar ins Reich der Menschen reisen, wenn es dort etwas zu erledigen oder zu besorgen gilt."

Tini legte das Buch beiseite und überlegte. Deshalb kannte sie Ursu und auch Doc Albert. Die Beiden waren also solche Zeitlinge, die ins Reich der Menschen durften.

„Na, mein Kind…"

Tini erschrak! Sie hatte nicht bemerkt, dass der Doktor inzwischen wiedergekommen war.

„Interessantes Buch, nicht wahr? Habe ich damals zu meiner Berufung als Zeitgrenzler bekommen. Stehen ´ne Menge interessanter Sachen drin."

Er setze sich und begann zu erzählen:

„Bis heute gibt es in Lamina und Hodie immer wieder Ungehorsame, die trotz aller Warnungen und Verbote versuchen, durch den Mawazo Kikwazo ins Menschenreich zu gelangen. Von ihnen hört man in den meisten Fällen nie wieder etwas. Hartnäckig halten sich Gerüchte, dass sie dabei von wilden Kreaturen im Höhlensystem der Gedankenbarriere umgebracht wurden, oder die, die es tatsächlich geschafft haben, unter schrecklichen Umständen irgendwo gefangen gehalten werden."

„Das hört sich ja grauenhaft an", bemerkte Tini. „Wieso passiert denn unserem Ursu dann nichts?"

Doc Albert holte für jeden ein Glas Brause aus der Küche und fuhr fort:

„Ursu gehörte zur Sippe der ‚Zielstrebigen' im Distrikt Hodie, als er vor mehr als dreißig Zeiten auserwählt wurde und kurz darauf seine Berufung als ‚Zeitengänger' erhielt. Seitdem führt er, wie wir alle, eine Art Doppelleben. Kein normaler Doppler hat je erfahren, dass wir von Parvus aus besondere Aufgaben wahrnehmen.

Einige aus Ursus Sippe glauben dem sich seit langem hartnäckig haltenden Gerücht, dass die Wutschlock Höhle nicht der einzige Weg ist, um den Mawazo Kikwazo zu überwinden. Sie vermuten, dass Ursu einen weiteren Weg kennt, um Verbola zu verlassen. Er erzählte mir, dass sie von Zeit zu Zeit versuchen ihn zur Preisgabe seines Geheimnisses zu bewegen. Er wechselt dann meistens schnell das Thema. Auch, um dieser ständigen Neugier auszuweichen, nimmt er nur noch sehr selten an den regelmäßig in Hodie stattfindenden Zeitwendemeetings der Sippenältesten teil.

Unser Freund beschränkt seine Außenkontakte im Distrikt deshalb ausschließlich auf seine direkte Nachbarschaft und auf einige gute Freunde. Die waren es auch, die ihn vor kurzem ansprachen und mitteilten, dass seine tiefe Traurigkeit ein Thema beim letzten Zeitwendemeeting war. Man munkelte dort, dass er bei seinen letzten heimlichen Besuchen im Reich der Menschen schreckliche Dinge erlebt habe. Die Brüder vermuteten, dass er sich aus diesem Grunde so stark verändert und immer mehr zurückgezogen habe. Einige befürchten sogar, dass er bei einem seiner letzten Ausflüge gefangen und gefoltert wurde.

Niemand in Hodie kennt den wahren Grund! Der Anlass seiner Traurigkeit befindet sich drüben, im Grenzland Parvus. Dort, in Sippwalde, liegt seine schwerkranke Gefährtin Miri und ihr Zustand verschlimmert sich von einer Zeit zur nächsten zusehends…“

15. Kapitel - Zeitlinge – gibt´s die wirklich?

Der junge Zeitling Manu war ein ehemaliger Doppler aus der Sippe der ‚Selbstsicheren'. Er lebte erst seit kurzer Zeit hier in der Gemeinschaft Sippwalde, am Rande des ‚Verbola-Büschels'. Dieses riesige Waldgebiet erstreckte sich direkt vor der Gedankenbarriere Mawazo Kikwazo über die gesamte Breite Verbolas. Vom Grenzland Parvus aus erreichte man den geheimen Eingang zur Wutschlock Höhle über einen schmalen Pfad durch dieses Waldgebiet. Die Höhle war der, unter den Zeitlingen einzige, allgemein bekannte Weg nach Toro. Der Oberste Rat hatte Manu für das Leben im Grenzland Parvus erst unlängst auserwählt und in Kürze sollte er seine eigentliche Berufung erhalten.

Schon sehr früh war er heute Morgen aufgestanden und in den nahen Wald gegangen. Hier, auf seiner Lieblings-Lichtung, konnte er in aller Ruhe unbeobachtet träumen und seinen Gedanken nachhängen. Seit mehreren Stunden lag er nun bereits im Gras und dachte zum hundertsten Mal darüber nach, was der Oberste Rat ihm wohl zugedacht hatte. Torwächter? Wäre nicht schlecht. Die haben super Waffen! Oder vielleicht doch als Chronologier zu den Statistikern? Bloß das nicht, die kamen ja nie raus. Zeitengänger! Ja Zeitengänger, das wäre schon eher was! Manu überlegte, wie es wohl wäre, wenn er als Zeitengänger dann auch mal eine Reise ins Menschenreich unternehmen müsste. Er, ja er, - Manu der Auserwählte! Er würde dort sicherlich irgendein großes Geheimnis lösen und unbeschreibliche Heldentaten vollbringen. Loum, die junge Torwächterin, mit der er seit neuestem befreundet war, würde ihn dafür bewundern und ihre ganze Zuneigung würde ihm alleine gehören! Ja, das gefiel ihm! Das gefiel ihm sogar sehr gut! Alle Gefährten in Sippwalde würden ihn voller Hochachtung grüßen und jeder würde sein Freund sein wollen. Sie würden ihn wahrscheinlich sogar in den Kreis des Obersten Rates aufnehmen. Seine Stimme wäre dort hoch geschätzt und mit Spannung würden die Ratsmitglieder seinen Einschätzungen folgen, um dadurch zu weisen Entscheidungen zu kommen.

Manu lächelte entspannt und glücklich vor sich hin. Wie schön war es doch hier in Parvus. Vielleicht ergab sich ja heute wiedermal eine Gelegenheit, um mit Loum zusammen zu sein. Wenn sie nachher von ihrem Torwächterposten am Höhleneingang der Wutschlock zurück nach Sippwalde ging, musste sie zwangsläufig hier an dieser Lichtung vorbei und dann würde er sie ‚zufällig' treffen und den Rest des Weges begleiten können. Vielleicht aber würde sie sich auch wieder für einen Moment zu ihm setzen und sie könnten sich unterhalten. Man konnte so herrlich mit ihr quatschen und schon oft hatten sie die Zeit darüber vergessen.

„Manuuuu", rief Kir aufgeregt und kam wild gestikulierend durch das Unterholz des ‚Büschels', wie die Zeitlinge den Wald auch nannten, mehr gestolpert als gerannt.

„Manu! Sie verlässt uns! Sie verlässt uns einfach!", brachte Kir noch heraus, während er sich neben dem Freund ins Gras fallen ließ, den Kopf in seinen Armen vergrub und hemmungslos zu heulen begann.

„Kir? Hey Kir!"

Manu griff die Schultern seines Freundes und schüttelte ihn.

„Wer verlässt uns? Kir! Sprich! Wer geht? Nun sag´ schon!“

Der junge Torwächter drehte sich um, setzte sich und sah seinem Freund mit tränenüberströmtem Gesicht fest in die Augen.

„Loum! Sie wird uns verlassen, Manu“, schluchzte er.

„Du spinnst! Loum? Wieso Loum? Hab doch gerade gestern noch mit ihr gesprochen. Sie ist doch im Dienst an der Wutschlock, oder?“

„Nein! Oder ja! Na ja, ich weiß auch nicht so genau. Niemand weiß genau, was mit ihr los ist. Man sagt, Ursu, der alte Zeitengänger, hat in der Gemeinschaft der Heiler um Hilfe gebeten. Stell dir das mal vor! Die arme Loum! Sie ist doch noch so jung!“

Erneut wurde er von einem heftigen Weinkrampf ergriffen und verbarg das Gesicht in seinen Händen. Manu war wie elektrisiert! Wie war das möglich? Loum war hier doch erst seit drei Zeiten als Torwächterin im Dienst. Er hatte noch niemals gehört, dass ein vom Obersten Rat berufener PaDo, nach nur drei Zeiten in den Distrikt Lamina geschickt worden war, in dem doch nur die Doppler verstorbener Menschen lebten. Nein, nein, niemals hatte er je so etwas gehört. Dazu kam, dass er diese junge Zeitin wirklich sehr, sehr mochte. Häufig hatten die Beiden in letzter Zeit zusammen gesessen und gemeinsam abenteuerliche Geschichten erfunden; was sie in der Zukunft alles noch tun und erleben wollten. All´ die wunderbaren Gedanken, mit denen er sich bis vor wenigen Augenblicken noch beschäftigt hatte, waren wie weggefegt. Augenblicklich ergriff ihn ein unbeschreibliches Gefühl der Sorge und er wollte nur noch Eins: So schnell wie möglich zu seiner kranken Freundin.

„Was ist nur passiert?“, hörte er sich fragen. „Was, um Gottes Willen, ist nur passiert?“

Die Beiden waren völlig außer Atem, als sie an der Hütte von Ursu ankamen, die am nordwestlichen Rand der Gemeinschaft Sippwalde stand. Manu hämmerte mit den Fäusten wie wild an die alte, schwere Holztür. Augenblicke später öffnete sie sich mit knarrendem Geräusch einen Spalt und die Beiden schoben sich mit einem gemurmelten Gruß hinein. Sie standen in einem großen, schattigen Raum, der die gesamte Grundfläche der Hütte ausmachte. Die Wände mochten früher einmal weiß gewesen sein; das schien allerdings bereits eine Weile her. Decke und Fußboden des Raumes bestanden aus dicken Holzbohlen. Die winzigen Fenster waren mit Holzläden verschlossen und einige Kerzen erzeugten ein angenehm schummeriges Licht. Rechts verbarg ein schwerer, dunkelgrüner Vorhang einen Bereich der Hütte vor den Blicken der Besucher.

„Sag´, was ist los, Ursu? Was ist passiert?“, fragte Manu ungeduldig und setzte sich auf die massive Holzbank, die vor dem Esstisch stand. Kir nahm neben ihm Platz und Beide atmeten schwer. Manu versuchte mit der schemenhaften Gestalt im Halbdunkel der Hütte Blickkontakt aufzunehmen. Er meinte Miri zu erkennen und fuhr fort: „Mach´s bitte nicht so spannend, Miri. Wie geht es der armen Loum?“

„Mir geht es bestens“, antwortete die Gestalt und er erkannte ihre Stimme sofort.

„Loum! Ich denke, du bist krank, oder so was?“

In diesem Augenblick trat die junge Zeitin aus dem Halbdunkel des Raumes, an den Tisch heran. Sie strahlte Manu an und sah sehr gesund aus! Manu war sichtbar darüber erleichtert, dass es ihr ganz offensichtlich sehr gut ging und er blickte vorwurfsvoll zu dem mit den Schultern zuckenden Kir hinüber.

„Sie stirbt“, flüsterte er ihm zu. „Sie sieht ja wirklich schon fast tot aus, du Pfeife.“

Es war also Gott sei Dank nur eine Verwechselung von Kir gewesen; nicht Loum, sondern Miri hatte es erwischt und das war ja bereits länger bekannt. Er schaute die Freundin an und fand sie noch schöner, als sonst. In ihrer elfenhaften Erscheinung, mit den langen, goldblonden Haaren und dem betörenden Lächeln verzauberte sie ihn völlig. In ein paar Jahren würde er sie ganz sicher fragen, ob sie nicht seine Gefährtin werden wolle. Er mochte sie wirklich sehr. Kir beobachtete grinsend das süße, verträumte Lächeln auf dem Gesicht seines Freundes, als Loum Richtung Vorhang blickte und den Beiden zuflüsterte:

„Miri geht es immer schlechter. Sie wird uns wohl verlassen. Der gute Ursu ist zurzeit im Reich der Menschen, weil irgendetwas los ist“, fuhr die hübsche Torwächterin fort, „und ich bin deshalb seit gestern hier, um Miri während seiner Abwesenheit zu pflegen. Es besteht allerdings wenig Hoffnung. Drei unserer besten Heiler waren bereits hier und alle meinten übereinstimmend, dass Miri wohl die allererste Bewohnerin des Grenzlandes sein wird, die nach Lamina gehen muss. So etwas hat es tatsächlich bisher noch nie gegeben. Niemand kennt den Grund.“

Kir kramte ein Taschentuch hervor um sich zu schnäuzen und sich dabei unauffällig einige Tränen aus den Augen zu wischen. Ja, er war sehr ‚nahe am Wasser gebaut', wie man so sagte. Er versuchte jedoch erfolglos, seine Traurigkeit vor den Freunden zu verbergen, die ihm die Arme um die Schultern legten und ihn trösteten.

16. Kapitel - Ein ganz besonderer Tag

Plötzlich trat – wie aus dem Nichts kommend – der Zeitgrenzler Albert Friedemann mitten in die Hütte herein.

„Da komme ich ja genau zur rechten Zeit. Als wenn ich es geahnt hätte. Alle, die wir brauchen, sind bereits hier versammelt. Nicht zu glauben!"

„Doc Albert! Lieber Doc, was machst du denn hier?"

Die Drei waren sofort freudig erregt und blickten ihn neugierig an. Der Zeitgrenzler wandte sich jedoch zuerst Loum zu und lies sich ausführlich über Miris Zustand informieren.

„Ist sie denn ansprechbar?", wollte er wissen.

„Na ja, sie ist halt sehr schwach", antwortete Loum, „vielleicht solltest Du…"

„Was?", fiel ihr Manu ins Wort. „Was sollte der Doc tun?"

Auch der Doktor war hellhörig geworden und fragte besorgt nach:

„Sprich, Loum, was kann ich tun?"

„Na ja, vielleicht solltest du mal mit ihr sprechen. Immerhin seid ihr doch schon ewig befreundet", meinte Loum.

Manu war inzwischen von seinem Platz aufgestanden und ging in Richtung des Vorhangs. Vorsichtig schob er ihn zur Seite. Der Schein der Kerzen fiel durch die entstandene

Öffnung direkt auf Miris Gesicht, das - normalerweise wunderschön - von der Krankheit schwer gezeichnet war. Da lag sie nun auf einer bettähnlichen Holzkiste und drehte den Kopf in Richtung des Vorhangs, als der junge Zeitling eintrat.

„Manu, mein lieber Manu, wie schön, dass du gekommen bist“, flüsterte sie ihm zu. „Ich werde euch bald verlassen. Ich spüre, dass es nicht mehr lange dauert. Bitte kümmert euch um Ursu.“

Manu hatte ihre Hand genommen und sah sie lange und ernst an. Nach einer Weile sagte er:

„Albert ist hier, Miri. Bitte sprich mit ihm. Bitte!“

Miri wandte sich ihrem alten Freund, dem Zeitgrenzler zu, der inzwischen auch an ihrem Lager stand und sprach mit schwacher Stimme:

„Albert. Mein lieber Freund Albert, ist es heute soweit? Wird er kommen?

Doc Albert nickte ihr lächelnd zu.

„Weiß er denn, dass seine Eltern sterben werden?“, fragte Miri weiter, die insgeheim wusste, dass das auch ihr Ende sein würde.

„Sag´ das nicht so laut. Noch leben sie und ich gedenke alles zu tun, dass es auch so bleibt. Natürlich besteht diese Gefahr, doch ich denke, er realisiert das noch nicht wirklich. Er hat seit langem vermutet, dass sie leben und daran hat er sich geklammert. Doch er kennt ja die Zusammenhänge noch nicht komplett. Heute, an seinem Geburtstag, wird er alles erfahren. Jetzt ist er vierzehn!“

Miri nickte zustimmend und lächelte glücklich. Nach einer Weile wandte sie sich an Loum:

„Ab heute wird Tobyas Thorsen an die Stelle seines Vaters Thomas treten. Dadurch können wir endlich das ‚Trias' einsetzen. Endlich ist das wieder möglich. Ihr alle wisst, was das für uns bedeutet."

Auch Doc Albert schaute nun zu Loum, Manu und Kir hinüber und sprach:

„Sobald der Dunkle Großfürst weiß, dass Thomas Thorsen wertlos für ihn geworden ist, wird er ihn und seine Frau umbringen. Ich weiß noch nicht, wie wir das verhindern können, aber wir werden ganz sicher nicht tatenlos herumsitzen".

„Was genau ist denn eigentlich dieses Trias? Warum ist es so wichtig? Wofür brauchen wir es?", wollte Manu wissen. Da er noch nicht allzu lange in Parvus war und auch seine Berufung noch nicht erhalten hatte, wusste er nichts von diesen geheimen Dingen.

„Trias ist ein geheimes Notfallprojekt, mein Junge", antwortete der Doktor und wandte sich dann Miri zu. Der fiel es sichtbar schwer, sich aufzusetzen. Sie legte ihre Hand auf Doc Alberts Schulter und flüsterte ihm zu:

„Du weißt, was man sich erzählt. Man sagt, die Schattenresidenz bereitet irgendetwas vor. Mein treuer Freund, was sagst du? Und was tun wir, wenn wir, ja, - wenn wir nun wieder handeln können? Hast du denn meinen Ursu getroffen? Habt ihr vielleicht sogar schon einen Plan? Ach, wenn er doch bloß hier bei mir wäre."

„Ja, Miri. Er ist drüben in der Grenzstation und auch Tobyas und die kleine Tini sind bei ihm. Wir sind gerade dabei, uns etwas zu überlegen. Ich bin gekommen, weil ich vorher noch etwas klären will. Allerdings würde ich das alles noch nicht ‚einen konkreten Plan' bezeichnen. Soweit sind wir leider noch nicht", antwortete er, während sie unter Schmerzen ihr Lager verließ und langsam, links von Doc Albert- und rechts von Loum gestützt, zum Tisch hinüberging. Dort setzte sie sich mit Loum auf die Bank. Kir saß den beiden gegenüber und lächelte sie verlegen an. Manu setzte sich neben Kir und an der schmalen Seite des Tisches nahm der Doktor Platz.

„Liebe Loum", sprach er das Mädchen fast feierlich an. „Du kennst mich doch schon sehr lange und du weißt auch, dass ich nie etwas von dir verlangen würde, was dir schadet, stimmt´s?"

Loum sah ihn aufmerksam, aber fragend an, als er fortfuhr:

„Heute ist ein ganz besonderer Tag. Ab heute haben wir die Möglichkeit, Toro und unsere Enklave Grela zu retten. Geht Toro verloren, dann gibt es für das Reich der Menschen keine Rettung mehr und die Auswirkungen auf Verbola muss ich euch nicht erklären. Du hast da etwas, na ja, ich würde mal sagen, du hast da etwas ganz Besonderes. Du weißt schon."

„Du meinst doch nicht etwa das Rerum?" Loum holte einen kleinen Lederbeutel aus ihrer Bluse, den sie an einem Band um den Hals trug.

„Was ist denn das?" fragte Manu interessiert, für den das ja alles neu war.

Ausführlich erklärte der Doc:

„Es ist ein Kunstwort! ‚Rerum' ist ein Kunstwort aus den lateinischen Begriffen **Re**velatio Pseudothy**rum**, was so viel wie ‚Enthüllung der geheimen Tür' bedeutet, wobei man die erste Silbe des ersten Wortes und die letzte Silbe des zweiten Wortes miteinander verbunden hat. Ein Rerum besteht aus einem einzigen Stück Stoff und hat keinerlei Nähte. Es muss also aufgeschnitten werden, wenn man an seinen Inhalt herankommen will. Vor vielen Menschen-Generationen hat der Oberste Rat an zwei geheimen Plätzen Verbolas sehr wirksame Dinge verstecken lassen, die uns Zeitlingen in Notsituationen helfen sollen, allen Gefahren und Herausforderungen begegnen und widerstehen zu können…"

„Und die sind alle in Loums Rerum, richtig?", warf Manu fragend ein.

„Nein! Nicht alle! Die Informationen, wo sich diese Verstecke befinden und wann sie wie eingesetzt werden sollen, befinden sich in drei verschiedenen Behältnissen: In der Dictum-Schatulle, die seit heute wieder in unserem Besitz ist…"

„Wir haben die Dicscha? Das ist ja toll! Wo ist sie denn?", wollte Loum wissen.

„Sie ist mit ihrem Hüter drüben bei mir in der Grenzstation."

Er wandte sich wieder Manu zu, der wie gebannt an seinen Lippen hing:

„Also weiter! Das war die Dicscha. Und dann gibt es noch das ‚Rerum'. Davon existieren zwei Stück und eines davon liegt hier vor uns auf dem Tisch. Weil die drei Behältnisse zusammengehören und wichtige Informationen für uns enthalten, nennt man sie in Verbola ‚Trias', was im Lateinischen ‚Dreiheit' bedeutet. Das Trias muss aber nach ganz bestimmten Anweisungen und Regeln von ganz bestimmten Personen eingesetzt werden, sonst ist es wirkungslos. Wegen der zusätzlichen Sicherheit wurde damals vom Rat angeordnet, dass Trias niemals zentral an nur einer Stelle abgelegt werden darf. So wurden die Informationen und Hinweise in drei Behältnisse aufgeteilt und dann an drei Sippen zur Aufbewahrung gegeben. Zwei dieser Sippen leben im Grenzland Parvus und eine im Reich der Menschen…"

„Bei den Menschen ist es dieser Thomas Thorsen, von dem Miri so oft erzählt hat, stimmt´s?"

„Na ja, es stimmt seit heute nicht mehr ganz. Sein Nachfolger ist Tobyas Thorsen, sein Sohn."

„Und wer ist es, außer Loum, bei uns Zeitlingen?", wollte Manu wissen.

„Die Torwächter und die Zeitengänger wurden damals damit geehrt, jeweils ein Rerum hüten zu dürfen. So bestimmt seit dieser Zeit jede Gemeinschaft eines ihrer angesehensten Mitglieder, das dann ‚Hüter des Trias' wird. Bei den Torwächtern fiel vor zwei Zeiten die Wahl auf Loum. Wer von den Zeitengängern dieses Vorrecht hat, ist mir leider nicht bekannt. Natürlich habe ich da so meine Vermutungen, aber das hilft uns im Moment nicht weiter.

Der Oberste Rat wollte seinerzeit allerdings unbedingt das Reich der Menschen mit in das Trias-Projekt einbinden. Sie beschlossen also, dass der dritte Hüter des Trias von dort kommen sollte und nach einiger Zeit des Suchens wurden sie fündig. Sie wählten die Sippe Thorsen aus, die Dictum-

Schatulle zu hüten. Hier wurde jedoch die Regel festgelegt, dass der berufene Hüter die Dicscha und alle damit zusammenhängenden Aufgaben und Vorrechte immer dem ersten vierzehnjährigen Nachkommen in der Thorsen-Sippe zu übergeben hat. Das ist seit heute der Sohn von Thomas, Tobyas Thorsen. Er sitzt drüben mit Ursu und Tini und die drei warten auf meine Rückkehr."

Loum zupfte nervös an ihrem Rerum und blickte abwechselnd Miri und den Doktor an.

„Und ihr meint wirklich, es ist soweit?", fragte sie an die beiden gerichtet. Miri nickte und Doc Albert sagte ganz ruhig und bestimmt:

„Ja, genau das meine ich! Genau jetzt ist solch ein Moment gekommen, für den du es hast und in dem du es nicht nur öffnen darfst, sondern sogar musst. Vertrau mir kleine Loum."

Langsam schob das Mädchen ihr Rerum in die Mitte des Tisches und blickte dabei Doc Albert fest in die Augen. Miri und Kir bemerkten Loums Unsicherheit und blickten fragend zum Doc hinüber. Der wusste nur zu gut, was ein unberechtigtes öffnen des Beutels für die junge Zeitin bedeuten konnte. Doch er war sich seiner Sache ganz sicher! Sein Blick traf sich mit dem der kranken Miri und beide sahen sich einen Moment lang tief in die Augen. Es lag eine eigenartige, fast unheimliche Spannung über der ganzen Situation. Wie bestätigend nickte Miri ihm bedächtig mit dem Kopf zu, ohne den Blickkontakt zu ihm zu verlieren. Er räusperte sich, senkte seinen Kopf und schloss die Augen, als ob er kurz nachdenken müsse. Als er sich wieder aufrichtete, blickte er in drei erwartungsvolle Augenpaare, die wie gebannt auf ihn gerichtet waren. Er sah Kir an, machte eine Kopfbewegung in Richtung Eingang und legte dabei seinen Zeigefinger über die Lippen, um ihm zu bedeuten, dass er bei der Kontrolle leise sein sollte und sagte sehr knapp:

„Kir, - bitte…“

Der junge Zeitling stand lautlos auf, huschte zur Haustür, öffnete sie vorsichtig und vergewisserte sich, dass kein Lauscher in der Nähe war. Danach verriegelte er die Tür von innen und kam flink zum Tisch zurück. Fast feierlich nahm Doc Albert nun Loums Rerum und schnitt es an der einen Seite mit dem messerartig hervorgesprungenen Fingernagel seines rechten Daumens auf. Danach schob er es wieder zu Loum hinüber.

„Du bist Hüterin des Trias. Du musst es offenbaren“, sagte er ruhig zu der jungen Zeitin.

Vorsichtig nahm sie den Inhalt heraus und legte ihn auf den Tisch…

Während Manu ein „unglaublich“ hören lies, hatte Kir seine Augen zugekniffen, als ob er eine eventuell drohende Bestrafung nicht sehen wollte. Aus lauter Neugier über den möglichen Inhalt des Säckchens lugte er aber heimlich durch einen Schlitz seiner zusammengekniffenen Augen, was Loum wohl herausholen könnte. Er erkannte einen kleinen Gegenstand, der in Papier eingewickelt zu sein schien. Als nichts weiter passierte, traute er sich, die Augen wieder ganz zu öffnen.

„Was ist das?“, fragte er interessiert.

Alle beobachteten gespannt, wie Loum begann, das Etwas auszupacken. Es kam ein kleiner Schlüssel zum Vorschein. Sie nahm ihn, sah ihn sich von allen Seiten genau an, als sie Doc Albert lächelnd - wie zu sich selbst – sagen hörte:

„Na also. Hab´ ich´s doch gewusst!“

Andächtig legte sie den Schlüssel in die Mitte des Tisches.

Das Papier, in dem er eingewickelt war, strich Loum mit ihrem Handrücken glatt. Es war komplett mit kleinen Strichen, Häkchen, Punkten und so weiter übersät, die weder für sie, noch für die Anderen einen Sinn ergaben.

Gemeinsam überlegten sie angestrengt, welche Bedeutung dahinter stecken könnte, während der Zettel in ihrer Runde hin und her gereicht wurde. Als Miri ihn in der Hand hielt, drehte auch sie das Blatt in verschiedene Richtungen und hatte ganz offensichtlich eine Idee. Sie zog die Kerze, die auf dem Tisch stand, zu sich heran und begann, das Papier über der Flamme hin und her zu bewegen. Sie tat das in einer Geschwindigkeit, die das Papier zwar warm werden-, aber nicht Feuer fangen ließ. Alle schauten gebannt auf den Zettel. Dann rief Miri erfreut:

„Ich ahnte es doch! Ja, seht doch, ein Teil der Botschaft ist mit Zitronensaft geschrieben. Hier, schaut her. Da ist noch mehr!“

Durch die Hitze wurden auf dem Papier an unterschiedlichen Stellen zusätzliche Striche und Linien sichtbar und alle beugten sich zu ihr herüber, um etwas erkennen zu können.

„Das bringt uns leider nicht wirklich weiter“ stellte sie fest, als sie den Zettel erneut begutachtet hatte. Der Doktor war aufgestanden und schaute ihr über die Schulter, als er feststellte:

„Nun sind aus dem Strichsalat diese sonderbaren Hieroglyphen entstanden, die nur der dritte Hüter des Trias aus dem Reich der Menschen lesen kann. Oder kann vielleicht jemand von euch damit etwas anfangen?“

„Nein, nein! Leider nicht“, erwiderten die Anderen kopfschüttelnd.

Doc Albert begann wissend zu lächeln und sprach voller Stolz:

„Natürlich könnt ihr das nicht lesen, aber ich sagte euch ja bereits, dass Tobyas Thorsen drüben in meinem Wohnzimmer wartet. Also seid zuversichtlich, meine lieben Freunde. Der dritte Hüter des Trias wird noch heute hier eintreffen. Ihr werdet ihn noch vor dem Dunkelwerden kennenlernen!“

„Wen werden wir kennenlernen?“, erkundigte sich Miri so, als wenn sie nicht verstanden hätte, was der Doc meinte.

„Na, den dritten Hüter des Trias“, antwortete Loum an seiner Stelle.

Der Doktor lächelte seine Freundin Miri an und sagte:

„Freu dich, liebe Miri, ich schicke dir gleich deinen Ursu zurück und er wird einen Besucher mitbringen. Endlich wieder Besuch aus dem Reich der Menschen! Ihr werdet staunen.“

Manu sah ihn an, als ob er nicht alles richtig verstanden hatte. Es fehlte ihm noch einiges an Hintergrundwissen. Das würde er erst mit seiner Berufung bekommen. So fragte er aufgewühlt:

„Ein Mensch hinter den Gedankengrenzen? Wie soll das denn gehen? Das gibt es doch nur in absoluten Ausnahmefällen, wenn einer von ihnen zum Zeitengänger berufen wird. Und das kann nur der Oberste Rat."

Albert grinste ihn zufrieden an.

„Reg´ dich nicht auf, mein lieber Manu und vertrau deinem alten Doc Albert!"

Er stand auf und ging zwei Schritte in Richtung Tür.

„Es handelt sich um einen wirklich ganz besonderen Menschen", sagte er feierlich und verschwand auf demselben Weg, auf dem er vor einigen Minuten gekommen war.

17. Kapitel - Das Kung Fu-Baby

Toby hörte seinen Freund Ursu, den Zeitengänger, „Cedis parietibus nunc“ sagen und die Beiden machten gemeinsam einen großen Schritt vorwärts in die Schluchtenwand hinein.

„Schau, da ist der Mensch!“, hallte es ihnen entgegen.

„Da seid ihr ja endlich! Wir warten schon auf euch!“, rief Manu den Ankömmlingen zu.

Als Toby die fremden Stimmen hörte, öffnete er ganz vorsichtig die Augen. Er und Ursu befanden sich plötzlich in einer… Tja, was war das eigentlich?

Ursu zog seinen Mantel aus und warf ihn über eine Truhe, die an der Wand stand. Schnellen Schrittes ging er nun direkt zu seiner geliebten Gefährtin Miri und begrüßte sie liebevoll.

„Liebes, das dort drüben ist Toby Thorsen, der dritte Hüter des Trias. Du kennst ja die Geschichte der Thorsen-Sippe aus dem Reich der Menschen. Ab heute ist auch er ein Zeitengänger, aber er weiß noch nicht, was das bedeutet. Er und Christin Van de Kust sind befreundet. Du weißt, die kleine Tochter meines alten Freundes Hubertus. Du erinnerst dich an den ‚Putzer‘?“

Miri nickte lächelnd und küsste ihren Gefährten.

„Doc Albert und Christin treffen in der Zeit, in der wir hier in Verbola sind, alle notwendigen Vorbereitungen. Du weißt schon, was ich meine. Mein lieber Schatz, du wirst sehen, nun wird sich alles zum Guten wenden. Auch deine Gesundheit. Du wirst sehen!“

„Ja, mein Liebster. Der Doc war ja vorhin hier, wie Du weißt und hat eure Ankunft bereits angekündigt. Schau hier, Loum hat bereits ihr Rerum geöffnet und...“

„Ich weiß“, unterbrach Ursu seine Gefährtin. „Albert hat mir alles erklärt. Der Dunkle Großfürst spielt verrückt. Es sieht wirklich so aus, als ob die Zeit für Trias gekommen ist.“

Ursu öffnete den obersten Knopf seines Hemdes und zog etwas, was er an einer Kordel um seinen Hals trug, heraus. Alle schauten ihn verblüfft an, als das zweite Rerum sichtbar wurde. Er setze sich und schnitt es an der Längsseite auf. Ein weiterer Zettel und ein zweiter Schlüssel kamen zum Vorschein.

„Du hast also das zweite Rerum“, sagte Loum erstaunt und erleichtert. „Das hätte ich mir ja eigentlich denken können!“

Kir stieß Toby in die Seite und bemerkte grinsend:

„Na dann hätten wir ja alle drei Hüter des Trias beieinander. Dann kann ja eigentlich nichts mehr schiefgehen!“

„Ich hoffe, dass du Recht hast, Kir! Die Nachrichten, die ich vom Doc erhielt, besagen allerdings nichts Gutes! Die Schattenresidenz bereitet irgendetwas vor. Sie haben sogar mit der Invasion unseres Toro-Bezirkes und der Enklave gedroht. Als Datum haben sie den 13. September genannt. Die Übersiedlung des Dunklen Großfürsten nach Toro und die zunehmenden Provokationen und Gebietsansprüche lassen befürchten, dass sie es diesmal wirklich ernst meinen.

Doc Albert befürchtet ebenfalls das Schlimmste. Ich denke, dass es absolut gerechtfertigt ist, Trias einzusetzen."

Miri meinte besorgt:

„Wenn es aber nur ein Irrtum ist? Wenn es gar nicht stimmt, dass…."

„Dann, - dann meine liebe Miri ziehen wir alle wieder um, in den Distrikt Hodie!" Ursu lächelte dabei und fuhr fort: „Sei ganz ohne Sorge, mein Liebling. Der alte Albert hat noch nie etwas gemacht, ohne sich vorher genauestens zu informieren und sich – wenn nötig – beim Obersten Rat abzusichern. Ich würde viel darum geben, wenn er sich diesmal irren würde."

Der Zeitengänger lächelte nachdenklich zu seiner Gefährtin hinüber und setzte sich zu den Anderen an den Tisch. Toby war ebenfalls herübergekommen und alle musterten den Hüter des Trias aus dem Reich der Menschen neugierig.

„Ich kenne dich gut", sagte Manu zu Toby.

„Ich kenne dich nicht", erwiderte dieser knapp. „Woher willst du mich denn kennen?"

„Ich war bis vor kurzem dein Doppler!"

„Du warst was…?"

Loum musste lachen und nahm die Hand vor den Mund, damit es nicht jeder sehen sollte. Sie blickte Kir an und ahmte Manus Stimme nach:

„Ich war bis vor kurzem dein Doppler, Menschenjunge. Da bist du platt, was?"

Sie kicherte leise. Die Zeitlinge erklärten ihrem Besucher nun alles, was der wissen musste, um seine Situation besser verstehen zu können.

„Hast du denn von alledem etwas gewusst, oder vielleicht geahnt?“, fragte Manu und sah Toby dabei fragend an.

„Nein, überhaupt nichts habe ich davon gewusst. Gestern Vormittag habe ich Ursu das erste Mal gesehen, als er mir einen Brief von meinem Vater übergab. Dann habe ich noch Einiges aus diesem Brief erfahren. Ich hatte wirklich keine Ahnung.“

Kir fragte ungeduldig in die Runde:

„Können wir jetzt?“ Dabei hielt er Toby den Zettel hin, auf dem über der Kerze die seltsamen Zeichen aufgetaucht waren.

„Das solltest du doch wohl lesen können, oder?“

Der Junge nickte und las:

„*Zwei Zeitlinge, ein Menschenkind, die Retter durch die Schlüssel sind.*“

Alle sahen sich fragend an.

„Was bedeutet das denn nun wieder?“, wollte Kir genervt wissen und schaute in Richtung Loum.

Die verzog ihr Gesicht, so als ob ihr das Nachdenken Schmerzen bereiten würde, blickte dann zu Ursu hinüber und fragte:

„Bedeutet - *zwei Torwächter, ein Menschenkind, die Retter durch die Schlüssel sind* - etwa das, was ich denke, dass es bedeutet?“

„Vermutlich ja", antwortete Ursu. „Ich nehme an, dass wir nicht nur gemeinsam die Hüter des Trias sind, sondern dass wir drei auch alles, was damit zusammenhängt, als Team durchführen sollen. Eine andere Interpretation lässt dieser Satz für mich nicht zu. Jedenfalls war Doc Albert auch dieser Meinung. Um deine Frage zu beantworten: Ja, ich denke, dass wir Trias nur gemeinsam einsetzen können."

„Ok! Aber was bedeutet: *Ist Saybot Nhezreiv kommt Lules Ende Schließtag?*", fragte Kir in Richtung Toby.

„Weiß auch nicht. Auf jeden Fall steht das so da", antwortete dieser.

„Klingt ein bisschen, wie eine mathematische Gleichung. Ist Summe A erreicht, beginnt Operation B und kommt deren Ende, dann ist irgendwie Schließtag", überlegte Loum laut und verdrehte dabei die Augen.

Sie redeten, diskutierten, prüften und versuchten gemeinsam das Rätsel um die Bedeutung des seltsamen Satzes zu lösen. Draußen wurde es bereits dunkel, als Toby bemerkte, dass Manu ihm und auch den anderen am Tisch mit den Augen Zeichen machte. Er deutete mit seinem Blick immer wieder zur Tür und legte unauffällig den Finger auf den Mund, um allen zu signalisieren, dass sie sich nichts anmerken lassen sollten. Alle sprachen also scheinbar ganz normal weiter. Toby suchte unauffällig, ohne seinen Kopf in Richtung Tür zu drehen, nur mit seinen Augen die schwere Holztür ab. Ziemlich weit unten, noch unter der unteren Querstrebe, entdeckte er ein kleines Loch. Ein Astloch wahrscheinlich. Als er etwas länger und genauer hinsah, bemerkte er, dass sich das spärliche Licht aus dem Inneren der Hütte dort in einem Auge spiegelte, das offenbar von draußen gegen dieses kleine Loch gedrückt wurde. Irgendjemand war da draußen und belauschte ihre Runde. Miri und Ursu sahen sich in die Augen und Ursu zwinkerte ihr zu, während er mit den Augen in Richtung Vorhang deutete. Miri verstand sofort!

„Ihr Lieben, ihr wisst ja, dass es mir nicht so gut geht. Ich fühle mich wirklich sehr schwach und muss mich unbedingt ein bisschen hinlegen. Ursu, mein Liebster, hilfst du mir ins Bett?“

„Natürlich mein Liebling“, erwiderte Ursu liebevoll und verschwand mit seiner Gefährtin hinter dem schweren Vorhang. Toby, Manu und Kir rätselten scheinbar weiter darüber, was die geheimnisvollen Worte auf Loums Zettel wohl bedeuten könnten und Miri sprach hinter dem Vorhang offenbar mit Ursu, als es plötzlich laut und heftig an der Eingangstür klopfte. Das „ich bin es“ ging fast in dem plärrenden Gezeter unter, das plötzlich zu hören war! Manu und Kir stürzten zum Eingang, schoben den großen Innenriegel ruckartig zurück und rissen gemeinsam die Tür auf. Ursu kam mit der Bemerkung herein:

„Wir haben Besuch! Spionage-Borli ist da!“

An seinem ausgestreckten rechten Arm baumelte ein vielleicht einjähriges Baby, das laut schimpfte und wild zappelte. Der Kleine forderte seinen Peiniger lautstark mit wüsten Flüchen auf, ihn unverzüglich auf dem Boden abzustellen. Toby war völlig aus dem Häuschen und zupfte an Manus Ärmel.

„Haste das gesehen? Ein Baby, das schon richtig sprechen kann“, flüsterte er ihm zu, ohne seine Augen auch nur für einen Augenblick von dem kleinen Krakeeler abzuwenden. Der hatte inzwischen gemerkt, dass all´ sein Fluchen und Zetern nichts half und Ursu ihn nicht heruntersetzte. So legte er zwei seiner Babyfinger in den kleinen Mund. Ein schriller Pfiff ertönte und laut rief er in Kommandoton:

„Besorger Achtung! Kommandeur in Not!“

Augenblicklich stürmten dreißig kleine Gestalten die Hütte, die in Kung-Fu Manier und mit passendem Geschrei Kampfstellung gegenüber dem verblüfften Ursu einnahmen…

„Sag´ nie wieder Spionage-Borli zu mir, hast du mich verstanden, du Takkolord! Und sei nicht so grob! Schließlich bin ich keine Katze, die man am Nackenfell hochhebt und schüttelt! Ich bin ein Kommandeur und erwarte den nötigen Respekt von dir, du Vollhorst!“

Als der kleine Schreihals Toby und die anderen sah, wurde er leiser und versuchte höflich zu sein. Er lächelte verlegen und erklärte:

„Ja, was seh´ ich denn da? Wir haben endlich mal wieder Besuch aus dem Reich der Menschen! Dann sind meine Informationen also doch richtig. Du musst dieser Tobyas Thorsen sein, der Sohnemann vom alten Thomas, richtig?“

Ohne eine Antwort abzuwarten sprach er weiter:

„Also, ich bin Borli, Kommandeur der ‚Besorger‘! Ziemlich wichtige Leute in Verbola, ohne die solche Brutalinskis, wie dieser Problemiker“, er deutete auf Ursu, „nichts, aber auch rein gar nichts werden könnten! Besorger besorgen nämlich alles, und zwar aus allen Epochen! Von wichtigen Nachrichten über geheime Informationen, von modernster Technik aus der Zukunft bis zum Bratapfel mit Backpflaumen und Vanillesoße! Besorger besorgen einfach alles! Deshalb verlange ich auch Respekt! Ich habe dieselben Rechte wir ihr - aua, pass doch auf, du seniler Trampel! Du tust mir weh! Setz mich sofort ab, alter Fruppie. Ich bin sowieso bestens im Bilde über die Situation, oder was glaubst du, woher Doc Albert seine Informationen bekommt, häh? Außerdem habe ich auch das Meiste gehört, was ihr besprochen habt. Ist eh nicht Neues dabei. Also, absetzen, sonst…!“

„Was sonst?“, fragte Ursu den Kleinen in gereiztem Ton, während er ihn zu sich herumdrehte, so dass sich ihre Gesichter genau gegenüber waren.

„Was wird kleiner, böser Borli tun? Hat Spionage-Borli gelauscht? Armer Borli ist erwischt worden! Borli wird…“

„Hör´ auf damit“, fauchte ihn der kleine Kommandeur an.

„Dummer Borli hätte besser aufpassen müssen! Kleiner Borli will…!“

„Hör sofort auf damit! Ich warne dich…!“

„Kleiner Borli will also auch noch droh…!“

Mit der Wucht, zu der ein Zeitling dieser Größe fähig war, boxte Borli auf Ursus Nase und brüllte ihn an:

„Du weißt ganz genau, dass ich diesen Gollum-Mist nicht ausstehen kann! Du bist weder Gandalf noch ist hier Mittelerde! Wenn du mich nicht sofort absetzt, gebe ich meinen Jungs das Signal zum Angriff!“

Die Kung-Fu-Babys rückten geschlossen einen Schritt vor und starrten den für sie riesigen Ursu an. Sie waren zu allem entschlossen und der alte Zeitengänger war von der gesamten Aktion so überrascht, dass er den kleinen Schläger augenblicklich absetzte. Dann betastete er seine schmerzende Nase, um zu prüfen, ob sie vielleicht gebrochen sei. Kaum hatte der kleine Kerl seine Freiheit wiedererlangt, drehte er sich auch schon wütend um und trat heftig gegen Ursus Schienbein. Ärgerlich schimpfte er:

„Alter Erdbeerbauer! Ich hasse dieses dämliche Hobbit-Getue! Menschenmärchen, nichts als alberne Menschenmärchen!"

Toby verharrte noch immer in einer faszinierten Sprachlosigkeit und beobachtete Borli beeindruckt. Dieser kleine Kerl, der doch eigentlich irgendwie hilflos in einem Babybett liegen müsste, bewegte sich genauso, wie ein Erwachsener und kommandierte wie ein alter General. Über seine große Klappe und die witzigen Sprüche musste er aber insgeheim lächeln, als Loum das Wort ergriff:

„Darf ich vorstellen, das ist Borli, Kommandeur und Ausbilder der Zeitlings-Besorger-Truppe. Er stammt aus der Sippe der Waghalsigen und ist in der Tat der beste und zuverlässigste Besorger, den ich kenne. Manchmal ein bisschen sehr neugierig, aber ein wirklich guter Freund und absolut treu", sagte sie und bückte sich zu dem Kleinen herunter, als sie fortfuhr: „Seine Ausdrucksweise allerdings ist gewöhnungsbedürftig und lässt manchmal etwas zu wünschen übrig. Aber er bemüht sich. - Du bemühst dich doch, Borli, oder?"

Manu hatte sich ebenfalls herabgebeugt und sagte:

„Schon gut Borli, reg´ dich nicht so auf. Ursu wollte dir sicher nicht wehtun, aber du hast PaDos belauscht und dass auch noch hier, zuhause im Grenzland. Du weißt genau, dass das nicht in Ordnung ist. Auch für euch Besorger nicht. Wenn das der Oberste Rat erfährt, bekommst du echte

Schwierigkeiten. Das weißt du doch ganz genau. Was soll das also?“

„Nun mach mal halblang, alter Softwürfel! Ich habe euch weder belauscht, noch beobachtet, oder überwacht. Das hättet ihr sowieso nicht mitgekriegt. Ich musste mir aber zuerst sicher sein, dass bei euch alles in Ordnung ist, denn ich habe da eine ziemlich wichtige Information für euch“, erwiderte Kommandeur Borli und tat sehr geheimnisvoll.

Nachdem er seiner Truppe „abrücken!“ befohlen hatte, berichtete er, wie einer seiner Leute bei einem geheimen Einsatz im Reich der Menschen das Treffen einer Gruppe von Schattenkriegern belauscht hatte. Die waren auf der Jagd nach Tobyas Thorsen, weil der Dunkle Großfürst nicht mehr daran glaubte, seinem Vater Thomas Thorsen, das Geheimnis um Trias bis zum letzten Tag im Elul entreißen zu können. Wenn ihm das schon nicht möglich sei, so sollte man die Gefangenen ohne Aufsehen ‚entsorgen‘, was am besten während des alljährlichen Schließtages im Galazum passieren könnte. Der Sohn, der ab seinem vierzehnten Geburtstag der neue menschliche Hüter des Trias sein würde, müsste nun allerdings noch intensiver und mit allen zur Verfügung stehenden Mitteln gesucht und vorher festgesetzt werden.

„Unglaublich! Danke Borli!“ Ursu beugte sich zu ihm herab und streckte ihm die Hand entgegen.

„Tut mir leid, wegen vorhin!“.

„Schon gut. Mir auch“, lenkte der Besorger-Chef ein, und fuhr fort: „Ok, Schluss jetzt mit den Streitereien. Ich helfe euch bei der Lösung des Problems. Los, hebt mich mal hoch! Also, ich meine, bitte seid doch so freundlich und hebt mich auf diesen Tisch hinauf.“

Der Kleine streckte Loum die Arme entgegen und lächelte sie mit einem unschuldigen Babylächeln an, dem kein weibliches Wesen - weder in Verbola noch im Reich der Menschen - widerstehen kann. Dementsprechend tat sie, was er verlangt hatte und Borli freute sich darüber so sehr, dass es aus ihm herausplatze:

„Is´ ja voll krass, eh! Loum, du bist wirklich voll pornös!“

„Borliii!“, rief Loum empört ermahnend.

„Ich meine, du bist wirklich supertoll! Danke! Schiebt doch mal bitte euern Zettel zu mir herüber.“

Borli ging auf dem Tisch mehrmals langsam um den Zettel herum, ohne die Schriftzeichen dabei aus den Augen zu lassen.

„Loum, bitte schreib den übersetzten Satz doch mal auf ein extra Papier“, forderte er die junge Zeitin auf. Kurz darauf lag ein neuer Zettel auf den Tisch, auf dem ‚Ist Saybot Nhezreiv kommt Lules Ende Schließtag‘ stand. Auch ihn umrundete Borli mehrmals, bis er stehenblieb und nacheinander allen grinsend ins Gesicht sah.

„Ich will hier wirklich nicht rolexen, aber das ist doch kinderleicht! Reiner Babykram! Und ihr Großen erkennt das nicht?“ Triumphierend schaute der kleine Besorgerchef in die Runde, während sich alle anderen fragend ansahen.

„Also Leute, das hier vorne ist Spiegelschrift und heißt *Tobyas vierzehn*. Eigentlich muss euch das doch förmlich anspringen!“

„Dann heißt der ganze Text also: *Ist Tobyas vierzehn kommt Lules Ende Schließtag*? Stimmt doch, oder?“, fragte Loum.

„Ja, genau! Aber was für ´ne Schnecke ist diese ‚Lule‘ und warum hat sie am Ende diesen komischen Schließtag?“, murmelte Borli nachdenklich und kratzte sich in seinen weichen, pflaumartigen Haaren.

„Vielleicht, wenn man *Lule* auch mal andersherum liest. Also *Elul* zum Beispiel“, überlegte Kir und blickte unsicher fragend zu Ursu hinüber.

„Das ist es!“, rief Ursu laut und bestimmt! „Elul! Na klar! Das ist es! Kir, du bist ja brillant! Elul ist der zwölfte Monat im hebräischen Kalender! Und Eluls Ende ist der letzte Tag im Elul!“

„Genau! Und der letzte Tag im Elul ist immer der Tag vor dem hebräischen Neujahrsfest“, ergänzte Miri.

Borli machte plötzlich ein nachdenkliches Gesicht. Er lief auf dem Tisch hin und her. Dann rief er erregt:

„Den Dunklen Dumpfbacken ist da scheinbar ein Fehler passiert! Seine Korpulenz, der dämliche Dunkle Großfürst hat einen dummen Fehler gemacht! Die Trollos glauben, dass Toby erst an diesem letzten Elul, die Nachfolge seines Vaters antreten wird!“

Ursu hatte sehr genau zugehört. Er schaute in die verdutzten Gesichter der anderen und sagte:

„Der kleine Kommandeur hat Recht! Seine Informationen - und er hat noch niemals falsche geliefert - seine Informationen beweisen eindeutig, dass der Feind einen riesigen Denkfehler macht. Die glauben tatsächlich, dass ihnen erst ab dem Letzten Elul Gefahr von uns droht! Das ist wirklich nicht zu fassen! Das ist das Beste, was uns passieren konnte! Lassen wir sie also in diesem Glauben! Das verschafft uns einen großen, wahrscheinlich entscheidenden Vorteil. Wir können Trias einsetzen, ohne dass die Gegenseite jetzt damit rechnet. Ich werd´ verrückt! Niemals im Leben ahnen die, dass Toby bereits in Verbola- und die Dicscha bereits in seinem Besitz ist!"

Alle waren in euphorischer Stimmung und tanzten jubelnd um den Tisch.

„*Ist Tobyas vierzehn kommt Elul´s Ende Schließtag*", murmelte Loum nun leise vor sich hin. Dann blickte sie reflexartig auf und sagte:

„Wir wissen nun, dass wir Trias einsetzen können und, dass wir es höchstpersönlich ausführen müssen! Aber, es heißt doch in dem Text *Ist Tobyas vierzehn*…!"

„Ja und?", fragte Manu.

„Na, ist Tobyas denn vierzehn?"

Sie blickte dabei fragend zu Toby hinüber und der antwortete:

„Nein, dreiz… Moment mal."

Er überlegte kurz. Dann zierte ein breites Grinsen sein Gesicht.

„Was ist?", fragte Manu.

„Ja! Na klar! Tobyas ist vierzehn! Und zwar seit heute! Wenn ich euch richtig verstanden habe, wäre ich sonst ja auch gar nicht hier, oder?"

Durch die vielen, aufregenden Erlebnisse der vergangenen Stunden hatte Toby wieder vergessen, dass heute immer noch sein Geburtstag war. Freudig klatschte er sich mit dem, direkt vor ihm auf dem Tisch stehenden Borli, in ‚Gib-mir-Fünf-Manier' ab. Durch die Wucht des freudig, unkontrollierten Abklatschens drehte sich der kleine Borli einmal um seine eigene Achse, taumelte, verlor das Gleichgewicht und landete schließlich auf seinem Hinterteil.

„Spinnst du, Alda?", fauchte er Toby scheinbar entrüstet an. Schnell rappelte er sich wieder hoch und seine grimmige Mine wurde sehr schnell von einem strahlenden Lächeln verdrängt. Er nahm auf dem Tisch einen kurzen Anlauf, sprang Toby mit Schwung an den Hals und drückte ihm einen dicken Kuss auf die Wange.

„Is´ ja voll krass, eh! Unser kleiner Hardrocker hat seinen Geburtstag vergessen!", rief der Besorger-Kommandeur in die begeisterte Runde. Alle gratulierten dem Geburtstagskind freudig und Toby wurde langsam klar, dass man in Verbola bereits sehr lange sehnsüchtig auf diesen Tag gewartet hatte. Als sich alle wieder etwas beruhigt hatten, meinte Ursu:

„Wir sollten uns schon sehr bald vorbereiten, denn bis zum Letzten im Elul ist nicht mehr allzu viel Zeit!"

Er hatte ein dickes Buch aus der Holztruhe geholt und blätterte suchend darin, während er weitersprach:

„Ja, Tobyas ist ab heute vierzehn und deshalb gilt die terminliche Anweisung mit Elul´s Ende auch nur für dieses Jahr. Schaut, hier steht es!"

Ursu hatte offensichtlich gefunden, wonach er suchte und erklärte:

„Es ist der 12. September den wir suchen! Eluls Ende, also der Letzte in diesem hebräischen Monat ist der 29. Elul. Und der fällt in diesem Jahr auf den 12. September. Die Schattenkrieger glauben also, dass Toby erst ab diesem Tag für sie gefährlich werden kann. Heute ist der 31. August. Es bleiben uns also genau zwölf Tage, in denen wir unseren Vorteil nutzen können. Allerdings wissen wir immer noch nicht, was dieser ‚Schließtag' zu bedeuten hat", sagte der Zeitengänger und sah seine Freunde ernst an.

„Ja, du hast recht, Ursu", bestätigte ihn Manu. „Das mit dem ‚Schließtag' müssen wir unbedingt noch ´rausfinden. Und dann geht es richtig los, denn, *zwei Zeitlinge ein Menschenkind die Retter durch die Schlüssel sind*!"

„Freu dich nur nicht zu sehr auf dieses Abenteuer", mahnte Ursu. „Es ist ziemlich sicher, dass der Dunkle Großfürst einen Angriff auf das Reich der Menschen vorbereitet. Alle dort sollen seine Sklaven werden. Zuerst wird er deshalb versuchen, ganz Toro unter seine Kontrolle zu bringen. Gelingt es ihm, wäre das auch Verbolas Ende. Allerdings weiß der Großfürst um die Existenz des Trias-Projektes und dass Zeitlinge und Menschen seine Pläne damit vereiteln könnten. Deshalb hat er auch damals Thomas Thorsen von seinen Schattenkriegern gefangen nehmen lassen. So fehlt ein Teil des Trias. Der Dunkle Großfürst weiß genau, dass die beiden anderen Triashüter aus Verbola ohne ihren dritten Mann nichts machen können. Weil dieser ‚Dritte' ab seinem vierzehnten Geburtstag nun Tobyas Thorsen heißt, setzten sie zurzeit ihre gesamte Macht ein, um Toby bis zum Ende des Elul zu erwischen. Falls ihnen das nicht gelingen sollte, haben die Schattenkrieger den Auftrag erhalten, mindestens die Dicscha in ihren Besitz zu bringen. Deshalb müssen wir extrem auf der Hut sein und jeder von uns muss auf jeden aufpassen.“

Es war spät geworden und alle waren mittlerweile ziemlich müde. So beschlossen sie, sich schlafen zu legen, um am nächsten Morgen frisch gestärkt das große Abenteuer zu planen. Miri gab jedem von ihnen ein kleines Päckchen, mit folienartigen Decken, die sie als Bett benutzen konnten. Toby hatte etwas Ähnliches mal im Verbandskasten seiner Pflegemutter Irmchen gesehen. Sie hatte ihm damals erklärt, dass es eine zusammengelegte Wärmeschutzfolie sei, die man bei Unfällen einsetzen kann. Wenn man Miris Bett-Folie allerdings auf dem harten Fußboden ausbreitete und sich dann darauf legte, bewirkte sie etwas ganz anderes: Der gesamte Untergrund unter der Folie wurde augenblicklich so weich und elastisch, wie bei einer sehr guten Matratze. Toby hob die eine Ecke seiner Folie etwas an und drückte prüfend mit der Hand auf die Bretter. Das war harter, hölzerner Dielenfußboden! Er legte die Folienecke zurück und drückte an derselben Fußbodenstelle auf die Folie. Unglaublich! Es federte weich und angenehm. So machten sie es sich alle bequem: Toby, Manu, Loum, Kir und der kleine Borli. Nur Ursu schlief hinter dem dunkelgrünen Vorhang bei seiner Miri.

Noch lange lag Toby wach und dachte über die vielen, unglaublichen Dinge nach, die ihm gestern und heute passiert waren. Jetzt war er hier, in einer Hütte, die es eigentlich gar nicht gab; in einem Land das es ebenfalls nicht gab; mit Leuten die es auch nicht gab! Erst spät überwältigte ihn die Müdigkeit und er schlief tief und fest ein…

18. Kapitel - Die Vorbereitung

Toby erwachte durch mehrere schmerzhafte Stöße auf seinen Bauch und öffnete erschreckt die Augen. Da hüpfte doch tatsächlich der kleine Borli, wie von der Tarantel gestochen, auf ihm herum und rief:

„Wach auf, Lodentony! Heute ist D-Day! Heb´ deine Pupschleuse aus dem Bett und hilf der Tussi beim Tischdecken!“

„Jetzt ist aber wirklich genug, Borli! Deine blöden Sprüche kann ich am frühen Morgen absolut nicht ertragen! Tu´ mir den Gefallen, - halt die Klappe du Teppichporsche“, rief Loum dem Kleinen genervt zu!

Bestürzt sah der zu ihr hinüber und murmelte gekränkt zu dem noch halb schlafenden Jungen:

„Teppichporsche? Hast du das gehört, Menschenjunge? Teppichporsche hat die Schnecke zu mir gesagt. Teppichporsche! Zu mir, dem Kommandanten!“

Wieder fing er an, auf seinem ‚Opfer‘ herum zu hüpfen, ohne jedoch Loum dabei aus dem Auge zu lassen. Wenig später saßen alle gemeinsam an dem großen Tisch und frühstückten. Kir hatte Milch und Eier besorgt und die ganze Hütte duftete nach dem, von Miri frisch gebackenen Brot.

„Toby, es ist an der Zeit, dich mit ein paar Änderungen in deinem Leben bekannt zu machen, die seit deinem vierzehnten Geburtstag wirksam geworden sind und…“

Interessiert blickte Toby zu Ursu und fragte:

„Was meinst du damit? Es ist doch schon so viel passiert! Was denn noch für Änderungen?“

„Ich weiß. In all´ das, was ich dir jetzt erzähle und zeige, hätte dich normalerweise dein Vater im Laufe der letzten Jahre langsam und Stück für Stück hineingeführt. Er hätte dich in allem unterwiesen, damit du am Tag der Nachfolge gut vorbereitet gewesen wärst.“

Ursu stand auf und ging zur Tür.

„Komm mein junger Freund, lass uns ein paar Schritte gehen. Und nimm bitte deinen ‚Informander‘ mit.“

„Was nehme ich mit?“

„Den Informander! Wie hast du ihn genannt? Dudelrechteck? Ja, genau! Du nanntest ihn Dudelrechteck.“

„Ach so! Ja, klar! Das soll ich doch sowieso immer bei mir haben, oder?“

Toby prüfte kurz, ob das kleine Gerät und das Tuch mit dem Plan von Toro noch in seiner Hosentasche waren und die Beiden verließen die Hütte. Sie schlenderten in Richtung des nahegelegenen Waldes und unterhielten sich angeregt.

„Weißt du, Junge, ich habe deinen Eltern damals versprochen, dass ich mich um dich kümmern werde, solange die beiden nicht selbst dazu in der Lage sind. Das war direkt nach deiner Geburt und kurz vor ihrer Verschleppung. Die Schattenkrieger hatten dich damals an einen ihrer Tributisten, an Hannes Kronlechner und seine Frau übergeben. Er gehörte schon seit vielen Jahren zu ihnen. Sie hatten ihn mit Alkohol und Geld auf ihre Seite gezogen und gefügig gemacht. Aber ich wusste, dass seine Frau Irmchen anders war, als er. Zwar hatten die Jahre mit Hannes sie kalt und ungerecht werden lassen, doch im Grunde ihres Herzens war sie immer eine gottesfürchtige Frau und ich war mir sicher, dass sie im Ernstfall das Richtige tun würde. Als ich dann später durch Doc Albert erfuhr, dass sie zum lebendigen Glauben an Jesus Christus gefunden hatte, war ich mir sicher, dass du bei den beiden Kronlechners vorerst gut aufgehoben warst, zumal ich über Doc Albert ständig Kontakt mit Irmchen hatte.“

Toby hörte sehr genau zu und sie waren inzwischen bereits ein gutes Stück durchs Verbola-Büschel gelaufen.

„Wann hast du Mom und Dad denn zuletzt getroffen?“, wollte er wissen.

„Damals, kurz vor ihrer Entführung. Seit dem habe ich sie nie wieder gesehen. Viele Jahre ist das nun schon her. Allerdings traf ich vor ungefähr sechs Monaten in Toro einen der dunklen Aufpasser, der ganz offensichtlich zu zweifeln begonnen hatte. Ich habe mich mit ihm mehrmals heimlich getroffen und konnte ihn überzeugen, dass er auf dem falschen Weg ist. Über ihn habe ich dann kurz darauf die Zeitung bekommen, die du in der Truhe auf euerm Dachboden gefunden hast. Der Brief deines Vaters, den ich Dir gab, kam ebenfalls über diesen Kanal, für den ich sehr dankbar bin. Und nun hat er mir das Wichtigste überhaupt zukommen lassen! Wenn ich mir vorstelle, was dieser Schattenkrieger damit getan hat und welcher Gefahr er sich damit aussetzt, dann kann ich nur hoffen, dass er es schafft umzukehren, bevor er als Hüllenwesen auf nimmer Wiedersehen verschwindet. Na ja, für uns ist er jedenfalls ein echtes Geschenk! Du musst wissen, dass ich bereits seit Jahren versucht habe, an deinen Vater heranzukommen. Es musste mir unbedingt gelingen, weil ich natürlich wusste, dass du irgendwann als Hüter des Trias auch ein Zeitengänger werden würdest."

„Warum war es denn so überaus wichtig, dass ihr Kontakt bekommen habt, wenn sowieso alles automatisch abläuft?", wollte der Junge wissen.

„Weil es zwar stimmt, dass einige der Fähigkeiten zwangsläufig auf dich übergegangen sind. Du hast ja gemerkt, dass du seit gestern diese seltsamen Schriftzeichen lesen kannst und dass du mit mir über den Gedankenhorizont gehen konntest. Andere Fähigkeiten müssen allerdings aus Sicherheitsgründen bei dem menschlichen Zeitengänger erst besonders aktiviert werden. Normalerweise hätte das dein Dad an deinem Geburtstag gemacht. Er hätte dir etwas gegeben, das bisher in seinem Besitz war, dass du aber benötigst, um komplett in deine neue Aufgabe hineinzukommen."

„Nun sag´ schon, was ist es?", wollte Toby wissen und sah Ursu ungeduldig an.

„Moment noch, mein junger Freund. Nicht so schnell! Also, vor sechs Monaten konnte ich endlich einen Kontakt herstellen und es ist tatsächlich gelungen - ich habe selbst nicht mehr daran geglaubt…"

„Was denn? Nun sag´ schon!" Toby platzte fast vor Neugier.

„Es ist das hier!"

Ursu hielt einen kleinen Briefumschlag hoch und freute sich ganz offensichtlich sehr darüber.

„Diesen Umschlag hat mir unser kleiner Kommandeur Borli vor drei Tagen übergegeben. Seine Jungs haben ihn erst vor vier Tagen aus dem Sepabezirk Toros herausgebracht. Er enthält den bisher noch fehlenden Aktivator, der dich zu einem vollwertigen Zeitengänger werden lässt, der die Aufgaben als Hüter des Trias wahrnehmen darf!“

Ursu war stehengeblieben, legte seine Hand auf Tobys Schulter und fragte ihn:

„Du weißt doch noch, wie wir vom Trabantensitz der Schattenresidenz zu Doc Albert gekommen sind, oder?“

„Ja, na klar! Wir haben uns angefasst und sind geflogen. Genau, wir sind ganz echt geflogen!“

„Richtig! Stimmt! Erinnerst du dich noch daran, was ich für eine Formel sagte, bevor wir starteten?“

„Warte!“

Toby überlegte angestrengt.

„Moment, ich hab´s gleich….“

Ursu half ihm:

„Es war ‚Pervolamus aeres nunc‘!“

Augenblicklich hob Ursu vom Boden ab und schwebte in ungefähr dreißig Zentimetern Höhe vor dem Jungen. Nach einigen Augenblicken setzte er wieder auf dem Boden auf und stand sicher auf seinen Beinen.

„Jetzt probier du es, Toby! Sag die Formel! Los, sag sie!“

Der Junge überlegte nicht lange und rief:

„Pervolamus aeres nunc!“

Nichts! Er versuchte es gleich nochmal:

„Pervolamus aeres nunc!“

Wieder nichts! Ein wenig enttäuscht schaute er hilfesuchend zu Ursu, zuckte mit den Schultern und sagte:

„Funktioniert bei mir wohl nicht."

„Langsam, junger Freund. Nicht so ungeduldig. Hier, nimm mal dies hier!"

Er reichte ihm einen kleinen, silikonartigen braunen Aufkleber, der auf einer passenden Transportfolie aufgeklebt war. Die Ränder waren ein klein wenig ungleichmäßig, so dass das Ding aussah, wie ein kleines dunkelbraunes Muttermal.

„Das ist der dir noch fehlende ‚Aktivator' in Form eines selbstklebenden Hautfleckens", lachte Ursu. „Kleb ihn dir irgendwo hin, wo er dich nicht stört. Du wirst ihn sowieso erst wieder abmachen können, wenn dein Nachfolger vierzehn wird."

Toby zog das braune Etwas von der Folie ab und klebte es sich an den linken Unterschenkel. Ursu beobachtete den Jungen dabei und sagte nach einer Weile:

„So, nun sag´ die Formel nochmal."

Toby gehorchte und rief erneut:

„Pervolamus aeres nunc!"

Auch diesmal geschah nichts! Er stand wie festgenagelt auf dem Boden und blickte nun ein wenig verzweifelt zu seinem Freund, der ihn anlächelte und sagte:

„So, nun kommt für euch Menschen das Entscheidende! Nimm deinen ‚Informander' und präge ihn auf dich."

„Ich mache was?"

„Lass mich bitte ausreden. Du prägst ihn auf deine Person, - auf Tobyas Thorsen! Das geht genauso, wie gestern mit der Dictum-Schatulle. Du tust es, indem du auch hier einen kleinen Blutstropfen von dir auf die hellgrau markierte Fläche aufträgst."

Ursu nahm Tobys Hand und während er beruhigend zu ihm sagte:

„Tut gar nicht weh", stach er mit einem Stick in seine Fingerkuppe. Sofort bildete sich dort ein kleiner Blutstropfen.

„So, nun tu, was ich dir gesagt habe", forderte der Zeitling den Jungen auf.

Als er den Finger mit dem Blut auf die markierte Fläche des Informanders drückte, ertönte ein leises Piepgeräusch und das Gerät war aktiviert.

„Also, mein Freund, nun hast du alles erledigt, was vorgeschrieben ist. Jetzt versuch es nochmal mit der Formel", forderte Ursu ihn auf.

„Pervolamus aeres nunc!"

Das war wirklich ein seltsames Gefühl. Abgesehen davon, dass Toby seinem Freund plötzlich von oben auf den Kopf gucken konnte und aus dieser Perspektive alles irgendwie ganz anders aussah, wollte er… Huch! Was war denn nun das wieder? Er kippte langsam, aber unaufhörlich nach rechts weg.

„Hilfeee! Ursuuuu! Bitte hilf mir!"

Alles Zappeln und Gegenrudern half nichts. Er landete Augenblicke später recht unsanft auf dem feuchten Waldboden.

„Das ist genau das, was ich vorhin meinte, als ich dir sagte, dein Vater hätte dich normalerweise im Laufe der letzten Jahre in all´ diese Fertigkeiten hineingeführt."

„Heißt das, Dad kann auch fliegen?", wollte der Junge wissen.

„Er hätte es gekonnt, wenn er den ‚Informander' aus der Dicscha gehabt hätte. Allein mit dem Aktivator ist es aber nicht möglich. Dieses Vorrecht liegt nun bei dir, mein menschlicher Zeitengänger-Freund."

„Diese Formeln, wie du sie nennst; sind das…, - sind das Zaubersprüche?", wollte Toby wissen.

Ursu lachte aus vollem Herzen!

„Zaubersprüche? Nein, mein Junge. Ganz bestimmt nicht! Wir sind doch hier schließlich nicht in Hogwarts, bei Harry Potter! Dies, mein Junge, ist das richtige-, das echte Leben! Nein, nein, das sind wirklich keine Zaubersprüche! Das sind Sprachkommandos, die dann im Zusammenspiel von Technik und menschlicher Biomasse umgesetzt werden. Diese Technologie haben unsere Besorger aus einer Epoche eingeführt, die weit nach deiner Zeit liegt. Ist eigentlich ganz einfach. Musste halt nur einer drauf kommen!"

Toby hing seinem Freund Ursu an den Lippen und hörte gespannt zu, als dieser fortfuhr:

„Diese Kommandos werden aus Sicherheitsgründen alle in lateinischer Sprache gegeben. Dadurch sind wir relativ sicher, dass uns nicht aus Versehen, zu unpassender Gelegenheit, irgendein Kommando herausrutscht und dadurch eine ungewollte Aktion auslöst wird."

„Bedeutet das, dass ich all´ die Sachen machen kann, die ich bei dir gesehen habe?“, wollte sein Zuhörer wissen.

„Ja, mein Junge. Als Hüter des Trias hast du die Vollmacht, das alles und noch viel mehr zu tun. Manu wird dir in den nächsten Tagen alles zeigen und ihr Zwei werdet üben, bis du alles sicher beherrschst. Damit du mir nicht wieder umkippst.“

Während der Zeitengänger ihm lächelnd zuzwinkerte, fuhr er fort:

„Danach werden wir unverzüglich aufbrechen, da uns nur noch sieben Tage bleiben, in denen wir den Gegnern voraus sind.“

Toby hatte noch unendlich viele Fragen und die beiden waren auf dem gesamten Rückweg in ihre Unterhaltung vertieft. In den folgenden vier Tagen waren der Menschenjunge Toby und der Zeitling Manu ununterbrochen zusammen und zwischen beiden entwickelte sich langsam, aber sicher eine echte Freundschaft. In den vormittäglichen, theoretischen Lehreinheiten mit Ursu erfuhren sie alles über Fähigkeiten, Stärken und Talente von Zeitengängern und Möglichkeiten sie gezielt einzusetzen. Danach probten die zwei alles praktisch, um sich optimal auf den bevorstehenden Einsatz vorzubereiten.

Die Sonne schien und ein leichter Wind lies die Baumwipfel am nahen Waldrand hin und her schwingen. Die ‚Gemeinschaft Sippwalde‘ befand sich direkt am Südrand des großen ‚Verbola-Büschels‘, dieses unvorstellbar großen, wilden Mischwaldgebietes, das direkt vor der Gedankenbarriere ‚Mawazo Kikwazo‘ lag und im Westen riesige Teile des Distrikts Hodie bedeckte. Es zog sich quer durchs gesamte Grenzland Parvus, bis hinüber in den östlichen Distrikt Lamina und dort in dessen unerforschliche Weiten des Hinterlandes hinein. Auch im Grenzland trennte dieser geheimnisumwitterte und dennoch wunderschöne Wald die ‚Gemeinschaften', wie die dorfähnlichen Wohnsiedlungen der Zeitlinge genannt wurden, räumlich vom Mawazo Kikwazo. So bekam er die Funktion eines zusätzlichen Sicherheitsstreifens.

Wenn man nur wenige Meter ins Verbola-Büschel hineinging, konnte man sich dem Zauber dieser traumhaften Umgebung nicht lange entziehen und wurde von ihm überwältigt. Es roch nach feuchtem Moos, Nadeln und Pilzen. In den Bodensenken standen Nebelbänke, die durch einzelne Büsche und Äste aufgerissen wurden und bizarre Formen annahmen. Gelegentlich ragten groteske, von Moosen und flachen Büschen bewachsene Felsformationen hoch über die Baumkronen hinaus und gestatteten von dort oben einen spektakulären Rundumblick. Mächtige Exemplare von Buchen, Linden, Tannen und vielen, im Reich der Menschen unbekannte Baum– und Pflanzenarten gediehen hier nebeneinander. Efeu und viele andere exotische Schlingpflanzen krochen an ihnen empor und Lianen hingen von oben wild durcheinander herunter. Am südlichen Rand des Verbola-Büschels, ungefähr in der Mitte des Grenzlandes, begann ein Weg, der in nördlicher Richtung durch diesen Wald hindurch führte, bis er am Eingang der von den Torwächtern aus Sippwalde bewachten ‚Wutschlock Höhle' endete.

Mit seinen sehr unterschiedlich aussehenden Holzhütten lebten in der ‚Gemeinschaft Sippwalde' ungefähr dreitausend Zeitlinge, allesamt vom Großen Rat berufene PaDo´s. Die unbefestigten Wege innerhalb der Gemeinschaft liefen alle sternförmig auf das Mittenforum zu, eine Art zentraler Dorfplatz, auf dem immer irgendetwas los war. Diese Wege waren allesamt nach den Berufungen ihrer jeweiligen Bewohner benannt. So leben in den Hütten am Torwächterweg ausschließlich die Torwächter; im Besorgerweg nur Besorger und so weiter. Ursus Hütte stand ganz am Ende des Zeitengängerweges.

Auf dem Mittenforum herrschte wie gewöhnlich reges Treiben. Etliche PaDo´s standen in verschiedenen, Gruppen beieinander und diskutierten über die Gefahren, die eine Attacke der Schattenresidenz auf das Menschenreich wohl für Verbola mit sich bringen würde, oder ob die Drohungen des Dunklen Großfürsten gegen Toro wohl ernst zu nehmen seien. Andere wieder waren mit Einkäufen beschäftigt und feilschten mit den zahlreichen Händlern, die einmal pro Woche aus den umliegenden Gemeinschaften nach Sippwalde kamen, um sich mit Lebensmitteln einzudecken. Im Besorgerweg ließ der kleine Kommandant Borli einzelne Gruppen seiner Truppe das unauffällige Anschleichen an fremde Fenster und Türen, oder das Besorgen und Verschwindenlassen unterschiedlichster Gegenstände üben. Eine weitere Gruppe der kleinen Kerle trainierte den Nahkampf an lebensgroßen Puppen von Erwachsenen oder den Einsatz neuer Waffensysteme. Ursu kümmerte sich im Vorgarten um seine Rosenzucht, was er immer tat, wenn kniffelige Aufgaben vor ihm lagen. Das entspannte und beruhigte ihn. Viele seiner besten Ideen waren ihm hier gekommen. Seine geliebte Gefährtin war von ihrem Krankenlager aufgestanden und sah ihm, gedankenversunken, durch das Hüttenfenster dabei zu. Während Loum und Kir auf der Gartenbank vor der Hütte saßen und sich sehr angeregt über Toby und Manu unterhielten, zischten genau diese beiden plötzlich, hintereinander her fliegend und laut johlend, so dicht an den zwei Mädchen vorbei, dass die sich ziemlich erschreckten.

„Hast du gesehen, wie die beiden geguckt haben?“, rief Toby begeistert dem hinter ihm fliegenden Manu zu!

„Ja klar! Das kommt echt gut! Wir machen´s noch mal von der anderen Seite“, rief dieser zurück und zog hart nach links, in Richtung der Hütte ihres Freundes Ursu. Der junge Zeitling drehte sich während dieses rasanten Fluges nach Toby um, grinste ihn an und verschwand plötzlich von der Bildfläche, als er dabei rief:

„Abdimur momento temporis!“

Toby hatte in den letzten Tagen gut aufgepasst und alle Kommandos auswendig gelernt. Er reagierte sofort mit einem:

„Admittere corpus apparere!“

Im selben Moment war Manu für ihn wieder schemenhaft erkennbar und er konnte ihm weiter folgen. Für alle anderen allerdings blieb die Unsichtbarkeit bestehen. Nun gab auch Toby das Verborgenheitskommando und schon schossen die Beiden ein zweites Mal sehr dicht an den Köpfen von Loum und Kir vorbei. Deren Haare wurden durch den entstehenden Sog dermaßen angezogen, dass sie wild im Wind flatterten.

„Die Beiden spinnen doch wohl“, war Loums Kommentar und sie stand umgehend auf, um sich eingeschnappt in die Hütte zurück zu ziehen, während Kir lauthals lachen musste.

Die beiden unsichtbaren Freunde sausten nun im Tiefflug durch den schmalen Zeitengängerweg, über das Mittenforum, wo sie sich mit einigen sehr gewagten Flugmanövern zwischen den umher stehenden PaDo´s hindurch schlängelten, um dann mit vollem Tempo in den Besorgerweg hineinzufliegen. Borlis Unsichtbarkeitssensoren, über die jeder Zeitling verfügte, meldeten ihm die beiden Eindringlinge sofort. Er gab einigen seiner Leute ein paar kurze, knappe Befehle, die daraufhin in bekannter Windeseile am Ende des Weges in Stellung gingen. Auf sein Kommando schossen die aus ihren kleinen, pistolenartigen Netzwerfern dann ihre hauchdünnen, grobmaschigen Fangnetze auf die beiden heranbrausenden Freunde ab. Aus den kleinen Geschossen, die nicht viel größer waren als herkömmliche Patronen, entfaltete sich direkt nach dem Verlassen der Waffe ein biomagnetisches Netz, das ab einer bestimmten Entfernung vom anvisierten, lebenden Ziel angezogen wurde. Im Bruchteil einer Sekunde legte es sich dann hauteng um den Getroffenen herum und machte ihn praktisch bewegungsunfähig.

Am Ende einer etwa zwanzig Meter langen Schleifspur auf dem Boden des Besorgerweges war die sehr unsanfte Landung der beiden ‚Kunstflieger' dann jäh beendet und der Zustand der Unsichtbarkeit aufgehoben. Im Dreck liegend schnürten ihnen diese blöden Netze beinahe die Luft ab und im Nu waren sie von mehreren kleinen Kämpfern umringt, die ihre gefürchtete Angriffshaltung einnahmen.

„Ihr Hasenhirnis habt euch echt getäuscht, wenn ihr geglaubt habt, uns zum Äffchen machen zu können“, rief ihnen Borli triumphierend zu, während er seine Leute durch ein Zeichen mit der Hand anwies, die beiden Bruchpiloten aus den Netzen zu befreien.

„Also, entschleunigt euch und vergesst nicht: Wir, die Besorger, sind hier in Sippwalde die Rennleitung! Wir sorgen dafür, dass sich alle in Verbola an die Spielregeln halten. Und ich meine mit alle auch wirklich jeden Einzelnen. Und nun ab mit euch!"

Zügig machten sie sich aus dem Staub und liefen den Besorgerweg bis zu seinem Ende am Dorfrand. Als sie sich umsahen, waren die Kleinen bereits wieder mit ihrem Training beschäftigt. Sie blickten sich an, mussten grinsten und zwinkerten sich zu:

„Alles klar, Hüter des Trias?"

„Ja! Alles klaro, Hüter des Trias!"

„Na denn, Pervolamus aeres nunc!"

Aus dem Stand und laut johlend ging es im Steigflug nach oben, um dann in einer langgezogenen Linkskurve Richtung Verbola-Büschel abzudrehen.

Ursu stand bei Miri am Fenster. Es ging seiner Gefährtin offensichtlich ein wenig besser und die beiden scherzten miteinander, als er Toby und Manu in einiger Entfernung am Waldrand entlang fliegen sah. Es freute ihn, dass sich die beiden so gut verstanden und als sie kurz darauf erneut auf die Hütte zuflogen, winkte er sie zu sich heran.

„Wie sieht es denn nun aus, ihr zwei Helden?", fragte er, als sie nach einer vorbildlichen Landung vor ihm standen. „Toby, was sagst du? Hast du alles verstanden und bist du auch in den praktischen Dingen fit?"

„Ich denke schon."

„Na, dann zeig mal“, sagte der Zeitengänger und rief ihm in strengem Kommandoton zu:

„Nimm sofort die Gestalt von Karl Krall an! Jetzt!“

Toby rief wie aus der Pistole geschossen:

„Mutetur confestim Karl Krall!“

Augenblicklich sah Toby wie der Hochnebulöser höchstpersönlich aus.

„Achtung! Jetzt geh´ durch diese Wand in die Hütte hinein und hol´ mir meinen Mantel“, forderte Ursu ihn auf.

„Cedis parietibus nunc! sprach Toby, ging durch die Holzwand in die Hütte und kam Augenblicke später mit dem gewünschten Kleidungsstück zurück.

„Ok, ok. Ich bin beeindruckt! Ich glaube, ihr zwei habt wirklich gut gearbeitet und du kennst nun alle Kommandos, alle Vorschriften und alle Tricks. Du bist jetzt ein Zeitengänger! Jetzt bist du wirklich ein ‚Hüter des Trias‘. Ich gratuliere dir. Nun holt bitte Kir und geht dann in die Hütte. Setzt euch an den Tisch und wartet dort kurz auf mich. Ich komme gleich hinterher und werde euch dann mit den Waffen der Auserwählten bekannt machen.“

„Wir haben auch Waffen?“, riefen die beiden begeisternd fragend im Chor.

„Ja, haben wir! Beeilt euch, holt Kir und geht jetzt hinein. Ich komme sofort.“

Nur wenig später kam er mit drei kleinen Schatullen zurück. Er öffnete die erste und holte etwas heraus, das wie eine Armbanduhr aussah, an der ein kurzes Kabel mit einem metallisch aussehenden, fingerartigen Überzieher hing. Er legte jeweils eins der kleinen Geräte vor Toby, Manu und Kir auf den Tisch und sagte:

„Dies ist ein sogenannter Gedankenimpulswerfer – ein GIW der letzten Generation aus dem Jahre 2112. Unser Freund Borli war dort und hat einige dieser sehr effektiven Waffen für unseren Einsatz besorgt. Der Kleine Kommandant ist einfach unglaublich!“, schwärmte der alte Zeitengänger, bevor er fortfuhr:

„Also, ein Impulswerfer ist für dich, Toby, einer ist für dich Kir und ob Manu auch noch einen bekommt, wissen wir erst, wenn wir seine endgültige Berufung kennen und klar ist, ob er in Zukunft Verbola bei Außeneinsätzen ebenfalls verlassen darf. Ich möchte allerdings, dass du, Manu, diese Waffe trotzdem schon heute kennenlernst, damit wir für den Fall, dass du uns begleiten darfst, keine Zeit verlieren. Also, der Gedankenimpulswerfer GIW ist eine ziemlich wirksame Waffe und zum Einsatz innerhalb der Gedankenbarriere Mawazo Kikwazo bestimmt. Durch einen Treffer wird dem Angreifer ein ‚Warte-Signal‘ ins Gehirn geschickt. Dieser Gedankenimpuls lässt jeden Feind augenblicklich für genau fünfzehn Minuten stillstehen und warten. Versteht mich richtig, er ist von dem Treffer nicht gelähmt oder starr. Er steht einfach ganz locker da und wartet. Das sollte reichen, um sich selbst in Sicherheit zu bringen, oder den Angreifer gefangen zu nehmen.“

„Wie wird er denn bedient?“, wollte Toby wissen.

„Bindet euch das Gerät wie eine Armbanduhr um das rechte Handgelenk und schiebt den Überzieher über den kleinen Finger eurer rechten Hand. Das ist schon alles!“

Die Jungs legten die Waffen wie beschrieben an und sahen fragend zu Ursu hinüber.

„Was nun?“, wollte Toby wissen.

„Wenn ihr jetzt eine Faust macht und nur mit dem kleinen Finger auf deinen Gegner zeigt, ist die Waffe entsichert. Durch einen leichten Druck des Daumens gegen den angewinkelten Zeigefinger wird dann der eigentliche Impuls ausgelöst. Gezielt wird mit den Augen. Wen ihr im Moment des Auslösens anschaut, der wird auch mit Sicherheit getroffen werden.“

„Das ist alles?“

„Ja, das ist alles! Übrigens, Dauerfeuer ist ebenfalls möglich, wenn ihr den Daumen gedrückt haltet.“

Die drei untersuchten die Waffen eingehend und legten sie zu Übungszwecken mehrfach probeweise an.

„Dürfen wir sie auch mal ausprobieren?“, wollte Toby wissen.

Ursu nickte freundlich und deutete mit dem Kopf Richtung Fenster, an dessen Scheibe eine Fliege erfolglos, aber unermüdlich versuchte, in die Freiheit zu entkommen.

„Siehst du die Fliege dort? Also, entsichern, anschauen und einmal kurz abdrücken. Damit wirst du sie außer Gefecht setzen.“

Tobi entsicherte die Waffe und sah die Fliege an, während er den Daumen einmal kurz gegen den Zeigefinger drückte. Ein leises, kaum wahrnehmbares Zischen und die Fliege landete sofort auf der Fensterscheibe. Toby, Manu und Kir stürzten zum Fenster hinüber und berührten das

Insekt vorsichtig mit ihren Fingern. Es flog nicht weg und blieb immer an derselben Stelle sitzen. Ursu sagte:

„In fünfzehn Minuten wird sie wieder starten, vorausgesetzt ihr lasst sie."

„Was heißt das?", wollte Manu wissen.

„Na ja, ihr könntet diese Fliege jetzt töten. Ihr könntet sie auch nehmen und ganz woanders hinbringen. Dort könntet ihr sie dann zum Beispiel dauerhaft festsetzen."

„Du meinst einsperren?", fragte Kir.

„Nein, ich meine dauerhaft festsetzen, indem ihr im Menü eures Gedankenimpulswerfers den Punkt ‚Starre' auswählt und dann diesen Impuls abfeuert. Das funktioniert allerdings nur, wenn der Gegner bereits vorher vom Warte-Impuls neutralisiert wurde. Er verfällt dann augenblicklich in einen lähmungsartigen Starrezustand, in dem er über Jahre belassen werden könnte, ohne dass er in dieser Zeit irgendwie verpflegt werden muss. Er altert nicht, hat keinerlei Bedürfnisse und alle Gefühlsfunktionen sind ausgeschaltet. Zurückgeholt wird er mit einem normalen Warte-Impuls, der ihn dann nach fünfzehn Minuten wieder aufwachen lässt."

„Unglaublich! Mit so einer Waffe sind wir unbesiegbar", freute sich Toby und Kir fügte hinzu:

„Sollen sie nur kommen, diese Galazer!"

Ursu kam zum Fenster herüber und legte die Arme um die drei:

„Dass, was ihr hier gerade mit dieser kleinen Fliege gemacht habt, funktioniert bei allen Lebewesen in der Wutschlock Höhle genauso. Egal wie groß oder wie klein sie sind. Alles klar?"

Die Jungs nickten eifrig und gingen zum Tisch zurück, um die Waffen wieder abzulegen. Ursu breitete das Tuch mit dem Plan Toros aus und sagte:

„Es ist jetzt an der Zeit, dass ihr einiges über Toro erfahrt. Loum soll auch kommen.“

19. Kapitel - Wann geht es endlich los?

Wenig später lauschten alle gebannt den Ausführungen des erfahrenen Zeitengängers:

„In Toro ist der Punkt, an dem die drei ewigen Gebiete, das ‚Reich der Menschen', die 'Schattenresidenz' und das verborgene Land ‚Verbola' zusammenstoßen. Es ist sozusagen der Mittelpunkt unserer Welt. Obwohl die meisten Menschen diesen Ort fast täglich besuchen, kennen sie weder den Namen Toro, noch verstehen sie die Zusammenhänge zwischen den drei Gebieten."

„Und wie kommen wir dahin?" wollte Toby wissen.

„Langsam, junger Mann! Hört mir erstmal genau zu. Toro befindet sich inmitten der Gedankenbarriere, jenem hochgebirgsartigen Grenzwall, den wir in Verbola ‚Mawazo Kikwazo' nennen. Die Menschen kennen diese Begrenzung als ‚geistigen Horizont', oder ‚Unendlichkeit', weil sich viele ihrer Gedanken in den Weiten dieser Barriere verlaufen."

„Sind das die herrenlosen Gedanken, die in den großen Gedankenseen gesammelt und aufbewahrt werden?" wollte Loum wissen.

„Ja. Ganz genau. Wie ihr ja wisst, ist das zweite Versteck, zu dem wir reisen müssen, auf der Insel Woida, die in einem dieser Gedankenseen liegt. Doch dazu komme ich später. Zuerst braucht ihr alle Informationen über Toro. An diesem Ort treffen sich böse Gedanken mit üblen Absichten. Falschheit mit Heimtücke; Hass mit Gemeinheit. Dort wird das eigentlich Unsichtbare sichtbar und das Geheime offenbar. Das ist für uns nicht ganz unwichtig, weil viele unserer besonderen Fähigkeiten in Toro nicht funktionieren."

„Keine Unsichtbarkeit? Kein Fliegen?" erkundigte sich Manu erstaunt.

„Genau! Nichts von alledem! Denn an diesem Ort begann vor vielen Zeitenwenden der Vormarsch der Schattenresidenz ins Reich der Menschen hinein. Unzählige von ihnen wurden in dieser bis heute andauernden Schlacht allzu leicht überwältigt und zu Tributisten gemacht, um später als Hüllenwesen, wie man die abberufenen Tributisten nennt, in die Schattenresidenz verschleppt zu werden."

Kir kratzte sich am Hinterkopf und fragte:

„Dann sind also die riesigen Sippenburgen der verlorenen Doppler in Verbolas Sperrbezirken die Plätze, wo sich die Doppler dieser Hüllenwesen aufhalten müssen?"

Loum antwortete ihm:

„Ja! Genau. Sie sind Zeugnis dafür, dass es viele Menschen nicht schaffen, den dauernden Angriffen der Schattenkrieger zu wiederstehen."

Ursu legte seine Hand auf Loums Schulter und fuhr fort:

„Sie hat Recht. Doch zurück zu Toro. Hier, - schaut auf die Karte. Genau in der Mitte Toros liegt die Enklave Grela. Sie entstand damals, zu Beginn der Auseinandersetzungen mit dem dunklen Großfürsten und wird seitdem von uns Zeitlingen verwaltet. Sie ist von den undurchdringlichen Mauern des Gedankenhorizonts umgeben. Im Laufe vieler Zeitwenden wuchs Toro um diese Enklave herum, bis an die äußersten Grenzen des Mawazo Kikwazo. Wisst ihr, wenn Toro eine normal sichtbare Stadt wäre, würde die Skyline von weitem sicherlich den Eindruck einer ganz normalen, riesigen Metropole erwecken. Doch dieser Ort ist anders! Toro ist eben keine ganz gewöhnliche Stadt. Loum, du als Torwächterin solltest doch eigentlich wissen, was es mit Toros Bezirken auf sich hat. Erzähl´ doch den Jungs mal, worum es geht."

„Also, - ich war ja selber noch nie da", begann Loum. „Allerdings habe ich von in Toro arbeitenden Freunden einiges gehört. Es gibt dort drei dicht nebeneinander liegende Bezirke. Den Suggbezirk, den Sepabezirk und denOpplerbezirk. Den Suggbezirk, wie das Suggestionsgebiet Toros verniedlichend genannt wird, besuchen täglich Millionen Menschen mit ihren üblen Gedanken. Hier versuchen die Schattenkrieger, sie zu einem Besuch des Sepabezirks zu überreden, der vom Dunklen Großfürsten zur endgültigen Separation dieser Menschen benutzt wird. Ganz einfach durch die Umsetzung ihrer bösen Gedanken in die Tat."

„Und was ist mit dem Dopplerbezirk?" fragte Manu ungeduldig.

„Der Dopplerbezirk? Von dort aus verwalten wir Zeitlinge die Enklave Grela", erwiderte die junge Torwächterin. „Meine Torwächterfreunde sagen, Grela ist die letzte Hürde zwischen den bösen Gedanken des Suggbezirks und den daraus folgenden bösen Taten im Sepabezirk. Mehr weiß ich auch nicht."

Ursu war mit Loums Ausführungen zufrieden und nickte bestätigend. Er sagte:

„Danke Loum. Das hätte ich nicht besser erklären können. Warum Grela eine letzte Hürde-, beziehungsweise eine letzte Chance für die Menschen ist, werde ich euch gleich begreiflich machen. Vorher allerdings noch ein paar wichtige Infos über den Suggbezirk. Weißt du eigentlich, dass auch du schon mal dort warst, Toby."

„Ich? Nein!", entrüstete sich der Junge. „Das wüsste ich doch. Ganz sicher war ich noch niemals in diesem komischen Suggbezirk!"

„Dieser komische Bezirk ist der Ort, an dem jeder Mensch automatisch auftaucht, wenn er sich länger als nur einen Gedanken lang mit etwas Bösem, etwas Verbotenem beschäftigt", erklärte Ursu. „So ist es nicht verwunderlich, dass nicht nur du, sondern eigentlich jeder Erdenbürger im Laufe seines Lebens nach Toro kommt. Der eine öfter, der andere etwas weniger häufig…"

„Aber ich kann mich wirklich nicht erinnern" meinte Toby.

„Das ist auch nicht verwunderlich, denn nur wir Zeitlinge und ganz wenige, besondere Menschen können Toro so sehen, wie ich es euch gerade beschreibe. Wenn wir in ein paar Tagen dort sind, werdet ihr sehen, dass manche Besucher wirklich nur für wenige Sekunden erscheinen. Ununterbrochen tauchen an ganz unterschiedlichen Plätzen irgendwelche Menschen in den Straßen Toros auf, um dann bereits im nächsten Moment wieder spurlos im Nirgendwo zu verschwinden."

„Du meinst, wenn sie was Schlechtes denken, landen sie im Suggbezirk und wenn sie dann von diesen Gedanken ablassen, verschwinden sie gleich wieder?" fragte Kir interessiert.

„Ja! Genauso ist es. Natürlich gibt es auch andere ‚Touristen', wie die Besucher Toros von den Residenzlern genannt werden. Das sind die, die nicht von ihren bösen Gedanken ablassen, sondern sich sehr intensiv mit ihnen beschäftigen. Die bleiben dann über Stunden, Tage oder noch länger. Für viele dieser Menschen wurde Toro so zu einem äußerst gefährlichen Anziehungspunkt ihres ruhelosen Lebens. Die Meisten von ihnen erliegen denn auch der Versuchung, an einer der sogenannten Tagestouren ins Einkaufsparadies des Sepabezirks teilzunehmen. Dort geraten sie meist endgültig in die Fänge des Dunklen Großfürsten und sind in der Regel für immer verloren."

„Das ist ganz schön traurig", kommentierte Loum Ursu.

„Find´ ich auch", pflichtete Kir ihr bei und fragte: „Was bedeutet denn ‚für immer'?"

„Erinnert ihr euch noch, was ich über die Hüllenwesen sagte?", wollte Ursu wissen.

Alle nickten.

„Das sind solche Leute, die ‚für immer' verloren sind. Es sind Tributisten, deren Leben im Reich der Menschen beendet ist. Schaut hier…" Ursu zeigte auf den Plan Toros.

„Unmittelbar links neben dem Reichstor befindet sich die ‚Endstation der Abberufenen'. So heißt das große Areal der Heimgängergesellschaft ‚HGG'. Tagtäglich fliegen hier rund einhundertfünfzigtausend abberufene Tributisten aus allen Ländern der Welt ein. Im Reich der Menschen nennt man sie ‚Seelen' und sie sind dort unsichtbar, werden aber, sobald sie die Grenzen Toros überqueren, automatisch erkennbar."

„So, wie wir, wenn wir dort unsichtbar einreisen würden?" wollte Toby wissen.

„Ja! Genau wie bei uns. Ich sagte euch ja vorhin schon, dass viele unserer besonderen Fähigkeiten in Toro nicht funktionieren. Doch lasst mich weitererzählen. So sind also in der Luft über dem Suggbezirk tagtäglich Abertausende dieser Hüllenwesen auf ihrem letzten Flug in die ‚HGG' zu sehen. Dort angekommen, durchlaufen sie eine sogenannte Entwürdigungsprozedur, in der ihnen durch bestimmte Demütigungen und Erniedrigungen der letzte Rest von Selbstwertgefühl und Würde genommen wird. Anschließend werden für den Marsch in die Schattenresidenz verwaltungsmäßig erfasst. Danach treibt man sie in der ‚Gasse der Verlorenen' durch die Enklave Grela, zur Happy Residenzia. Von dort verschwinden sie dann für immer im Hinterland der Schattenresidenz."

Der erfahrene Zeitengänger erklärte seinen Freunden weiter, dass dieses scheinbar undefinierbare Toro vielen im Menschenreich sehr unheimlich war. Nicht nur durch Gerüchte und Vermutungen, bezüglich des Verbleibs menschlicher Seelen, sondern auch, weil niemand genau sagen konnte, was Toro nun eigentlich ist und ob es diesen Ort tatsächlich gibt. Wenn ein Mensch jedoch tatsächlich dort ankam, wirkten einerseits die unzähligen, unheimlich fremdartigen Gestalten abstoßend, doch andererseits waren die Verlockungen und der Reiz des Verbotenen übermächtig stark. Und es stimmte! Wer sich nicht abschrecken ließ, für den bot dieser Bezirk offensichtlich jede Menge Unterhaltung und Abwechslung. Alle Religionen der Welt hatten hier repräsentative Stützpunkte errichtet und versuchten mit vollmundigen Versprechungen die neuen Gäste Toros zu einem Besuch ihrer prächtigen Tempel und Gotteshäuser im Sepabezirk zu überreden. Alle bekannten- und viele unbekannte Psychosekten hatten hier ihre Niederlassungen, um Menschen durch Bücher, Kurse und sonstigen Dinge möglichst langfristig an sich zu binden. Elegant gekleidete Werber von Spielcasinos versprachen märchenhafte Gewinnmöglichkeiten und jede Menge Gratis-Chips für den Einsatz am Roulette-Tisch, wenn man nur eine der Tagestouren mitmachen würde. Auch die zahlreichen Internetcafés, Kneipen und Theater dienten ausschließlich dazu, Teilnehmer für Touren in den Sepabezirk zu gewinnen. Ja, im Suggbezirk Toros gab es wirklich alles, was einen normalen Menschen zu Verbotenem verführen konnte! Es gab jede Form der Hilfestellung, um einen schlechten Gedanken weiterzuspinnen und das Verlangen nach seiner Umsetzung ins Unerträgliche zu verstärken. Zusätzlich wurde jeder Besucher mit Dingen beschenkt, die genau zu den Gedanken passten, die ihn nach Toro gebracht hatten. Man wollte die Menschen möglichst nicht zur Ruhe- und zum Nachdenken kommen lassen, so dass die Chance, dass sie irgendwann den angebotenen Verführungen erlagen, beträchtlich erhöht wurde.

„Ist es denn nicht sehr abschreckend für die Menschen, wenn sie die armen Hüllenwesen so sehen? Es muss ihnen doch klar sein, dass sie eines Tages genauso enden werden“, bemerkte Kir.

„Na klar! Deshalb führt die Gasse der Verlorenen auch am äußersten Rand der Enklave und des Suggbezirks zur Happy Residenzia hinüber“, fuhr Ursu fort. „Dort kommt normalerweise kein Tourist hin. Hauptziel der Residenzler ist immer, die Menschen dazu zu bringen, ihre schlechten Gedanken im Sepabezirk auch wirklich umzusetzen. Deshalb die vielen angebotenen Ausflüge dorthin. Man lockt damit, dass sie dort für sehr wenig Geld an alles herankommen und dass alles erlaubt ist, was normalerweise unter Strafe steht.

Die Leute glauben, dass sie in der Masse nicht auffallen und genießen es, dass niemand den moralischen Zeigefinger hebt. Das gefällt ihnen."

Ursu erzählte weiter, dass Nörgler und Miesmacher unter den Besuchern des Sepabezirks von den robusten Security-Mitarbeitern der Schattenresidenz sofort abgesondert und geradewegs in eine ganz spezielle Einrichtung Toros verbracht wurden. Sie kamen in eine Haftanstalt, die unter dem Namen Stall bekannt- und berüchtigt war. Dieses Gefängnis befand sich im Galazum, einer Ausbildungsstätte, in der einfache Tributisten als Studenten ihre sogenannte Veredelung erhielten. Dadurch wurden sie aktive Angehörige der Armee der Schattenkrieger. Die Gefangenen des Stalls wurden während ihrer Ausbildung von den Studenten entweder getötet, oder zu Galazern transformiert. Sie mussten dann als seelenlose, centaurusartige Hyänenzwitterwesen in der Gedankenbarriere Mawazo Kikwazo hausen.

„Wie sieht es denn eigentlich in diesem Sepabezirk aus?", wollte Toby wissen. Ursu überlegte kurz und antwortete:

„Also, es sieht ein bisschen so aus, wie eine mittelalterliche, orientalische Stadt in hügeligem Gelände. Dort haben die Residenzler ein großes Gebiet, auf Befehl des Dunklen Großfürsten, wie ein Reservat, in einen absolut menschengerechten Zustand gebracht. Den Touristen soll es leicht gemacht werden, über diese verhasste ‚das-darf-man-nicht-Schwelle' hinweg zu kommen. Jede vorstellbare Form der Verführung ist dort zu finden und wurde perfektioniert. Letztendlich alles zu dem Zweck, Menschen in Tributisten zu verwandeln."

„Ziemlich hinterhältig, findest du nicht auch“, fragte Loum Manu. Der nickte, als Ursu fortfuhr:

„Die vielen, meist engen Gassen sind in diesem Reservat durch unzählige Treppenstufen miteinander verbunden. Dort schieben sich tagtäglich gegenseitig einheimische Schattenresidenzler und unzählige Touristen aus dem Suggbezirk durch Berge von gestohlenen Waren jeglicher Art. Es gibt Raubkopien aktueller Videos, Musik und Software, sowie gefälschte Bilder großer Meister. Und natürlich Banknotenblüten und Ausweispapiere für jedes gewünschte Land im Menschenreich. An vielen Verkaufstischen liegt in großen Mengen Rauschgift jeder Art aus, das man im dahinterliegenden Coffeeshop gleich mal selbst probieren kann. Auch Waffen und Munition aller Kaliber sind sofort und frei verfügbar und in finsteren Hinterzimmern werden Kinder für sexuelle Spiele und Schlimmeres angeboten.“

„Und das mögen die Menschen?“ wollte Manu wissen.

„Nicht alle. Aber sehr viele von ihnen. Natürlich gibt es zwischen dem ganzen Diebesgut dann auch immer wieder mal einen Stand mit verlockenden Naschereien, Backwerk oder Reliquien der verschiedenen Religionen und Glaubensrichtungen. Über all´ dem liegt der schrille Lärm der sogenannten Händler. Das sind meistens Veredelte, wie die Tributisten genannt werden, wenn sie nach bestandener Prüfung das Galazum verlassen. Diese Händler versuchen sich gegenseitig zu übertönen, um den Vorbeiziehenden mit drei Brocken Englisch, zwei Fetzen Deutsch und ein bisschen Französisch ihre anrüchigen Waren und Dienstleistungen anzubieten.“

Ursu erklärte weiter, dass ein Tourist, der erst einmal in die gestellte Falle hineingetappt war und irgendetwas Verbotenes getan oder erworben hatte, unweigerlich selbst zum Tributisten wurde. Diese Leute fanden sich anschließend sofort in einer der unzähligen Rekrutierungsstellen der Armee der Schattenkrieger wieder. Hier wurden mit modernster Medientechnik die Vorteile einer sogenannten Veredelung in den rosigsten Farben dargestellt. Von unglaublich hohen, materiellen Zuwendungen, über manipulierende Macht, bis hin zu dem gelogenen Versprechen, jederzeit wieder aussteigen zu können, wurde der überraschte Tributist an Ort und Stelle genötigt, Student im Galazum zu werden. Oft auch unter Androhung körperlicher Gewalt unterschrieben dann die meisten aus Angst eine Erklärung, dass sie ‚völlig freiwillig' als Student ins Galazum aufgenommen werden wollten, um Mitglied in der Armee der Schattenkrieger zu werden. Nach einem geheimen Aufnahmeritual, das noch in der Rekrutierungsstelle stattfand, begann dann sofort die Ausbildung und viele dieser Neuen mussten, zu ihrer großen Überraschung, zuerst einmal für einige Wochen im sogenannten Einkaufsparadies als Händler, Taschendieb oder Prostituierte ihren Vorbereitungsdienst tun. Danach wurden sie im Galazum mit den Techniken und Tricks der Schattenkrieger vertraut gemacht und beendeten die Ausbildung mit einem alljährlich wiederkehrenden Zeremoniell, einer Art Abschlussprüfung, an dem sie tausende unschuldiger Menschenleben vernichten mussten. Daran anschließend erfolgte dann für alle Absolventen die Beförderung zum ‚Gemeinen Spitzel', dem untersten Grad in dieser seltsamen Armee.

Die Freunde hatten Ursu sehr genau zugehört. Jeder von ihnen wusste, dass die Informationen über diesen unheimlichen Ort unter Umständen ihr Leben retten konnten. Manu fragte:

„Und was ist mit dieser Enklave Grela mitten in Toro? Gehört das Gebiet nicht eigentlich zu Verbola. Grela heißt doch Grenzland, oder?“

„Ja“, antwortete Ursu. „Grela gehörte ursprünglich tatsächlich einmal zu unserem Grenzland Parvus. Wie ich vorhin schon sagte, wurde das Gebiet zu Beginn der Angriffe des dunklen Großfürsten auf das Reich der Menschen von Verbola abgetrennt und liegt seitdem wie ein Puffer zwischen Sugg- und Sepabezirk. Wir verwalten Grela von Toros Dopplerbezirk aus. Dort befindet sich auch der Sitz unseres Obersten Rates. Glaubt mir, es ist noch heute für jeden Zeitling aus Parvus eine besondere Auszeichnung und zugleich ein großes Abenteuer, im Dopplerbezirk und in der Enklave eingesetzt zu werden.“

Ein Lächeln umspielte Ursus Mund und seine Augen leuchteten, als er an die wunderschön begrünten Alleen im Dopplerbezirk dachte, die alle strahlenförmig in den großen Plaza Verbola vor dem Enklaventor mündeten. Sie waren untereinander durch viele kleine Querstraßen verbunden. Ähnlich wie in der Stadt New York des Menschenreiches waren auch hier alle Wege nummeriert, was die Orientierung sehr erleichterte. Dort, am Plaza Verbola, befand sich das Gebäude des Obersten Rates, der hier zu unbekannten Zeiten und in unbekannter Zusammensetzung seine Beschlüsse fasste. In Sichtweite daneben war das Zeitengänger-Zentrum, in dem Ursu schon unzählige Male für seine Einsätze im Reich der Menschen trainiert hatte…

„Ursu! Hallo Ursu! Was ist los? Warum grinst du so komisch?“

Loum zupfte an Ursus Ärmel, was ihn augenblicklich wieder in die Wirklichkeit zurückholte:

„Oh, Entschuldigung! Ich musste nur gerade an etwas denken. Doch, schon gut! Lasst uns weitermachen. Ich habe euch eine Erklärung versprochen, warum Grela eine letzte Hürde, beziehungsweise eine letzte Chance für die Menschen ist. Hört gut zu, denn jetzt verrate ich euch ein wirkliches Geheimnis. Nur ganz wenige Zeitlinge kennen es und es ist sehr wichtig, dass ihr es für euch behaltet."

Wieder nickten alle.

„Grela ist ein Ort ohne feste Einwohner, ohne Händler und Marktstände, ohne lärmenden Verkehr, aber auch ohne menschliche Freude. Das fast kreisrunde Gebiet hat einen Durchmesser von ungefähr tausend Metern und ist komplett vom undurchdringlichen Gedankenhorizont umgeben. Damit niemand unbeabsichtigt in seinem ‚Nichts' verschwindet, wurde er von beiden Seiten mit einer hohen Mauer abgesichert, in der es drei Tore gibt: Das Reichstor im Bezirk der Menschen, das Schattentor im Gebiet der Residenzler und das Enklaventor in unserem Zeitlings-Bereich. Diese Tore sind natürlich keine wirklichen Durchgänge, sondern Transfer-Stationen durch den Gedankenhorizont hindurch. Sie funktionieren ähnlich, wie die MaKi-Brücke im Haus von Doc Albert."

„Das heißt, man kommt nur mit der Hilfe von uns Zeitlingen in die Enklave und auch wieder heraus?", wollte Manu wissen.

„Ja! Das stimmt! Wie ich schon sagte, die gesamte Verwaltung und auch die Polizeigewalt innerhalb der Enklave wird, sehr zum Ärgernis des dunklen Großfürsten, schon immer von uns Zeitlingen wahrgenommen."

„Das geschieht den Schattenfritzen recht!“, freute sich Manu, als Ursu fortfuhr:

„Es ist ruhig in der Enklave, sehr ruhig. Denn die vielen tausend Tagestouristen, die zum Shoppen in den Sepabezirk reisen, dürfen während des gesamten Transfers weder miteinander reden, noch irgendwelche Gefühlsäußerungen, wie zum Beispiel Lachen oder auch Weinen, zeigen.“

„Warum das denn nicht?“, fragte Loum empört.

„So sollen die Gäste, die an den Tagesausflügen ins sogenannte Einkaufsparadies teilnehmen, davon abgehalten werden, durch Unterhaltungen oder übermäßige Gefühlswallungen doch noch in Zweifel über ihr Tun zu geraten. Bereits durch die Wachposten, die auf der Seite von Sugg- und Sepabezirk vom dunklen Großfürsten gestellt werden, versucht man die Besucher mit der Unterzeichnung einer Verpflichtungserklärung zur Einhaltung dieses strikten Sprech- und Lachverbotes zu zwingen.“

„Und wir machen da mit? Du hast doch gesagt, dass wir die Polizeigewalt in der Enklave ausüben?“, fragte Kir aufgebracht. Auch die anderen sahen Ursu vorwurfsvoll fragend an, als der zu antworten begann:

„Bleibt ganz ruhig, Freunde und hört mir zu. Die Verantwortlichen Verbolas haben sich damals scheinbar nur widerwillig darauf eingelassen, dass auffällige Touristen von unseren Sicherheitskräften sofort festgenommen werden. In Wahrheit waren wir sehr froh darüber, denn eigentlich sollten diese Menschen dann den Schattenkriegern übergeben werden und zur Umerziehung ins Galazum kommen. Das hätten wir aber auf garkeinen Fall mitgemacht. Der Oberste Rat ließ keinen Zweifel daran, dass die Gefangenen auf jeden

Fall unter der Aufsicht der Zeitlinge bleiben müssten. Man einigte sich damals auf den Bau eines speziellen, unterirdischen Hochsicherheitsgefängnisses innerhalb des Torodom-Geländes. In den Zellen dieses geheimen, durch lange Stollen verbundenen Gefängniskomplexes werden die Gefangenen dauerhaft eingesperrt. Dabei spielt es absolut keine Rolle, ob sie alt oder jung, Mann oder Frau sind."

„Und darauf bist du auch noch stolz? Das ist ja grauenvoll! Und da macht ihr mit?", entrüstete sich Toby.

„Nein, natürlich nicht!", antwortete Ursu. „In Wahrheit wurde dieses Gefängnis niemals gebaut. Es existiert nur ein, von Posten bewachtes, Verwaltungsgebäude mit einem gut sichtbar angebrachten Schild, auf dem Zentrale-Besserungsanstalt-Toro zu lesen ist."

Die Freunde waren sichtbar erleichtert.

„Zentrale Besserungsanstalt! Alles nur ein großer Bluff. Nicht zu fassen! Und die dunklen Genossen haben es bis heute nicht bemerkt?", freute sich Loum.

„Genau. Wir lassen alle im Glauben, dass im Inneren dieses Bauwerks der eigentliche Zugang zu den unterirdischen Abteilungen mit den Zellen liegt", sprach Ursu weiter. „Alle, die nun wegen eines angeblichen Verstoßes gegen die Sprech- und Lachverordnung festgenommen werden, sind in Wirklichkeit Menschen, denen auf ihrem Weg ins vermeintliche Einkaufsparadies heftige Zweifel kommen. Zweifel, ob sie denn tatsächlich ‚das Richtige' tun. Unsere Doppelstreifen sind mit sogenannten Zweiflersensoren ausgerüstet, die solche Personen durch ein unverkennbares Signal melden. Haben sie einen entsprechenden Kandidaten einwandfrei identifiziert, läuft immer das gleiche Schauspiel ab, um alle

Anwesenden und im Besonderen den Touristenführer aus der Armee der Schattenkrieger, zu täuschen. Sie rufen: *Halt stehenbleiben und nehmen Sie ihre Hände so nach oben, dass ich sie sehen kann! Sie haben innerhalb der Enklave Grela gegen die Sprech- und Lachverordnung des dunklen Großfürsten verstoßen! Sie sind endgültig festgenommen und werden einem verschärften Dauerarrest zugeführt! Sie haben kein Recht auf irgendeine Verteidigung und werden beim geringsten Fluchtversuch liquidiert! Haben Sie das alles verstanden?* Ohne eine Antwort abzuwarten wird die Person dann möglichst auffällig und betont unsanft im Laufschritt in den Torodom getrieben. Dort wird dann eines der bestgehütetsten Geheimnisse Verbolas gelüftet. Unsere Leute geben sich als Freunde zu erkennen. Wer sich während des anschließenden Gesprächs bewusst gegen die weitere Teilnahme an der Reise in den Sepabezirk entscheidet, wird als Geläuterter durch das Loch des Altars Arsus in ein neues Leben ins Reich der Menschen zurückgeschickt."

„Durch was für ein Loch? Welcher Altar? Von Arsus habe ich noch nie was gehört", unterbrach Kir den väterlichen Freund.

„Die korrekte Bezeichnung ist ‚Arsus - Das geweihte Loch'. Die Menschen nennen den Altar oft nur kurz ‚Loch'. Arsus ist ein Kunstwort aus dem lateinischen **Ar**a Pertun**sus**. Was heißt das noch gleich?" Ursu blickte gespannt in die überraschten Gesichter seiner Zuhörer.

„Altar mit einem Loch!", rief Toby als Erster.

„Sehr gut! Stimmt genau", lobte Ursu. „So hat man von Ara das ‚Ar' und von Pertunsus das ‚sus' genommen und ‚Arsus' davon gemacht. Eigentlich ist es nur ein ziemlich großer Granitblock aus dem Reich der Menschen. Er steht exakt auf dem Schnittpunkt - dem tatsächlichen geographischen Punkt - an dem die drei ewigen Gebiete zusammenstoßen. In der Mitte dieses mächtigen Steins befindet sich besagtes Loch, mit einem Durchmesser von zwei Metern. Der Platz gilt als Kultstätte und wird deshalb auch ‚Das geweihte Loch' genannt…"

Im Folgenden erfuhren die Freunde, dass Arsus direkt in der Mitte der Enklave Grela stand und in einem kleinen Talkessel lag, der einen Durchmesser von ungefähr einhundertfünfzig Metern hatte. Diese Bodensenke wurde von einer mächtigen, über vierzig Meter hohen, Kuppel aus transparentem, glasähnlichem und undurchdringlichen Material vor unberechtigtem Eindringen, aber auch vor Anschlägen gesichert. Das riesige, im diffusen Licht Toros seltsam glitzernde und an eine Kirchenkuppel erinnernde Gebilde, schützte so den gesamten Talkessel. Alle nannten diese, erst aus nächster Nähe sichtbare Haube ‚Torodom'. Ursu erklärte, dass man im Reich der Menschen, sowie auch im Schattenreich, fest daran glaubte, dass irgendwann einmal in der Enklave Grela der letzte, entscheidende Kampf zwischen Gut und Böse stattfinden würde und das der Verlierer dann im Loch des Torodoms auf nimmer Wiedersehen verschwinden müsste.

„Das sind natürlich nur dumme Geschichten, denn wir wissen ja nun, wofür dieses Loch in Wahrheit genutzt wird. Doch lasst uns weitermachen. Ich sagte euch schon, dass die Touristen bei den Torposten im Suggbezirk unterschreiben müssen, dass sie in der Enklave Grela weder miteinander sprechen, noch irgendwelche Freudensäußerungen zeigen. Erst danach werden sie zum Transfer zugelassen und dürfen zur abschließenden Kontrolle hinüber, auf die andere Seite des Reichstores. Die meisten der Besucher glauben dann, dass sie es nun geschafft hätten, aber unsere Torwächter kontrollieren und prüfen ihrerseits erneut alle nochmals von Kopf bis Fuß. Zum Auffinden von Waffen und Sprengstoff setzen sie bereits seit ewigen Zeiten Ganzkörperscanner ein, eine Technologie, die von Borlis Besorgern schon vor Ewigkeiten aus einer weit entfernten, zukünftigen Epoche herangeschafft wurde. So regeln wir Zeitlinge den eigentlichen Zugang zur Enklave Grela und überwachen das gesamte Gebiet durch unsere bewaffneten Doppelstreifen."

„Ich habe gehört, dass die Enklave nicht nur für den Transfer zwischen Sugg- und Sepabezirk genutzt wird, sondern dass es dort auch Besichtigungstouren zum Torodom geben soll. Stimmt das denn?", wollte Loum wissen.

„Ja, das ist völlig richtig. Eine weitere Aufgabe unserer Torwächter in Grela besteht in der Führung ungezählter Touristengruppen, die zur Besichtigung des ‚Loches' an spezielle Aussichtspunkte des Kuppelrandes vom Torodom geführt werden. Hier beantworten unsere Brüder geduldig alle Fragen. Von den Schattenkriegern unbemerkt werden dabei natürlich auch gleich neue Zweifler lokalisiert."

„Das ist cool", entfuhr es Kir. „Der dunkle Dooffürst kriegt von alledem nix mit. Ist echt der Hammer!"

„Kommt man denn in diesen Torodom auch hinein?", wollte Toby wissen.

„Es sind nur ganz Wenige, die auf normalem Wege eine Sondergenehmigung erhalten. Bei ihnen wird dann nochmals eine sehr genaue Ganzkörperkontrolle durchgeführt. Damit wollen wir sicherstellen, dass der dunkle Großfürst das wahre Geheimnis um Arsus nie erfährt. Außerdem muss der Altar vor Attentätern geschützt werden. Gerade in der letzten Woche wurden von unseren Leuten einige Besucher mit implantierten Sprengsätzen festgenommen. Die meisten von denen wollen sich als Selbstmordbomber ins Loch stürzen. So hat unser Oberster Rat gestern die Zahl der Torwächter in der Enklave Grela verdoppelt und mit Defenso-3 eine erhöhte Alarmbereitschaft für unsere Sicherheitskräfte ausgelöst. Es gibt deutliche Hinweise darauf, dass der Dunkle Großfürst einige seiner Schattenkrieger heimlich einschleusen will, um Torodom und Altar am 13. September in einem heimlich vorbereiteten Handstreich zu übernehmen."

„Das wäre dann wohl das Ende des letzten, rettenden Ausweges, der menschliche Zweifler vor dem sicheren Verderben bewahren kann", meinte Loum.

„Stimmt genau", erwiderte Kir. „Wir müssen alles daran setzen, dass es nicht dazu kommt."

Toby schien zu überlegen. Nach einigen Augenblicken fragte er:

„Schließt ihr das nur aus der Tatsache, dass die glauben, dass ich erst am letzten Elul, also am 12. September vierzehn werde, oder gibt es noch andere Hinweise?"

Ursu kratzte sich am Kopf und machte ein sehr ernstes Gesicht, als er antwortete:

„Vor fast genau einem Jahr hat der dunkle Großfürst die Verlegung seines ständigen Regierungssitzes in den Sepabezirk Toros bekannt gegeben. Das geschah für uns völlig überraschend und ohne jegliche Vorwarnung oder Absprache. In einer hasserfüllten und sehr demagogischen Rede beanspruchte er damals erstmalig ganz Toro für sich. Mit dem unglaublichen und nachweißlich frei erfundenen Argument, dass alle Bezirke Toros in früheren Zeiten Teil der Schattenresidenz gewesen seien, versucht er seine Forderung seitdem zu untermauern. Er wollte mit einigen schlecht gefälschten Dokumenten beweisen, dass insbesondere die Enklave Grela mit dem Torodom, eine von seinen Vorvätern geweihte Stätte ist, und somit für jeden Schattenresidenzler der wichtigste rituelle Platz überhaupt. Wir Zeitlinge seien als verbrecherische Besatzer völlig unrechtmäßig in Toro und hätten uns bedingungslos und unverzüglich aus dem Dopplerbezirk und vor allen Dingen aus der Enklave Grela zurückzuziehen…"

„Spinnt der?", entfuhr es Toby.

„Nein, nein! Der spinnt nicht! Der konstruiert sich einen Grund, loszuschlagen! In seiner Rede wurde er sehr deutlich. Er, der Dunkle Großfürst allein, sei der rechtmäßige Eigentümer und Herrscher Toros, der diesen historischen Anspruch auch niemals aufgeben werde. Wenn nicht bis spätestens zum 29. Elul Toro freiwillig und bedingungslos an die Schattenresidenz übergeben werde, dann würde ab dem 1. Tishri die Armee der Schattenkrieger die historische Ordnung wiederherstellen. Das waren seine Worte. Ihr seht also, es bleibt uns nicht mehr viel Zeit."

Ursu legte Toby freundschaftlich die Hand auf die Schulter und fragte:

„Sind sonst noch irgendwelche Fragen offengeblieben, die ihr gern beantwortet hättet?"

Alle, außer Toby, schüttelten ihre Köpfe.

„Was möchtest du noch wissen, Toby?", fragte Ursu.

„Weißt du, eine Frage geht mir die ganze Zeit einfach nicht mehr aus dem Kopf."

„Raus damit!“, forderte ihn der Zeitengänger freundlich lächelnd auf.

„Wann geht es endlich los? Wann werden wir meine Eltern befreien und den dunklen Großfürsten besiegen?“

20. Kapitel - Es wird ernst

Es war noch ziemlich früh und die langsam stärker werdende Sonne ließ den Bodennebel allmählich aufsteigen. Die meisten in der Gemeinschaft Sippwalde schliefen noch und es sah so aus, als ob es ein schöner Tag werden wollte. Ursu war bereits aufgestanden und hatte die aktuellen Nachrichten aus Toro gehört, als er sich über den noch schlafenden Toby beugte, um ihn mit einer Frage zu wecken:

„Wie ist es, Zeitengänger Thorsen? Wollen wir heute los und deine Eltern befreien? Was meinst Du? Oder hast du vielleicht keine Lust?"

Schlagartig war der Junge hellwach und sah Ursu fragend in die Augen. Das war keine Frage der Lust. Von ihm aus konnte es sofort losgehen! Genau in diesem Augenblick klopfte es an der massiven Eingangstür und man hörte deutlich die Stimme Borlis:

„Mach auf Digger! Hab´ dich schon rumcruisen gesehen! Los, mach schon! Ich hab´ euch Bienenkotze mitgebracht!"

Während sich Toby langsam aufrichtete und den Schlaf aus den Augen wischte, öffnete Ursu die Tür. Mindestens dreißig wieselflinke Besorger stürmten daraufhin die Hütte und jeder von ihnen hatte etwas fürs Frühstück dabei. Einer brachte Wurst, ein anderer Käse, wieder ein anderer Butter und so weiter. In Windeseile hatten sie den Tisch gedeckt und ganz zum Schluss stellte Borli mit einem strahlenden Lausbubenlächeln sein Glas Honig dazu.

„Bienenkotze! Ich sagte es ja bereits! Was ist, schläft die Gazellenfraktion etwa noch?“, fragte er frech wie immer. „Los, los, hoch ihr Schnecken! Tisch decken! Aber zack, zack!“

„Halt bloß die Klappe, du Terrorkrümel“, rief Loum, drehte sich zum Vorhang und sagte zu der dahinterliegenden Miri:

„Unser kleiner, vorlauter Teppichporsche ist wieder da und hat seine Kumpels mitgebracht.“

„Ist ja kaum zu überhören“, erwiderte Miri verständnisvoll und drehte sich ihrerseits nochmal um.

Inzwischen hatten einige der kleinen Kerle die Fenster weit geöffnet, während andere Kaffee kochten und Eier brieten. Eine zweite Gruppe von ihnen baute auf dem Fußboden ihre eigenen, kleinen Tische und Bänke auf. Sie bereiteten auch hier alles fürs gemeinsame Frühstück vor, allerdings mit in der Größe passendem Geschirr, das sie aus einer mitgebrachten Transportkiste auspackten. Nach dem ausgiebigen, gemeinsamen Frühstück begannen sie mit der konkreten Planung des bevorstehenden Einsatzes. Ursu ging zu Borli, legte ihm seine Hand auf die kleine Schulter und fragte:

„Borli, alter Freund. Könntest du wohl bitte unsere Hütte gegen unerwünschte Lauscher absichern?“

„Klaro, ist doch Standard“, antwortete der kleine Kommandeur, was wohl so viel wie ‚natürlich, mach ich doch gern‘ bedeuten sollte! Er zog so eine Art Hundepfeife aus seiner Jackentasche und blies kräftig hinein. Der für menschliche Ohren nicht hörbare Pfiff verschaffte ihm augenblicklich die Aufmerksamkeit seiner gesamten Besorger-Staffel. Ohne auch nur ein Wort zu verlieren, brachte er seine Jungs, wie er sie nannte, allein durch drei kurze Handzeichen dazu, in rasender Geschwindigkeit rund um das Gebäude und im Garten in Stellung zu gehen. Als das erledigt war, drehte er sich wieder zu Ursu um und fragte:

„Sag´ mal, mein lebenslänglicher Freund, wollt ihr nun nicht langsam mal losrocken?"

„Danke, Borli. Ja, du hast recht! Wir werden gleich aufbrechen. Uns allen muss klar sein, dass wir nur noch sieben Tage haben, um Thomas und Marie Thorsen zu retten und um herauszufinden, was das mit dem ‚Schließtag' auf sich hat. Loum, bitte zeig` uns jetzt nochmal deine Karte. Die aus dem Rerum meine ich."

Sie breitete den Plan auf dem Tisch aus und alle schauten gespannt darauf, als Ursu fortfuhr:

„Ihr seht, wohin wir müssen? Es geht zuerst in den Sluuplockbusch."

Alle sahen gebannt auf das Kreuz, dass eine bestimmte Stelle auf der Karte kennzeichnete und auf das der Zeitengänger mit seinem Finger zeigte. Es befand sich in einem Waldgebiet im Westen der Wutschlock Höhle.

„Das ist sehr dicht bewachsenes und teilweise ziemlich sumpfiges Gelände. Die Markierung ist an einer Stelle, an der meines Wissens mehrere alte Stollen in die tieferen Ebenen der Wutschlock Höhle hinein führen. Ich selbst war allerdings noch nie dort. Habe aber gelegentlich davon gehört. Es ist sicherlich nicht ganz ungefährlich, weil wir den alten Zeitlingspfad verlassen müssen, der direkt nach Toro führt."

Ursu legte nun die Karte aus seinem eigenen Rerum auf den Tisch.

„Auch das zweite Versteck liegt in der Wutschlock. Hier, schaut her. Wir müssen zum ‚Großen Fikira See', auf die ‚Insel Woida'!"

„Auf die Insel? Auf Woida? Bist du sicher? Wie wollen wir denn über den See kommen? Man sagt, dass es sehr schwierig sein soll, ja eigentlich unmöglich ist, über dieses *Auffangbecken der verlorenen Gedanken* hinüber auf die Insel zu gelangen", gab Loum zu bedenken. Manu blickte zu Toby hinüber, kratzte sich am Hinterkopf und meinte nachdenklich:

„Das wird bestimmt ganz schön spannend. Ich habe gehört, dass es nicht so ganz ohne sein soll, die Wutschlock Höhle zu durchqueren". Er wandte sich Ursu zu und sprach weiter:

„Du bist doch schon öfters durch sie hindurch nach Toro gereist. Sag, ist es nun gefährlich, oder sind das nur Übertreibungen? Kennst du dich im Sluuplockbusch und am großen Fikira See aus?"

„Na ja, ich bin unzählige Male durch den Sluuplockbusch nach Toro gereist. Gelegentlich habe ich die sicheren Zeitlingspfade auch für kurze Abstecher ins Unterholz verlassen. Das ist dann allerdings auch nicht ganz ungefährlich, wegen der Tumbusibären und den herumstrolchenden Galazern. Ich weiß nur so viel, dass, wenn man die alten Zeitlingspfade nicht verlässt, einem eigentlich nichts passieren kann. Ungefähr auf der Hälfte des Weges, mitten im Sluuplockbusch gibt es so eine kleine Lichtung. Dort mache ich für gewöhnlich Rast, wenn ich auf dem Weg nach Toro, oder zurück bin. Die *Große Halle der Gedankenseen*, wie die Gegend im Nordosten der Höhle wegen ihrer unglaublichen Entfernung zur Höhlendecke genannt wird, kenne ich auch ganz gut. Es ist Hoppelitenland. Die Hoppeliten sind die Wächter der verlorenen Gedanken, die in den Gedankenseen gesammelt werden. Ich war schon viele Male dort, um meinen alten Freund Kamena, den Anführer des Hoppelitenvolkes zu besuchen. Er kontrolliert und bewacht mit seinen Leuten die Seen in der Halle und kümmert sich auch, so gut es geht, um den Sluuplockbusch. Die Hoppeliten wirken für uns zwar etwas sonderbar, zählen aber zu den liebenswertesten Geschöpfen, die ich kenne und sie waren schon immer gute Freunde von uns Zeitlingen. Allerdings treibt in der Höhle auch eine ziemlich üble, riesige Horde von nicht ungefährlichen Kreaturen ihr Unwesen. Es sind die Galazer! Sie terrorisieren die Hoppeliten und greifen jeden an, der den alten Zeitlingspfad verlässt."

„Die Galater? Die aus der Bibel?", wollte Toby wissen.

Lachend antwortete Ursu:

„Nein, nein! Nicht die Galater. Die Galazer! Sie kommen aus der Grenzregion der Schattenresidenz und versuchen den gesamten Mawazo Kikwazo unter ihre Kontrolle zu bringen. Mit den verlorenen Gedanken aus den Seen wollen sie dann über den Gedankenhorizont direkten Zugriff auf das Denken der Menschen erlangen. Die Beeinflussung des menschlichen Denkens allein durch Medien, Geld, Schattenkrieger und so weiter reicht dem dunklen Großfürsten schon lange nicht mehr."

„Das klingt wirklich nicht ungefährlich! Was meinst du denn, wie lange werden wir brauchen, um die alten Stollen im Sluuplockbusch zu erreichen und danach zum See zu gelangen?", wollte Toby wissen.

„Na ja, wenn es keine größeren Zwischenfälle gibt, sind wir in zwei Tagen wieder hier. Danach müssen wir dann durch das Reich der Menschen, - inkognito sozusagen - als welche von ihnen getarnt, nach Toro einreisen."

„Warum als Menschen? Warum können wir denn nicht gleich aus der Höhle nach Toro? Du hast doch gesagt, dass das der nächste Weg dorthin ist", fiel ihm Manu fragend ins Wort.

„Ja, das stimmt schon, doch die Gegenseite hat ihre Spitzel und Agenten überall in Toro. Da wir in ihren Sepabezirk hinein müssen, um deine Eltern dort zu finden, ist es am einfachsten, wenn wir ganz unauffällig, als Menschen an einer dieser dort so beliebten, touristischen Tagesreisen dorthin teilnehmen. Haben wir das erst einmal geschafft, werden wir sicherlich auch Möglichkeiten haben, unbemerkt unsere eigenen Wege zu gehen."

Toby nickte nachdenklich und ging in der Hütte nervös auf und ab. Man merkte sehr deutlich, dass ihm hier inzwischen alles zu langsam ging und er am liebsten sofort aufgebrochen wäre. Er kam wieder zum Tisch zurück und meinte:

„Wir sollten dann wirklich langsam losgehen. Ursu hat es doch schon gesagt; wir haben nur noch sieben Tage! Wenn wir allein schon zwei oder drei Tage brauchen, bis wir aus dieser komischen Höhle wieder zurück sind und nach Toro aufbrechen können, dann sollten wir hier nicht mehr lange herumbummeln."

„Hast schon recht, aber immerhin werden wir dann die… – was immer es auch ist - zur Verfügung haben; ihr wisst schon, das Zeug, was in den beiden Verstecken hinterlegt ist. Das wird uns sicherlich einige entscheidende Vorteile verschaffen", meinte Kir hoffnungsvoll, während er einige Sachen für die Reise in seinen Taschen verstaute.

„Vermutlich wird es so sein", antwortete Manu etwas zurückhaltend, weil noch immer nicht klar war, ob er die Freunde überhaupt würde begleiten können. Nur eine Berufung zum Zeitengänger, zum Besorger oder zum Torwächter würde ihn berechtigen, Verbola mit den anderen zu verlassen. Er blickte nachdenklich zu Ursu hinüber, als Loum ihm freundschaftlich die Hand auf die Schulter legte. Sie wusste genau, was ihn beschäftigte und mit einer aufmunternden Geste sagte sie lächelnd zu ihm:

„Mach dir keine Sorgen, mein lieber Freund. Man hat dich bestimmt nicht vergessen. Sie wird schon noch kommen, deine Berufung. Sie kommt spätestens rechtzeitig!"

Manu musste lachen. Spätestens rechtzeitig! Das war wirklich gut. Es blieb ihm ja tatsächlich nichts anderes übrig, als weiter seine Sachen zu packen und sich so für die Reise vorzubereiten, als ob schon alles klar wäre. Er ärgerte sich allerdings ein bisschen, dass er wiedermal so wenig Vertrauen hatte. Laut wiederholte er Loums Worte:

„Sie kommt spätestens rechtzeitig!"

„Wer kommt rechtzeitig?", wollte Toby wissen.

„Schon gut. Ich habe nur laut gedacht."

Kir blickte aus dem kleinen Fenster der Hütte zum Wald hinüber und sagte:

„Wir sollten uns nun wirklich auf den Weg machen. Was meinst du, Ursu?"

„Ja, ich denke, dass wir tatsächlich unverzüglich aufbrechen müssen. Die Zeit läuft uns davon. Nur eines noch, bevor wir starten. Bitte hört genau zu! Wir dürfen den Gegner niemals unterschätzen! Ob Galazer, Schattenkrieger oder einfache Tributisten; sie alle können uns äußerst gefährlich werden! Auch dann, wenn wir den Inhalt der Verstecke kennen und darüber verfügen, ist das unser oberstes Gebot. Versprecht mir bitte, dass ihr immer, wirklich immer, sehr vorsichtig und umsichtig sein werdet. Ihr werdet es bald selbst erfahren, die feindliche Armee ist tatsächlich ein nicht zu unterschätzender Gegner!“

Während sich nun alle mit Proviant für die nächste Zeit versorgten, zog Ursu Manu unauffällig an die Seite.

„Bevor ich´s vergesse, Doc Albert hat mir hier noch einen versiegelten Brief für dich gegeben. Könnte wichtig sein.“

Ursu schaute ihn auffällig unwissend an und forderte den jungen Zeitling auf, das Schreiben doch mal zu öffnen. Manu sah ihm in die Augen und fragte zögernd:

„Meine Berufung?“

„Kann gut sein. Ich denke ja!“

„Was ist es? Zu was bin ich berufen? Los sag schon!“

„Woher soll ich das denn wissen? Du musst es schon öffnen und selber nachschauen.“

„Aber wenn ich nun…“ Plötzlich schoss ihm die Möglichkeit durch den Kopf, dass man ihn vielleicht zum Chronologier berufen haben könnte. Sicherlich eine sehr wichtige Berufung, aber, - na ja, ein Leben in der Verwaltung als Statistiker? Niemals Verbola verlassen? Dann könnte er die Freunde nur bis zum Eingang der Wutschlock Höhle begleiten. Mit einem ganz leichten Zittern in den Fingern öffnete er den Umschlag, holte den Zettel heraus und las:

‚Hiermit berufen wir, der Oberste Rat, nach sorgfältiger Prüfung und einstimmig, den aus der Sippe der ‚Selbstsicheren' Auserwählten PaDo Manu, zum Zeitengänger des Verborgenen Landes Verbola. Mit Übergabe dieser Urkunde erhält er alle Rechte und Pflichten eines Zeitengängers und ist berechtigt, Verbola in Ausübung seiner Tätigkeit, unbefristet zu verlassen'.

„Tjaaa! Danke!" Jubelnd riss er die Arme hoch und blickte strahlend vor Glück zu den anderen hinüber. Die schauten ihn, durch den Jubelschrei aufmerksam geworden, fragend an.

„Was ist los, mein Freund?", wollte Kir wissen.

„Zeitengänger! Das ist los! Ich bin ein Zeitengänger!"

„Das ist ja großartig", freute sich Loum und auch die anderen kamen herbei und gratulierten ihm. Ursu griff in seine Umhängetasche, holte ein kleines Päckchen hervor und sagte:

„Zufällig habe ich hier noch einen Gedankenimpulswerfer übrig. Wenn ihn sonst keiner will, solltest du ihn vielleicht nehmen, Zeitengänger Manu."

Als sich alle wieder beruhigt hatten, die Taschen und Rucksäcke gepackt und die Waffen angelegt waren, verabschiedeten sie sich herzlich von der kranken Miri.

„Bitte, seid wachsam und kommt alle gesund wieder. Es hängt zu viel von eurer Mission ab, sie darf nicht scheitern", sagte sie und wischte sich einige Tränen aus den Augen. Dann brachen die Freunde auf. Ursu, der den Weg gut kannte, ging voran. Ihm folgten Kir und Loum, während Toby und Manu die Absicherung der Gruppe nach hinten übernehmen sollten. Sie durchquerten das allen so vertraute Verbola-Büschel und kamen kurz nach Mittag an das Eingangstor der Wutschlock Höhle. Der diensthabende Torwächter beobachtete sie bereits seit einiger Zeit und als sie nah genug heran gekommen waren, öffnete er den Höhleneingang und winkte ihnen freundlich grüßend zu. Kurz darauf fiel das schwere Tor mit einem lauten Krachen hinter ihnen wieder ins Schloss und augenblicklich umfing sie eine geheimnisvolle Stille. Ursu drehte sich um und sagte:

„Bleibt dicht beisammen und bleibt vor Allem immer dicht hinter mir, auf dem Zeitlingspfad. Egal was passiert, ihr geht nicht in den Wald! Denkt an das, was wir besprochen haben. So, nun kommt. Da hinten müssen wir dann nach links.“

Er wandte sich wieder nach vorn und ging los. Alle folgten ihm dicht hintereinander durch den ungefähr zweihundert Meter langen, röhrenförmigen Zugang, bis sich die riesige Haupthalle des gigantischen Höhlensystems vor ihnen öffnete. Die Höhlendecke befand sich ungefähr zwanzig Meter über ihnen und alles war dicht zugewachsen. Seltsame Bäume, die völlig ohne direktes Sonnenlicht auskamen, wuchsen nicht nur vom Boden nach oben, wie man es aus normalen Wäldern kennt, nein, hier wuchsen sie auch in umgekehrter Richtung, von der Höhlendecke herab nach unten. So bildeten ihre Baumkronen unter der Höhlendecke ein dichtes Blätterdach und die, der verkehrtherum wachsenden, im normalen Bodenbereich der Höhle so etwas, wie ein dichtes Unterholz, das zusätzlich kreuz und quer von Schlingpflanzen durchzogen war. Der in diffuses Licht gehüllte, bedrohlich wirkende Höhlenurwald mit seinen ungeheuren Ausmaßen erschien Toby als feindlich und gefährlich. Die Luft war feucht und schwer. Ein erstaunliches Durcheinander von Geräuschen aus rhythmischem Zirpen und Quaken, aus durchgehendem Flirren und Sirren, aus Zwitschern und Summen, in dem immer wieder die vereinzelten Schreie größerer Vögel zu hören waren, unterstrichen diesen Gesamteindruck der Bedrohlichkeit. Anfangs glaubte der Junge noch Geräusche von Tieren zu hören und erschrak, wenn sich größere Wassertropfen ihren Weg durch das Blattwerk der Bäume nach unten suchten. Gelegentlich meinte er sogar, die Echosignale der vielen, geschickt zwischen den Zweigen und Ästen fliegend manövrierenden Fledermäuse zu vernehmen, was bei den hochfrequenten Tönen, die diese Tiere ausstoßen, allerdings nur Einbildung sein konnte.

21. Kapitel - Unerwarteter Besuch

Der alte Pfad der Zeitlinge führte die Freunde zunächst in westliche Richtung, direkt an der steil aufstrebenden Höhlenwand entlang. Er war vielleicht einen Meter breit und von seiner rechten Seite drohte der Urwald ihn durch seinen üppigen Wuchs zu verschlucken. Ursu, der dies alles bestens kannte und genau wusste, welche neuen und gewaltigen Eindrücke seine jungen Freunde im Augenblick zu überwältigen drohten, strahlte Sicherheit und Zuversicht aus, als er ihnen erklärte:

„Keine Angst! Ihr braucht euch keine Sorgen machen! Es kann uns wirklich nichts passieren, solange wir auf dem Pfad bleiben. Wenn wir den Rastplatz erreicht haben, werden wir übernachten und uns dann morgen früh bis zu den alten Stollen im Westen der Höhle vorarbeiten. In einem dieser Stollen ist das erste Versteck. Ich denke, dass wir am späten Nachmittag dort sein könnten."

Nach gut fünf Stunden erreichten sie im Sluuplockbusch die Stelle, wo laut Karte der Rastplatz war. Ursu stoppte kurz und wartete, bis alle beieinander standen.

„Wir müssen nun ungefähr zweihundert Meter ins Unterholz hinein, dort befindet sich der Rastplatz. Da sind wir dann für die Nacht sicher und wir werden dort lagern, so wie wir es besprochen haben. Manu, du passt bitte auf, dass uns niemand folgt."

„Uns folgen? Wer sollte uns denn folgen? Du hast doch gesagt, dass alles ganz ungefährlich ist, wenn…“

„Manu! Es ist genug“, herrschte Ursu den jungen Zeitling an. „Du sollst uns nach hinten absichern! Du bist ein Zeitengänger! Also, schütze die Menschen!“

Ursu drehte sich wieder um und ging in das Dickicht des Waldes hinein während die anderen ihm folgten. Manu sondierte das zurückliegende Gelände sorgfältig, bemerkte jedoch nicht, dass er bereits von drei neugierigen Augenpaaren beobachtet wurde. Nach einiger Zeit begab auch er sich zum Rastplatz seiner Freunde, die es sich auf dem Waldboden bequem gemacht hatten und etwas aßen.

„Und? Hast du irgendwas Verdächtiges entdeckt?“, wollte Ursu wissen.

„Nein, alles ist in Ordnung.“

„So, so“, murmelte ihr Anführer grinsend. „Nichts gesehen. Alles in Ordnung.“

Kir hatte sich die ganze Zeit mit Loum unterhalten, als er sich plötzlich fragend zu Ursu drehte:

„Sag mal Ursu, der Wald hier ist so dicht gewachsen und es ist fast kein Durchkommen, aber der Zeitlingspfad macht doch einen sehr gepflegten Eindruck. Wie ist das denn möglich?“

„Die Hoppeliten halten die alten Pfade in der Wutschlock Höhle für uns frei. Sie sind unsere Freunde und ihr solltet unbedingt höflich zu ihnen sein, wenn wir ihnen auf unserer Reise begegnen.“

„Diese Hoppeliten; Du hast gesagt, sie sehen anders aus, als wir…“

„Ja, ganz anders!“

„Wie sind sie denn so?“

„Sie sind…, also, sie sind irgendwie…, irgendwie sind sie…“

„…nett, kultiviert und absolut liebenswert“, kam eine freundlich klingende Stimme von oben. Ruckartig flogen ihre Köpfe hoch und angestrengt versuchten die Freunde im dichten Blättergewirr auszumachen, woher die Stimme kam, die weiter zu hören war:

„Außerdem sind sie immer da, wenn man sie braucht und auch, wenn Freunde in der Nähe sind. Ich grüße den weisen Zeitengänger, meinen alten Freund Ursu. Wie ich sehe, hat er heute viele Begleiter dabei. Auch sie, die Zeitlinge aus dem Grenzland Parvus und das Menschenkind seien herzlichst gegrüßt. Sie alle sind willkommen im Reich der edlen Hoppeliten.“

Ursu war aufgestanden und erwiderte:

„Auch wir grüßen euch, ehrenwerte Hoppelitenspäher. Kommt herunter und zeigt euch, damit wir euch gebührend begrüßen können. Wie geht es denn meinem Freund, dem edlen Kamena?“

Plötzlich bewegten sich einige der Äste über ihnen und aus dem wilden Durcheinander des Blätterdaches lösten sich drei merkwürdige Kreaturen, die sich sehr schnell und fast völlig geräuschlos an dünnen, transparenten Fäden, die offensichtlich, ähnlich wie Spinnenfäden, aus ihren Handflächen kamen, herunterließen.

Sie waren deutlich größer und dünner, als Zeitlinge und Menschen. Vielleicht zwei Meter bis zweimeterdreißig in der

Höhe, mit überlangen Armen, die bis zu ihren Unterschenkeln hinab reichten. An ihren Händen hatten sie drei, ungefähr dreißig Zentimeter lange, dünne Finger und einen fast genauso langen Daumen. Ihre Füße hatten sehr große Ähnlichkeit mit den Händen und der im Verhältnis kleine Körper war vielleicht halb so groß wie der eines normalen Menschen, dünn und doch recht muskulös.

Allerdings hatte man den Eindruck, als ob der komplette Unterkörper fehlen- und die dünnen, überlangen Beine direkt unter dem Bauch beginnen würden. Sie hatten eine grünliche Haut. Ihre Köpfe saßen auf vielleicht zwanzig Zentimeter langen Hälsen und hatten ungefähr die Ausmaße einer großen Grapefruit. Die kleinen Gesichter waren außergewöhnlich schön. Sie hatten irgendwie etwas katzenhaftmenschliches und wurden von den großen, strahlenden Augen dominiert, die ihre kleinen, fast immer lächelnden Münder etwas in den Hintergrund treten ließen. Die langen, dichten und herbstlaubfarbig schimmernden Haare umschlossen ihre Gesichter, reichten beinahe bis zu den Füßen hinunter und hüllten ihre grazilen Körper fast wie ein Schleier ein.

Bei Bedarf legten sich diese Haare wie ein hautenges Kleidungsstück an ihre Körper an, so dass sie sich problemlos und bestens getarnt in den oberen und unteren Baumkronen des dichten Höhlenwaldes bewegen konnten. Kamena, der Anführer der drei Hoppelitenspäher legte würdevoll seine rechte Hand auf seine linke Schulter und streckte die Spitze seines Ellenbogengelenkes zur Begrüßung in Richtung Ursu.

„Immer für dich!"

Der erwiderte den Gruß, indem er seine Hand auf Kamenas Ellenbogengelenk legte und sagte:

„Gute Gedanken allzeit!“

Nun begrüßten auch die beiden anderen die Freunde und sie setzten sich anschließend alle auf den weichen Waldboden, um die neuesten Informationen auszutauschen. Ursu reichte jedem der drei Hoppeliten ein Stück Brot und sprach zu Kamena:

„Wir sind auf dem Weg zu den alten Stollen. Du weißt schon, die im Westen.“

„Ja, ich kenne diese Stollen sehr gut. Einer von ihnen wurde vor einigen Zeiten von euerm Großen Rat verschlossen…“

„Ja! Genau dort müssen wir hin, um etwas abzuholen. Danach reisen wir…“.

Kamena unterbrach ihn und fuhr an seiner Stelle fort:

„…auf die Insel Woida, zu dem anderen Versteck, das euer Großer Rat angelegt hat, stimmt’s?“

„Ja, das stimmt genau“, antwortete Ursu.

„Wer von euch ist denn der Hüter der Dictum-Schatulle?“, wollte der Hoppelit wissen und blickte fragend in die Runde.

„Ich bin es“, gab sich Toby, mit ein wenig Stolz in der Stimme, zu erkennen.

„Soso, der Menschenjunge also. Sag mir, wie du heißt, Menschenjunge!“

„Toby Thorsen! Also, eigentlich Tobyas Thorsen!“

„Bist du etwa der Nachkomme von Thomas und Marie Thorsen?“, wollte Kamena wissen. Die beiden anderen

Hoppeliten horchten plötzlich auf und warteten gespannt auf Tobys Antwort.

„Ja, das sind meine Eltern. Wisst ihr, wo sie sich aufhalten?“

Plötzlich steckten die Hoppeliten ihre Köpfe zusammen und schienen wortlos, aber sehr intensiv miteinander zu kommunizieren. Das schloss Toby jedenfalls aus ihrer Gestik und Mimik und dem gelegentlichen Kopfnicken, als ob sie sich gegenseitig etwas bestätigen wollten. Nach einer Weile wandte sich Kamena erneut zu Toby und sagte:

„Wir haben vor einiger Zeit einen Galazerspion gefangen genommen und während der Verhöre erzählte er unter anderem von einem Menschenpaar, dass in Toro von den Schattenkriegern seit langen Zeiten festgehalten wird. Thomas und Marie Thorsen. Wir konnten allerdings den Grund für ihre Gefangenschaft nicht herauskriegen. Kann sein, dass der Galazer ihn auch tatsächlich nicht kannte.“

Toby war aufgeregt, aber auch glücklich, wieder etwas von seinen Eltern zu hören. Sie lebten also tatsächlich noch! Das war das Wichtigste! Er drehte sich zu Loum um und flüsterte ihr zu:

„Ich hab´s doch immer gesagt. Sie leben!“

„Wir werden sie da rausholen“, antwortete ihm die junge Zeitin zuversichtlich. „Ich bin ganz sicher, dass wir es gemeinsam schaffen werden!“

Nachdem alle gegessen- und die wichtigsten Informationen ausgetauscht hatten, bemerkten sie, dass sich bereits Dunkelheit über den Sluuplockbusch gelegt hatte. Erschöpft vom Tag legten sie sich zum Schlafen.

22. Kapitel - Kein Saurier

Am nächsten Morgen rüstete sich die Gruppe sehr früh zum Aufbruch. Einer der Hoppeliten hob plötzlich seinen Arm und zeigte mit einem seiner langen Finger nach oben. Sogleich schoss ein transparenter Faden in das Geäst über ihnen und innerhalb weniger Augenblicke wurde er völlig geräuschlos in das Blättergewirr hinaufgezogen und verschwand.

„Macht euch keine Gedanken, er ist gleich wieder da", erklärte Kamena. „Er holt nur einen Freund, der euch die Reise hier im Sluuplockbusch ein wenig erleichtern kann", fuhr er gewohnt freundlich lächelnd fort, als man in der Ferne bereits deutlich das Geräusch von krachenden und brechenden Zweigen und Ästen vernahm, das schnell näher kam. Plötzlich bogen sich am Rande des Rastplatzes Unterholz und Baumstämme auseinander und der gewaltige, gepanzerte Kopf eines scheinbar sehr großen Tieres wurde sichtbar. Dieser Kopf wurde von einer rotgelblichen, sehr dicken, lederartigen Haut geschützt. Im Nackenbereich sicherten kegelförmig nach außen laufende, dicke Hornplatten den vorderen Rücken vor Verletzungen. Nach vorne lief dieser Kopf spitz zu, so dass er in der Vorwärtsbewegung Büsche und Bäume seitlich auseinanderdrückte. Aus seinem Unterkiefer ragten zwei gewaltige Stoßzähne hervor, ähnlich wie bei Elefanten, die das Tier allerdings je nach Bedarf komplett in seinen Körper einziehen, oder wieder ausfahren konnte. Alle erschraken und versuchten sich irgendwie in Sicherheit zu bringen, nur Kamena blieb ruhig stehen, schoss einen seiner Spinnfäden in die Äste über dem Monster, schwang sich in dessen Richtung hinüber und landete zur Überraschung aller auf dem Kopf des Ungetüms.

„Darf ich euch meinen Freund Trinos vorstellen. Er ist der Leitbulle einer Herde von Trinostiten, die hier im westlichen Sluuplockbusch lebt und uns dabei hilft, ihn von Galazern freizuhalten. Eine zweite Herde dieser Tiere lebt im östlichen Teil der Höhle. Trinos ist so etwas wie eine lebendige Kampfmaschine und ich möchte ihn nicht zum Feind haben. Doch habt keine Angst. Wie ich schon sagte, er ist ein Freund!“

Trinos schob seinen massigen Körper, der ein wenig an einen übergroßen Avaceraptos erinnerte, nun vorsichtig auf die Lichtung hinaus und Toby stockte der Atem. Dieses Tier war an die sechs Meter hoch und an der breitesten Stelle seines massigen Körpers vielleicht drei Meter breit. In der Länge kam es wohl auf über fünfzehn Meter und es stand auf vier muskulösen, raubkatzenartigen Beinen mit riesigen Pranken. Für sein offensichtlich gewaltiges Gewicht bewegte es sich allerdings mit einer geradezu gazellenhaften Leichtigkeit.

„Kommt herauf zu mir“, rief Kamena ihnen zu, während Trinos seinen gewaltigen Kopf auf den Boden ablegte, sodass die Freunde darüber hinaufklettern konnten. Hinter dem mächtigen Nackenschutz befand sich eine tiefe Mulde, die man von unten nicht sehen konnte. Alle Reisenden fanden Platz darin.

„Ich glaube, ich träume“, sagte Kir zu Toby. „Das glaubt uns doch niemand. Wir reiten hier auf einem echten Saurier und…“

Tobi bemerkte in diesem Augenblick, dass der Informander in seiner Hosentasche wie ein Handy zu vibrieren begann und er versuchte das kleine Gerät herauszuholen. Das war in seiner sitzenden Haltung allerdings nicht so einfach und er unterbrach Kir mit den Worten:

„Moment mal. Mein Ding vibriert!"

Kir und Manu sahen sich kichernd an und gluckslen:

„Hast du gehört? Sein Ding vibriert…"

Toby überhörte die, wie er fand, unpassende Bemerkung der beiden Zeitlinge und hielt kurz darauf den Informander in der Hand. Er schaltete das Gerät ein und las auf dem Display:

„Ich bin kein Saurier! Sag´ deinem Zeitlingsfreund bitte, dass ich kein Saurier bin! Ich bin ein Trinostit! Und zwar nicht irgendeiner! Ich bin ihr König Trinos! Sag´ ihm das! Bitte!"

Toby guckte ungläubig auf den kleinen Bildschirm. Dann sah er zu Kir hinüber und sagte:

„Er ist kein Saurier. Er sagt, er sei der König der Trinostiten."

„Er sagt das? Ich hab´ aber gar nichts gehört", erwiderte Kir ungläubig.

„Doch, doch! Er sagt das durch mein…, also durch mein…"

„Informander", warf ihm Ursu das fehlende Wort zu, um so eine erneute Peinlichkeit für Toby zu verhindern.

„Genau! Er sagt das durch meinen Informander! Hier, kannst ja selber…"

Ursu griff nach Tobys Handgelenk, gerade als er das kleine Gerät zu Kir hinüberreichen wollte und drückte seinen Arm kraftvoll nach unten.

„Nein! Nein, nein, nein! Den Informander darfst du niemals, ich sage niemals aus der Hand geben. Nur du kannst ihn zum Guten einsetzen. In der Hand Unberechtigter kann er zur tödlichen Waffe gegen dich selbst werden. Merk´ dir das!"

In strengem, väterlichem Ton erklärte er Toby noch einmal, wie wichtig seine Rolle bei der Rettung seiner Eltern war und wie dringend Zeitlinge und Menschen beim Kampf gegen die Schattenresidenz auf ihn angewiesen waren. Der Verlust des Informanders konnte die ganze Aktion sinnlos werden lassen. Um Tobys gedrückte Stimmung wieder ein bisschen zu heben, wechselte Ursu das Thema und sagte:

„Du kannst ihm übrigens auch etwas sagen, wenn du möchtest. Ihr könnt euch sogar richtig unterhalten. Sprich einfach das Connect-Kommando ‚invoco et audire Trinos' in den Informander und die Verbindung wird automatisch aufgebaut."

„Du meinst ich kann…?"

„Ja, du kannst dann wie über ein Handy mit ihm sprechen. Versuch es doch mal. Sag ihm, dass wir uns freuen, dass er uns hilft und ob er uns zu den alten Stollen bringen kann."

Toby hielt das Gerät wie ein Handy an sein Ohr und sagte:

„Invoco et audire Trinos!"

„Ja, hier bin ich! Was möchtest du, Menschenjunge?“, hörte er eine tiefe Stimme aus dem kleinen Lautsprecher.

„Wir freuen uns sehr, ihre Bekanntschaft zu machen, Herr Trinos…“

„Hör mal zu, Menschenjunge. Ich bin nicht Herr Trinos! Ich bin Trinos, der König der Trinostiten. Ich bin das mächtigste Geschöpf im Sluuplockbusch. Und du, Menschenjunge, bist der Besitzer des Informanders. Also bist du mein Freund. So einfach ist das! Hast du das?“

Der Trinostit hob seinen mächtigen Kopf in die Höhe und drehte ihn nach hinten, so dass er die Freunde auf seinem Rücken sehen konnte. Toby hob die linke Hand und winkte ihm zu, während er antwortete:

„Ja, ja, ich habs verstanden. Ok Trinos, du bist mein Freund. Offen gestanden bin ich sehr froh, dass du mein Freund bist. Andersrum wäre das ziemlich blöde, glaub´ ich. Sag´ mal, mein Freund, könntest du uns vielleicht zu den alten Stollen bringen?“

„Ja, das kann- und werde ich. Haltet euch nur gut fest.“

Während er das sagte, drehte er sich wieder in die Richtung, aus der er vorhin gekommen war und wartete noch einige Augenblicke, da Kamena und die beiden anderen Hoppelitenspäher sich verabschieden wollten.

„Wir können euch leider nicht zu den alten Stollen begleiten, liebe Freunde, denn die Gefährten warten schon auf unseren Bericht. Sie werden sich freuen, wenn sie hören, dass ihr uns in Kürze besucht und auf die Insel Woida reisen werdet.“

Die drei verabschiedeten sich von allen mit dem üblichen Hoppelitengruß „Immer für dich“ und jeder der Freunde legte seine Hand auf die dargebotenen Ellenbogengelenke und erwiderte „Gute Gedanken allzeit“. Fast synchron schossen sie danach ihre Spinnfäden nach oben und verschwanden im dichten Gewirr der Äste und Schlingpflanzen, während sich Trinos in Bewegung setzte.

Sie waren fasziniert von der einzigartigen Pflanzen- und Tierwelt, die an ihnen vorbeizog und die sie mit ihren Händen greifen konnten. Da waren seltsame Vögel in der Größe von Papageien, deren eigenartige Flügel sich wie bei einem Helikopter aus dem Reich der Menschen drehten und die in Schwärmen zwischen den Bäumen und Ästen waghalsige Flugmanöver vollführten. Da gab es die Insekten in unterschiedlichsten Größen und in nie gesehenen Formen und Farben. Ein Rudel von ungefähr zwanzig bärenähnlichen Geschöpfen, mit Köpfen, die an Greifvögel erinnerten, zerlegten gerade ein Beutetier, als Trinos mit den Freunden auf seinem Rücken an ihnen vorbeilief. Angriffslustig sprangen die seltsamen Wesen auf den riesigen Trinostiten zu, richteten sich auf den Hinterbeinen auf, um drohend mit ihren riesigen Pranken Richtung des vermeintlichen Gegners zu schlagen. Dabei stießen sie ununterbrochen wütende Schreie aus, die Toby durch Mark und Bein gingen.

„Hast du das gerad` gesehen?“, fragte er Manu aufgeregt, während Kir Loum anstieß und rief:

„Die waren doch aufgerichtet fast fünf Meter hoch! Der eine hätte uns ja fast hier oben mit seinen Pranken erwischt!“

„Na ja, ein bisschen hat wohl doch noch gefehlt“, meinte Ursu beschwichtigend, „aber die Jungs waren ganz schön groß. Ich bin echt froh, dass ich hier oben bin und dass Trinos unser Freund ist. Toby, frag ihn doch mal, was das für welche waren."

Toby stellte über den Informander erneut die Verbindung zu Trinos her und erfuhr, dass es sich um eine Herde Tumbusibären gehandelt hatte.

„Trinos sagt, dass sie im Rudel einem einzelnen Trinostiten absolut gefährlich werden können. Man geht ihnen besser aus dem Wege."

Wenige Minuten danach hatten sich alle wieder beruhigt und Loum war durch die andauernden schaukelnden Bewegungen auf dem Rücken von Trinos eingeschlafen. Ursu kniete ganz vorne in der Rückenkuhle und schaute wie ein römischer Feldherr über den großen Kopf des Trinostiten in den vor ihm liegenden Wald. Toby, Manu und Kir rätselten angeregt über die wunderbaren Dinge, die sie in weniger als drei Stunden im ersten Versteck des Obersten Rates wohl vorfinden würden. Besonders interessant fanden sie es, sich über die möglichen Waffen auszutauschen, die dort höchstwahrscheinlich auf sie warteten und die sie so gut wie unbesiegbar machen würden...

Nach gut fünf Stunden meldete sich Trios bei Toby und erklärte ihm, dass sie ihr Ziel in wenigen Minuten erreichen würden und dass er sie anschließend auch zur Insel Woida bringen wolle. Kurz darauf hatten sie eine kleine Lichtung erreicht, auf der Trinos langsam austrabte und seinen Kopf wieder auf den Boden ablegte, um den Freunden das Absteigen zu ermöglichen. Alle winkten ihm dankbar zu. Sie waren froh, dass er sie so schnell und sicher an diesen abgelegenen Ort gebracht hatte. Sie vereinbarten, dass Toby sich melden würde, wenn es weitergehen sollte und der Trinostit verschwand daraufhin im Dickicht. Ursu war inzwischen zielstrebig auf einige Büsche am Rande der kleinen Lichtung zugegangen und winkte die anderen zu sich heran. Kurz darauf befanden sich alle am Anfang eines schmalen Pfades, der in einen, in den Untergrund getriebenen Stollen hineinführte. Der alte Zeitengänger ging als Erster den Pfad hinab und flüsterte den anderen im Gehen zu:

„Setzt eure Nachtsichtbrillen auf und bleibt dicht beieinander. Loum, hast du dein Rerum? Gleich werden wir deinen Schlüssel brauchen.“ An die Jungs gerichtet fuhr er fort: „Macht die Gedankenimpulswerfer klar. Es kann sein, dass wir sie einsetzen müssen.“

So bewegten sie sich vorsichtig und mit den entsicherten Waffen im Anschlag, langsam in das diffuse Halbdunkel des Schachtes hinein. Durch ihre Nachtsichtbrillen sahen sie die Umgebung im hellen Tageslicht und konnten sich bestens orientieren. Nur wenige Meter vor ihnen befand sich die schwere Tür, die den Zugang zum ersten Versteck versperrte. Ursu winkte Loum und Toby heran, während er Manu und Kir leise einige Anweisungen gab:

„Bitte sichert den Stollenzugang ab, damit uns hier niemand überrascht. Kir, du gehst am besten oben zu der kleinen Lichtung, versteckst dich dort und wenn irgendetwas Ungewöhnliches passiert, warnst du Manu, der direkt neben dem Stolleneingang in Stellung gehen wird.“

Die beiden Zeitlinge verschwanden wortlos und taten, was Ursu ihnen aufgetragen hatte. Loum hatte inzwischen ihren Schlüssel aus dem Rerum geholt und in das kleine Sicherheitsschloss hineingesteckt. Sie drehte den Schlüssel herum, aber es passierte nichts.

„Toby, schau bitte im Informander nach, was wir genau tun müssen, damit sich die Tür öffnet.“

Augenblicke später antwortete der Junge:

„An der oberen rechten- und linken Türecke sollten sich jeweils kleine, runde Flächen befinden. Vielleicht so groß wie ein Geldstück. Sind die da?“

Ursu überprüfte die Ecken und antwortete umgehend:

„Ja, hier sind sie. Was nun?“

„Links musst du mit deinem Zeigefinger einen Blutstropfen aufdrücken und rechts muss ich dasselbe gleichzeitig mit dir tun. Wenn wir beide den Finger auf unseren Flächen haben, kann Loum den Schüssel drehen.“

Nur wenige Augenblicke später hörte man den mechanisch klingenden Schließvorgang und gemeinsam öffneten sie die schwere Tür. Toby trat als Erster in einen großen Raum ein und hatte für einen kurzen Augenblick das Gefühl, als ob sich im hinteren Bereich irgendetwas bewegt hätte. Er machte die beiden anderen sogleich durch einige Handzeichen darauf aufmerksam und sie folgten ihm vorsichtig. Als sie sich etwas genauer umsahen, erschraken sie. Überall lagen aufgebrochene Kisten und Behälter herum. Teile von zerstörten elektronischen Geräten waren zwischen Glasscherben und Papierfetzen über den Boden verstreut. Sprachlos ging Toby im Raum hin und her. Hinten, verdeckt von einigen leeren Kisten, gab es tatsächlich ein Loch in der Wand, das in einen benachbarten Stollen führte. Ihm fehlten die Worte. Die erhofften Waffen und Hilfsmittel, die ihnen bei der Befreiung seiner Eltern helfen sollten, waren entweder zerstört, oder gestohlen. Im selben Augenblick stürmte Manu herein und rief schon von weitem:

„Kommt schnell, Kir hat eins erwischt! Los! Macht schon!“

„Was hat Kir erwischt?“, wollte Ursu wissen.

„Keine Ahnung was das ist! Ein…, - ein Wolfswesen! Ein Hyänending…! Ich weiß auch nicht so genau! Habe so was noch nie gesehen! Es waren mindestens sechs Stück. Den einen hat Kir mit seinem Warte-Impuls erwischt. Nun steht es da draußen und wir wissen nicht, was wir machen sollen! Los, kommt doch endlich!“

23. Kapitel - Der gefangene Galazer

Die Freunde rannten zur Lichtung und sahen Kir, der langsam um das wartende Wesen herumschlich und es eingehend musterte. Als er die anderen kommen sah, rief er ihnen zu:

„Es hat funktioniert! Es hat tatsächlich funktioniert! Hier, seht euch das mal an, es steht hier und tut so, als ob es mich gar nicht sieht!“

„Das ist ein Galazer“, stellte Ursu fest.

Vor ihnen stand Etwas in der Größe eines ausgewachsenen Löwen, das jedoch aussah, wie eine übergroße Hyäne. Auf dem für diese Tierart typischen, langen Hals, saß allerdings ein viel zu großer, massiger Kopf, der an eine Kreuzung zwischen Nashorn und Krokodil erinnerte. Aus dem halboffenen, riesigen Maul ragten gewaltige Fangzähne bedrohlich hervor und vom Rücken, über den Nacken, bis in den Stirnbereich hinein hatte das Wesen eine lange Mähne, die an einen Irokesenhaarschnitt erinnerte. Hinten zischte ein langer, peitschenartiger Schwanz mit mehreren messerscharfen Hornkanten hin und her, der jeden tödlich verletzen konnte, der ihm zu nahe kam. Ursu trat seitlich von vorne neben das Wesen, griff in die Mähne am Haupt und riss seinen Schädel ruckartig nach hinten in den Nacken. Auf der Unterseite, zwischen Kinn und Hals, kam ein fast menschliches Gesicht zum Vorschein. Unmittelbar darunter erkannte man zwei menschenähnliche Arme, die so ineinander verschränkt waren, dass sie beim vierbeinigen Laufen nicht stören konnten. Nacheinander schaute er Toby, Manu und Kir an und sagte dann warnend:

„Schau´ einem Galazer niemals länger direkt in diese Augen. Er benötigt ungefähr dreißig Sekunden, um eine Verbindung zu deinem Gehirn herzustellen und beeinflusst deine Gedanken danach wie er will.“

Ursu ließ die Mähne nun los und der gefährliche Raubtierkopf klappte wieder nach unten.

„Wie lange wartet er schon so?“, wollte der alte Zeitengänger von Kir wissen.

„Was meinst du?“

„Na, wie lange ist es her, dass du ihn mit dem Warte-Impuls außer Gefecht gesetzt hast?“

„Na, ich denke…“

„Denke nicht! Sieh´ bitte auf deiner Waffe nach! Die Laufzeiten der Treffer werden dort angezeigt.“

„Oh, das wusste ich nicht.“ Kir blickte auch das Display seines Gedankenimpulswerfers:

„Es war vor sieben Minuten! Er wartet also noch genau acht Minuten!“

„Ok! Also los, fesselt ihn rasch! Aber passt bitte auf den Schwanz auf. Schnappt ihn euch direkt an der Spitze, da ist es ungefährlich. Bindet den Schwanz dann an einem seiner Hinterbeine fest. Bindet ihm auch das Maul am Kapuzenkopf zu. Nehmt aber ein paar Lagen mehr vom Klebeband, denn er hat wahnsinnige Kraft in seinen Kiefern. Fesselt seine vier Beine so, dass er noch stehen, aber nicht abhauen kann.“

Widerstandslos musste der Galazer sich gefangen nehmen lassen und bereits wenige Minuten später stand er gefesselt vor ihnen. Die Freunde hatten sich in einigem Abstand hingesetzt und warteten, was passieren würde. Als die fünfzehn Minuten verstrichen waren, kam wieder Leben in den starren Blick des Galazers, doch der Gefangene erkannte sofort die Ausweglosigkeit der Situation, in der er sich befand. Ruckartig riss er seinen langen Hals nach oben und der gewaltige Kopf des Tieres klappte durch den Schwung wie eine Kapuze nach hinten weg. Der Hals dieses Wesens sah nun plötzlich wie der Oberkörper eines Mannes aus, der mit zwei normalen Armen und einem menschenähnlichen Kopf auf einem Hyänenkörper saß. Dieses Wesen erinnerte sehr an einen Centaurus aus der griechischen Sagenwelt, nur dass dies hier kein ‚Pferdemensch', sondern so etwas wie ein ‚Hyänenmensch' war.

„Löst sofort meine Fesseln, sonst werde ich auf der Stelle meine Kriegsgenossen herbeirufen und ihr seid des Todes!"

„Halt die Klappe, Galazer", antwortete Ursu schroff, „oder siehst du hier irgendjemanden, der sich vor dir fürchtet? Hör mir genau zu, du Ausgeburt des Bösen; ich gebe dir jetzt genau eine Minute Zeit, mir zu erzählen, was hier passiert ist und wo die Sachen aus der verschlossenen Kammer geblieben sind. Wenn du bis dahin nicht angefangen hast, mir eine plausible Geschichte zu erzählen, werde ich dich wieder in den Wartezustand versetzen lassen. Wir werden dich dann an die Trinostiten verfüttern. Das ist mein Ernst! Die Zeit läuft ab jetzt!"

„Ja, aber das darfst du doch gar nicht machen. Die Ethik der Zeitlinge verbietet so etwas…"

„Fünfundvierzig Sekunden!“

„Hör´ zu Zeitling, du lässt mich einfach gehen und ich verrate niemanden, wo ihr…“

„Dreißig Sekunden!“

„Also, schau mir doch mal in die Augen und sage mir, was erkennst du in diesen Augen? Glaubst du wirklich ich würde dich belü….“

„Fünfzehn Sekunden! Toby, du holst bitte Trinos mit seiner Herde hierher! Kir und Manu! Ihr könnt entsichern! Auf mein Zeichen!“

Toby nahm den Informander und tat so, als ob er Trinos rufen würde. Manu und Kir stellten sich links und rechts neben den Galazer und zielten genau auf seinen Kopf.

„Schon gut, schon gut! Wir waren zu acht. Wir haben von der Seite einen neuen Stollen in die Kammer gegraben, weil wir glaubten, dass sich dort geheime Waffen befinden würden. Leider war aber nichts dergleichen zu finden. Es waren nur einige alte Computer und schriftliche Aufzeichnungen in den Kisten, mit denen wir nichts anfangen konnten. Als wir hörten, dass die Tür geöffnet wurde, sind wir hinten durch den Stollen abgehauen. Das ist alles! Bitte, nehmt eure komischen Waffen runter. Ich habe doch geredet.“

„Du bist ein Sohn der Lüge! Ich glaube dir kein Wort! Wohin haben deine Genossen unsere Sachen gebracht? Los rede!“

„Da war wirklich nichts! Ich habe auch keine Ahnung, wo die anderen von uns geblieben sind! Ihr habt mich ja schließlich gefang…“

„Ich kann diese Lügerei einfach nicht mehr ertragen! Kir! Manu! Bitte!“

„Ja, Ursu?“

Ursu drehte sich um, als ob er weggehen wollte und sagte:

„Ich gehe wieder in die Höhle, um mich dort nochmal in Ruhe umzusehen. Ihr wisst ja, was ihr zu tun habt!“

Erneut begann Toby mit seinem Informander zu hantieren und tat so, als ob er Trinos herbeirufen würde. Manu und Kir bauten sich demonstrativ vor dem Galazer in Schussposition auf und Manu sagte sehr ruhig zu Kir:

„Auf drei, mein Freund. Eins! Zwei…“

„Sie haben eine kleine Schachtel mitgenommen, auf der ‚Trias‘ steht. Was es genau ist, weiß ich wirklich nicht. Sie wollen sehen, ob sie es bei dem großen Angriff auf die Hoppeliten verwenden können!“

Ursu zuckte zusammen.

„Wann und wo? Los rede! Wann findet dieser Angriff statt?“

„Also, genau weiß ich das auch nicht…“

In diesem Moment brach Trinos mit der Gewalt einer Planierraupe, die riesigen Zähne fletschend, aus dem Dickicht des Höhlenwaldes hervor und lief über die kleine Lichtung, genau auf den Galazer zu.

„Der Überfall dürfte in diesen Minuten begonnen haben! Wir greifen vom Süden und vom Südosten an, um die Hoppeliten vom Großen Fikira See zu vertreiben. Ich bitte euch! Haltet das Monster zurück!“

Ursu stand inzwischen direkt vor dem, vor Angst zitternden Galazer und er schrie ihm aufgebracht ins Gesicht:

„Was noch? Los, sofort! Was noch?“

Trinos kam unmittelbar neben den Zeitengänger zum Stehen und schnappte wütend in Richtung des Gefangenen, wobei er das gewaltige Maul mehrmals furchterregend aufriss.

„Ich sag`s ja schon, ich sag`s ja schon! Wenn die Hoppeliten besiegt sind, sollen wir uns noch bis zum Ende des Elul zurückhalten. Danach wird dann am 1. Tishri ein Großangriff auf Toro starten. Wir, die Galazer, greifen vom Sluuplockbusch her den Dopplerbezirk an und die Armee der Schattenkrieger wird durch Reichs- und Schattentor in die Enklave Grela einfallen. Der Dunkle Großfürst wird seine Macht dann unendlich erweitern. Es sollen keine Gefangene gemacht werden. Mehr weiß ich wirklich nicht! Ehrlich!“

Ursu winkte Toby, Manu und Kir heran und drehte sich mit dem Rücken zum Galazer. Er flüsterte:

„Verpasst ihm nochmal einen warte-Impuls und bringt ihn runter in den Stollen. Dort setzt ihn dann mit der Starre endgültig fest. Beeilt euch, denn wir müssen uns mit Trinos beraten, welche Möglichkeiten es gibt, unseren Hoppeliten-Freunden zur Hilfe zu eilen.“

Nur wenig später stand der Galazer wie versteinert in einem der zahlreichen Seitenstollen und Toby versuchte über den Informander Kontakt mit Kamena, dem Hoppelitenspäher aufzunehmen:

„Invoco et audire Kamena“, rief er in das Gerät. „Invoco et audire Kamena!“

Niemand meldete sich. Das war kein gutes Zeichen. Vielleicht war der Freund gar nicht mehr am Leben? Hilfesuchend blickte er zu Ursu hinüber, der sichtlich beunruhigt war und sagte:

„Toby, du musst Trinos sofort die Situation erklären und ihn um Hilfe bitten. Mit einigen seiner Trinostiten und unserer neuen Waffe könnten wir den Feind sicherlich zurückwerfen. Allerdings bleibt uns nicht viel Zeit dazu.“

„...und wir wissen nicht, ob und was für Waffen die Galazer eventuell hier im Versteck gefunden haben. Waffen, die eigentlich für uns bestimmt waren“, ergänzte Toby besorgt.

„Wenn da nur eine dabei ist, die annähernd so gut wie unser Gedankenimpulswerfer ist, - na dann gute Nacht“, bemerkte Kir leicht entsetzt...

24. Kapitel - In letzter Sekunde

Wenig später saßen die fünf Freunde wieder in der Rückenmulde des befreundeten Trinostiten und wurden ordentlich hin- und hergeworfen, als der sich im zügigen Lauftempo seinen Weg durch den dichten Höhlenurwald brach. Toby musste an Tini denken. Was sie jetzt wohl machte? Ob sie auch gelegentlich an ihn dachte? Irgendwie wollten ihn diese Gedanken gar nicht mehr loslassen. Selbst wenn er bewusst an etwas anderes dachte, tauchte plötzlich immer wieder ihr lachendes Gesicht auf. Jäh wurde er durch einen gewaltigen, röhrenden Schrei von Trinos aus seinen Gedanken gerissen. In vollem Lauf hatte der Koloss seinen Kopf emporgehoben und stieß einige dieser markerschütternden Schreie aus. Toby erkundigte sich über den Informander bei ihm, was das zu bedeuten habe und er antwortete ihm, dass er seine Herde alarmiert und zu einem bestimmten Treffpunkt bestellt habe. In ungefähr einer Stunde würden sie mit ihnen am Rastplatz des Zeitlingspfades zusammentreffen.

Vierzig der furchteinflößenden Giganten erwarteten Toby und seine Zeitlingsfreunde am vereinbarten Treffpunkt. Nach einer kurzen Begrüßung meldete sich Trinos bei Toby:

„Wir werden uns nun, wie besprochen, aufteilen. Du und Manu, ihr kommt mit mir. Wir werden uns mit der Herde aus dem östlichen Höhlenwald treffen und die Große Halle der Gedankenseen im Süden umgehen, während Ursu, Kir und Loum im Westen zu den bedrängten Hoppeliten stoßen.

Die drei sollen jetzt bitte zu meinem Freund Musloh hinübersteigen."

Toby wiederholte alles laut, was Trinos ihm mitteilte, so dass die Freunde wussten, worum es ging. Eins der riesigen Tiere schob sich neben Trinos so in Position, dass die drei Angesprochenen hinüberklettern konnten, während der Leitbulle seinen Plan vortrug:

„Also, ich schlage vor, dass ich mit Toby und Manu die Große Halle der Gedankenseen im Süden umgehe und wir uns dort mit der Herde meines Freundes Drischko zusammentun, um mit ihnen vom Osten her den Rücken des Feindes anzugreifen. So wird es uns gelingen, dem Gegner im ersten Überraschungsmoment den Großen Fikira See wieder zu entreißen. Wenn sich die Galazer dann vom ersten Schrecken erholt haben, werden sie sich sehr schnell von den, scheinbar bereits geschlagenen, Resten der Hoppeliten im Westen der ‚Großen Halle' abwenden, um sich gegen unseren Angriff zu verteidigen. Das ist dann genau der Moment, in dem Ursu mit meiner Herde und den Resten der Hoppeliten losschlagen wird. So haben wir sie dann praktisch in der Zange und sie werden entweder sterben, oder sich geschlagen in ihr Gebiet zurückziehen."

Der Plan stieß auf allgemeine Zustimmung und bereits wenig später brachen sie in den östlichen Teil des Sluuplockbusches ein. Nebeneinander stürmten Trinos und Musloh mit den Freunden auf ihren Rücken durchs Dickicht, gefolgt von den anderen Tieren der Herde. Nach ungefähr einer halben Stunde trennten sie sich und Ursus Gruppe bog mit der Herde, in nordöstliche Richtung, nach links ab. Die fünf Freunde winkten sich zum Abschied zu, bevor sie sich Augenblicke später, vom dichten Höhlenwald verschluckt, aus den Augen verloren. Toby kniete vorn in der Rückenmulde und versuchte in Laufrichtung etwas zu erkennen, was wegen des dichten Waldes sehr schwierig war. Manu beobachtete den rückwärtigen Raum und rief seinem Freund zu:

„Denkst du, dass es sehr viele sein werden?"

Er antwortete, ohne sich zum Freund umzudrehen:

„Keine Ahnung, aber wenn sie die Hoppeliten besiegen können und einen Angriff auf Toro planen, werden es schon genug sein!"

„Falls es aber schief geht, dann…"

„Was redest du denn da? Wie soll es schiefgehen? Alle Vorteile sind doch auf unserer Seite! Sie ahnen nicht, dass wir kommen. Wir werden sie völlig überraschen. Außerdem haben wir eine unglaubliche Waffe. Du selbst hast gesagt, dass wir mit dem Gedankenimpulswerfer so gut wie unbesiegbar sind. Und kannst du dir vorstellen, was die armen Galazer denken werden, wenn achtzig wild gewordene Trinostiten-Kolosse brüllend und ihre ausgefahrenen Stoßzähne schwingend auf sie losstürmen? Was könnte da schief gehen?"

„Hoffentlich hast du Recht", antwortete der junge Zeitling, als plötzlich von rechts ein Rudel Tumbusibären aus dem Dickicht hervorbrach und die Verfolgung des offensichtlich einzelnen Trinostiten aufnahm. Es waren ungefähr zehn oder zwölf der gefährlichen Raubtiere, die sich eine leichte Beute versprachen. Manu ging in Deckung und robbte nach vorne zu Toby, der noch nichts von den Verfolgern bemerkt hatte.

„Komm schnell! Da sind haufenweise Tumbusibären hinter uns her."

Die Beiden krabbelten, in Deckung bleibend, nach hinten und sahen, dass die Räuber bereits gefährlich nahe gekommen waren. Toby flüsterte zu seinem Freund:

„Was meinst du? Lassen wir sie ´ne viertel Stunde warten?"

Manu nickte zustimmend und sie entsicherten ihre Impulswerfer. Die, mit sanften Zischgeräusch abgefeuerten Impulse fanden ihre Ziele und ein Verfolger nach dem anderen blieb wartend in der Schneise stehen, die ihr Reittier soeben durch den Wald gebrochen hatte. Noch während sich die beiden über die gelungene Abwehr des Tumbusibären-Angriffs freuten, wurde Trinos deutlich langsamer. Toby und Manu kletterten nach vorne, wo sie in einiger Entfernung drei Trinostiten sahen, die mit ihren mächtigen Nasen im Boden zu wühlen schienen. Toby erkundigte sich bei Trinos, was denn los sei.

„Es sind Freunde aus der Herde, mit der wir uns treffen wollen. Sie haben einige Hoppeliten und Galazer gefunden, die wahrscheinlich miteinander gekämpft haben. Sie prüfen gerade, ob noch jemand lebt. Es sieht allerdings nicht so aus", hörte er seinen riesenhaften Freund aus dem Informander sprechen. Nur Augenblicke später hatten sie die Stelle erreicht und der Junge bat:

„Bitte, Trinos, lass uns schnell herunter. Wir wollen uns das mal etwas genauer ansehen."

Der Angesprochene senkte den massigen Kopf auf den Waldboden ab und die Jungs sprangen hinunter. Sie liefen unter den anderen Trinostiten hindurch und sahen die zerfetzten Leichen von den zwei Hoppelitenspähern, die ihnen am frühen Vormittag auf dem Rastplatz beim Zeitlingspfad begegnet waren. In unmittelbarer Nähe lagen drei leblose Galazerkörper. Alles sah nach einem heftigen Kampf aus. Kein schöner Anblick!

„Das war bestimmt kein einfacher Tod“, sinnierte Toby und gerade, als er sich abwenden wollte, hörte er aus dem nahen Unterholz ein leises Röcheln…

„Hörst du das auch?“

„Was meinst du? – Doch ja, jetzt höre ich es auch.“

Die beiden entsicherten ihre Waffen und gingen vorsichtig auf das Gebüsch zu, aus dem das Geräusch kam.

„Es ist Kamena! Komm schnell! Er lebt noch!“

Toby kniete sich neben Ursus Freund nieder und hob den kleinen Kopf des Verletzten vorsichtig an.

„Lieber Kamena, wie konnte das nur passieren?“

Der Hoppelit hauchte seine Worte so leise, dass Toby mit dem Ohr ganz dicht an seinen Mund herangehen musste:

„Es waren Galazer. Sieben Galazer. Sie haben uns aufgelauert und wir haben ihnen einen harten Kampf geliefert. Fünf der Feiglinge konnten wir erledigen, die anderen zwei haben sich allerdings aus dem Staub gemacht. Einem von ihnen konnte ich dieses Ding hier entreißen. Ich glaube, sie haben das aus dem Zeitlingsversteck gestohlen, zu dem ihr reisen wolltet…“

Kamena wurde ohnmächtig. Sein Kopf fiel zur Seite und hing nun an seinem langen Hals schlaff herunter. Während

Toby das ihm zugesteckte Teil in seiner Hosentasche verschwinden ließ, stellte Manu erschüttert fest:

„Er wird sterben, wie seine Brüder."

„Das darf auf keinen Fall geschehen! Wir müssen ihm irgendwie helfen", erwiderte Toby, als sich Trinos großer Kopf vor ihnen in den Waldboden schob, als Zeichen, dass sie aufsteigen sollten. Der Informander vibrierte und der große Freund mahnte eindringlich zur Eile:

„Glaub´ mir, es tut auch mir schrecklich leid, dass unsere Freunde umgekommen sind, aber wir müssen wirklich weiter. Die Zeit drängt und wenn wir zu spät kommen, werden noch viel mehr unserer Freunde sterben."

Gerade, als sie aufsteigen wollten, um die Reise fortzusetzen, stoppte Manu und rief:

„Halt! Moment noch! Ich habe da eine Idee! Wenn wir Kamena einfach einen ‚Fünfzehner' verpassen und danach gleich den Starr-Impuls hinterher, dann verändert sich sein Zustand doch solange nicht, bis wir ihn wieder in den Normalzustand zurückholen, oder?"

„Ja, so habe ich Ursu jedenfalls verstanden", antwortete Toby.

„Dann lass uns das doch so machen und wir nehmen ihn in der Rückenmulde von Trinos mit. Wenn sich dann später eine passende Gelegenheit ergibt, können seine Brüder ihn behandeln und versorgen. Ich denke, so hat er eine gute Chance, vielleicht doch zu überleben."

„Du bist einfach genial, Manu! Genauso machen wir´s! Ich bin echt froh, dass du hier bist."

Sie brachten den verwundeten Kamena auf Trinos Rücken in Sicherheit und setzten sich in Bewegung. Die drei anderen Kolosse folgten ihrem Leittier in Richtung Osten. So umgingen sie das von den Galazern besetzte Gebiet der Gedankenseen im Süden und trafen nach Einbruch der Dunkelheit, auf einer versteckt gelegenen Lichtung nahe der östlichen Grenze, den riesigen Leitbullen Drischko mit dem Rest seiner Herde.

25. Kapitel - Auf Leben und Tod

Während Manu nach unten kletterte, um zu prüfen, ob sie an diesem Platz vernünftig lagern konnten, sagte er:

„Versuch doch mal, ob du mit deinem Dudelrechteck unsern Ursu erreichen kannst".

„Ja, das ist eine gute Idee. Invoco et audire Ursu!"

Gespannt starrte er auf das kleine Gerät und hoffte sehnlichst auf eine Antwort, doch es war nur ein ganz leises Rauschen zu hören. Er ging ein paar Schritte auf Trino´s Rücken, um es nach diesem Positionswechsel erneut zu versuchen. Wieder nur ein Zischen, doch da, - ganz undeutlich so etwas wie Stimmen, die allerdings auch bei größter Konzentration nicht zu verstehen waren. Es blieb ihnen also nur die Hoffnung, dass Ursu mit seinen Trinostiten und den restlichen Hoppeliten nicht zu früh losschlagen würde. Gerade, als er den Informander wieder in die Tasche stecken wollte, vibrierte dieser in seiner Hand. Toby glaubte, es sei Trinos und meldete sich:

„Ja, Trinos, es geht gleich los. Sind denn deine Freunde kampfbereit?"

„Hallo", hörte Toby eine leicht verzerrte Stimme. „Hier ist Ursu! Hallo, Toby! Kannst du mich hören? Bitte melde dich doch!"

„Ursu! Lieber Ursu! Ja, hier ist Toby! Ja, ich höre dich!"

„…melde dich doch! Toby! Ich kann dich leider nur ganz abgehackt und sehr leise und undeutlich hören. Hoffentlich kannst du meine Nachricht empfangen! Die Hoppeliten haben sich trotz heftiger Angriffe tapfer verteidigt. Es hat auf beiden Seiten viele Tote gegeben, doch seit Einbruch der Dunkelheit herrscht jetzt Ruhe. Die Späher unserer Freunde haben ein Gespräch der Galazer belauscht und erfahren dass sie morgen früh, um Punkt acht Uhr ihren entscheidenden Stoß gegen die Reste der Hoppeliten führen wollen. Genau zu diesem Zeitpunkt solltet ihr sie, mit viel Lärm und Geschrei, in ihrem Rücken angreifen. Hörst du? Genau um acht Uhr greift ihr an und macht ordentlich Krach dabei! Wenn wir dann merken, dass sie sich von uns abwenden, um sich gegen euch zu verteidigen, schlagen wir mit allem, was wir haben, los! Ich hoffe, dass du meine Nachricht verstanden hast. Gott schütze euch!“

Der Junge schüttelte das kleine Gerät, klopfte mit der Hand dagegen, als ob es einen Wackelkontakt hätte und antwortete aufgeregt:

„Ursu! Hallo Ursu! Ja, ich habe deine Nachricht erhalten. Hörst du? Ich habe alles verstanden! Morgen früh um acht Uhr! Wir sehen uns!“

Nun stieg auch er herunter und berichtete Manu und Trinos, was er von Ursu erfahren hatte.

„Trinos, ich bitte dich, dass du Drischko sagst, dass sie sich bis morgen früh ausruhen sollen. Bitte stell` auch einige Wachen auf, damit wir nicht selbst überrascht werden. Ich will mit Manu die Gegend bis zum See erkunden, damit wir erfahren, wo der Feind genau steht.“

Wenig später verschwanden die beiden Freunde im dichten Unterholz des Höhlenwaldes, in Richtung des Großen Fikira Sees. Sie hatten die Nachtsichtbrillen aufgesetzt und das Gelände erschien ihnen taghell. Wachsam und jedes unnötige Geräusch vermeidend, arbeiteten sie sich durch ein dichtes Gewirr von Ästen und Schlingpflanzen, bis sie nach einiger Zeit das Ufer des Großen Fikiras erreichten. Langsam drehte sich Toby zu seinem Mitstreiter um und signalisierte ihm durch Zeichen, dass er anhalten und ganz leise sein sollte. Konzentriert lauschte er eine ganze Weile in die Dunkelheit hinein, bis er zu Manu hinüberflüsterte:

„Ich kann sie wahrnehmen. Sie sind nicht weit vor uns. Lass und noch ein bisschen näher heranschleichen, damit wir hören können, was sie besprechen.“

Noch wachsamer als zuvor und die Deckung der Büsche in Ufernähe ausnutzend, schlichen sie in die Richtung, aus der die Stimmen kamen. Dann stoppte Toby und drückte sich auf die Erde. Sein Zeitlingsfreund robbt langsam zu ihm nach vorne und so lagen die beiden nebeneinander im Unterholz. Nur wenige Meter vor ihnen, am Ufer des Sees, lagerten vielleicht zweihundert Galazer. Die meisten von ihnen lagen in kleineren Gruppen eng zusammengedrängt und schliefen. Offensichtlich fühlten sie sich so sicher, dass sie keinerlei Wachen aufgestellt hatten. Auch bei ihren Unterhaltungen, die noch hier und da geführt wurden, waren sie nicht besonders leise. Einige standen mit zurückgeklappten Monsterköpfen beieinander und sprachen ganz ungezwungen über ihre finsteren Absichten:

„…so werden wir sehr bald das gesamte Hoppelitenpack für immer aus dieser Höhle entfernen. Keiner von ihnen wird den morgigen Tag überleben und der Großfürst wird uns sehr, sehr dankbar sein müssen."

"Du hast Recht, mein dunkler Genosse. Am Abend des ersten Tishri gehört der Dopplerbezirk Toros uns und der Weg zur endgültigen Unterwerfung der Menschen ist frei."

„Ich hätte von diesen ‚dürren Grünlingen' gar nicht erwartet, dass sie das geheime Inselversteck für die Zeitlinge so wütend verteidigen. Ist ihnen scheinbar sehr wichtig."

„Na ja, wenn unser erster Versuch mit nur zweihundert Genossen nicht erfolgreich war, kommen wir eben nach der morgigen Schlacht mit zweitausend zurück. Dann werden auch diese Inselwächter sterben."

„Lasst uns nun auch schlafen gehen, Genossen. Wir rücken morgen früh Punkt Sieben nach vorne ab, um am entscheidenden Großangriff gegen die restlichen ‚Dürrlinge' teilzunehmen. Anschließend besetzen wir dann die Insel…"

Toby stieß Manu vorsichtig an und machte Zeichen, dass sie sich zurückziehen wollten. Er flüsterte:

„Wir haben genug gesehen und gehört. Komm, wir verdrücken uns von hier."

Es war bereits Mitternacht, als die beiden ins Lager der Trinostiten zurückkamen. Trinos erwartete sie schon sehnlichst und Toby holte sein Dudelrechteck aus der Tasche. Dann berichtete er von ihren Beobachtungen. Gemeinsam besprachen sie ausführlich alle Einzelheiten für den kommenden Morgen und Toby wollte wissen:

„Wie kann ich mich eigentlich während unseres Angriffs mit deinen Kumpels verständigen, Trinos?"

„Mach dir deswegen keine Gedanken, Toby. Alles, was du mir sagst, gebe ich umgehend an die gesamte Herde weiter. Sie hören deine Worte ungefähr eine Sekunde nach mir."

„Das ist gut", antwortete Toby angespannt nachdenkend. „Das ist wirklich sehr gut. Wir werden in zwei Stunden heimlich bis ans Ostufer des Großen Fikira Sees vorrücken und dort unauffällig unsere Angriffspositionen einnehmen. Legt euch jetzt am besten noch ein wenig hin."

Toby konnte nicht einschlafen. Die Aufregung wegen des bevorstehenden Kampfes war viel zu groß. So ging er in Gedanken nochmal alles durch. Zwischendurch musste er immer wieder an seine Eltern denken, die er noch nie gesehen hatte. Ob sie wirklich so aussahen, wie er sie sich Abend für Abend in seinen Gedanken vorgestellt hatte? Wie sie wohl waren? Ob sie ihn tatsächlich mochten? Dazwischen tauchte blitzlichtartig immer wieder kurz das lächelnde Gesicht von Tini auf. Tini! Was, wenn er sie nie wiedersehen würde…

Die zwei Stunden bis zum Abmarsch waren wie im Nu verflogen. Trotzdem waren alle hellwach und die Kolonne von einundvierzig riesigen Kampfkolossen bahnte sich fast völlig lautlos den Weg durch den dichten Höhlenurwald, bis zum östlichen Seeufer. Hier nahmen sie von der nördlichen-, bis zur südlichen Grenze der Großen Halle der Gedankenseen, im Abstand von fünfundzwanzig Metern nebeneinander ihre Angriffspositionen ein. So würden sie nachher beim Vorrücken eine geschlossene Front durch das gesamte Gebiet der Hoppeliten bilden und kein Galazer könnte ihnen entkommen. Manu saß auf Drischkos Rücken und würde mit einer Gruppe von zwanzig Tieren durch den Bereich der

Großen Halle, der unterhalb des Fikira Sees liegt, auf den Feind vorstoßen. Dabei würden sie dann automatisch an der südlichen Gebietsgrenze mit Ursu, Kir, Loum und den Resten der Hoppeliten zusammentreffen. So wäre der Fluchtweg in den Sluuplockbusch für die Galazer in westlicher Richtung augenblicklich abgeschnitten. Toby würde mit Trinos und zwanzig weiteren Trinostiten gleichzeitig am Nordufer des Großen Fikira Sees ebenfalls auf breiter Front angreifen und Richtung Toro vorstoßen. Da die Feinde ja bereits um sieben Uhr von dort abrücken wollten, würden sie mit ihrer gesamten Trinostitenfront um kurz nach Sieben so weit nach vorne gehen, dass der gesamte Große Fikira See zur Zeit des geplanten Angriffs bereits in ihrer Gewalt wäre.

Toby blickte durch seine Nachtsichtbrille zur Insel Woida hinüber. Was war denn das? Da drüben waren drei Hoppeliten, die offensichtlich am Strand Patrouille gingen, um nicht von einem nächtlichen Galazer-Angriff überrascht zu werden. Er winkte zu Manu hinüber und gab ihm Zeichen, dass er zur Insel hinüberschauen solle. Augenblicke später standen die Beiden unten am Strand und versuchten, die Hoppeliten durch wildes Winken und Gestikulieren auf sich aufmerksam zu machen, ohne allerdings die Galazer dabei zu alarmieren. Plötzlich schob sich von hinten der massige Kopf von Trinos neben die beiden. Mit gespitzten Lippen nahm er einen Handball-großen Stein von der Erde auf und lies ihn in seinem Maul verschwinden. Dann schob er seine riesige Zunge hervor, verdrehte sie zu einer Art Blasrohr und zielte dicht neben die Hoppeliten auf der Insel. Mit einem mächtigen Luftstoß schoss er den Stein hinüber und die drei überraschten Patrouillengänger brachten sich blitzartig hinter Bäumen in Sicherheit. Nach einigem Warten und keinerlei weiterer Geschosseinschläge war ihnen klar, dass es sich offensichtlich nicht um einen Überfall der Galazer handelte, sondern, dass es etwas anderes sein musste. Einer von ihnen kam aus seiner Deckung hervor und stellte sich bewegungslos an den Strand. Trinos nahm einen weiteren Stein auf und pustete auch den hinüber. Ungefähr einen Meter neben dem reglos Stehenden schlug er ein. Wieder war Ruhe. Alle warteten gespannt, was als Nächstes passieren würde. Die beiden anderen Hoppeliten kamen nun ebenfalls aus ihrer Deckung hervor. Alle drei stellten sich nun direkt an den Strand, starrten angestrengt zu den Freunden herüber und versuchten in der Dunkelheit etwas zu erkennen.

„Manu, gib mir doch mal deine Nachtsichtbrille."

„Warum?"

„Tu es einfach."

Er zog sein Hemd aus, wickelte die Brille des Freundes vorsichtig darin ein und verschnürte alles mit Klebeband aus seinem Rucksack zu einer Kugel. Diese hielt er Trinos vors Maul und forderte ihn nun auf, sie hinüber zu pusten. Augenblicke später lag das Geschoss vor den Füßen der erstaunten Hoppelitenpatrouille und kurz darauf hatten sie die Nachtsichtbrille gefunden. Nun konnten auch sie Toby, Manu und Trinos sehen. Sie winkten sich gegenseitig zu und zwei von ihnen schossen ihre Spinnfäden an die Höhlendecke. Sie schwangen sich daran zu ihnen herüber und die Begrüßung war überaus freudig, aber dennoch fast lautlos.

„Immer für dich", flüsterten sie ihnen zu.

„Gute Gedanken allzeit", erwiderten die Freunde und berichteten den beiden, dass Ursu, Kir und Loum mit einer ganzen Herde Trinostiten bereits bei ihren eingeschlossenen

Brüdern waren und dass sie die Galazer am Morgen von zwei Seiten angreifen wollten.

„Wir sind sehr, sehr dankbar, dass ihr uns zu Hilfe kommt. Es sind diesmal so viele von ihnen, dass wir schon glaubten, alles wäre vorbei. Wir werden sofort unsere Brüder von der Insel holen. Den Angriff gegen die Feinde auf den Rücken der ‚Waldkönige' wollen wir selbstverständlich mitmachen. Auf Woida lassen wir nur eine kleine Abteilung von fünfzig Kämpfern zum Schutz des Verstecks zurück. Die anderen vierhundert Brüder werden in dreißig Minuten hier sein."

Die beiden verschwanden genauso, wie sie gekommen waren und bereits eine halbe Stunde später saßen in den Rückenmulden aller vierzig ‚Waldkönige', wie die Hoppelitenbrüder die Trinostiten nannten, jeweils zehn, mit HighTec-Titan-Speeren und Carbon-Schilden bewaffnete, mutige Krieger. Die furchtlosen und kampferprobten Höhlenbewohner waren eine willkommene Verstärkung, sodass Manu wieder zu Toby hinüberkletterte, um mit ihm gemeinsam den Angriff zu führen. So würde es ihnen auch leichter fallen, sich gegenseitig den Rücken freizuhalten. Alles war ruhig, als ihr heimlicher Vormarsch um kurz nach Sieben begann und während sich die massigen Körper der Kampfkolosse mit ihren Reitern auf breiter Front vorwärts bewegten, hörte man nur das leise, regelmäßige Atmen dieser Riesentiere. Rund vierzig Minuten später hatten sie, völlig unbemerkt, ihre Angriffspositionen erreicht. Nun waren es nur noch gut zwanzig Minuten, bis zu der Schlacht, die über den Fortgang der Geschichte des gesamten Menschenreichs und dem, mit ihm untrennbar verbundenen verborgenen Land Verbola entscheiden würde.

Sie hatten vereinbart, während des Angriffs so viel Lärm wie irgend möglich zu machen, um den Feind dadurch zusätzlich einzuschüchtern. Alle Trinostiten hatten bereits ihre mächtigen, gefährlichen Stoßzähne ausgefahren. Wer von den langen Schwänzen mit den messerscharfen Hornplatten getroffen wurde, hatte keine Chance zu überleben. Auch ohne ihre ‚Besatzungen' wirkten diese Giganten auf jeden Gegner absolut einschüchternd und höchst gefährlich. Nun warteten alle gespannt auf Tobys Zeichen, der seinen Arm, für alle gut sichtbar, in die Luft streckte. Mit den Fingern zählte er die letzten Sekunden herunter und gab so, um Punkt acht Uhr, das Signal zum Angriff! Augenblicklich brach ein beängstigender Lärm los und alle setzten sich auf breiter Front in Bewegung. Die Hoppeliten schlugen rhythmisch ihre Speere gegen die Schilde und die Trinostiten stießen gefährlich klingende Schreie aus, die an das Röhren von Hirschen und das Trompeten von Elefanten erinnerten. Toby und Manu hatten die Gedankenimpulswerfer entsichert und ihre Augen suchten das Gelände scannerartig ab, während der Leitbulle mit ihnen vorwärts stürmte.

„Hey, Trinos! Sag deinen Jungs, dass sie unbedingt darauf achten sollen, dass wir in einer Linie bleiben! Haltet das gemeinsame Laufschritt-Tempo und die Seitenabstände ein! Sag ihnen, dass sie immer weiter brüllen sollen!"

Dann plötzlich gab es den ersten Feindkontakt! Zuerst sahen sie nur einen, dann waren es drei und kurz darauf schon einige Dutzend der Galazer, die am Morgen vom Großen Fikira See aufgebrochen waren, um ihre Genossen zu unterstützen. Offensichtlich völlig überrascht von dem, was da über sie hereinbrach, machten sie allerdings nicht den

Eindruck, als ob sie kämpfen wollten. Stattdessen suchten sie ihr Heil in der Flucht.

„Die hauen ab!“, rief Manu und feuerte hinter ihnen her, während es unaufhaltsam weiter vorwärts ging. Bereits nach wenigen Minuten waren die, durch den Angriffslärm alarmierten feindlichen Verbände von der westlichen Front abgerückt, wo sie die Reste der Hoppeliten eingekesselt- und bereits geschlagen glaubten. So reagierten sie auf den unerwarteten Angriff in ihrem Rücken zwar leicht verunsichert, aber dennoch siegessicher. Es waren mehrere tausend von ihnen, die sich in der typischen Hyänen-Haltung den Freunden entgegenwarfen.

„Pass auf! Da vorne kommen noch viel mehr von ihnen! Achtung, sie kommen direkt auf uns zu! Sie greifen uns an“, rief Toby seinem Freund zu.

„Das sind zu viele! Das schaffen wir nicht“, rief Manu zurück!

„Wir müssen gewinnen! Sonst sind nicht nur meine Eltern verloren!“

Die Beiden schossen ihre Gedankenimpulse als Dauerfeuer ab. Scharenweise blieben getroffene Galazer wartend auf den Schlachtfeld stehen und nicht wenige von ihnen wurden so von den heranstürmenden Trinostiten überrannt. Die, die überlebten, wurden dann sehr schnell von einem speziellen Hoppeliten-Kommando gefesselt und in Gefangenschaft weggeführt. Inzwischen war ihr Vormarsch zum Stehen gekommen und eine wilde Schlacht entbrannte. Etliche Hoppelitenkämpfer schossen ihre Spinnfäden in die Äste über die angreifenden Galazer, um sich dann an ihnen vorbei zu schwingen und dabei die Speere in die feindlichen Körper zu stoßen. Nur im Bruchteil einer Sekunde brach dabei die im gegnerischen Körper steckende Speerspitze ab und wurde durch eine neue ersetzt, die aus dem Inneren des Schaftes heraus schnellte. Andere von ihnen klammerten sich, nachdem sie im Kampf ihre Waffe verloren- oder alle Speerspitzen verbraucht hatten, an einem Gegner fest und schlangen dabei die langen Arme so eng um seinen Hals, bis er dadurch erstickte. Allerdings schafften es nicht alle von ihnen und einige fanden ihr trauriges Ende in den Fangzähnen der sich wütend wehrenden, dunklen Genossen.

Die Trinostiten zeigten bei der großen, zahlenmäßigen Überlegenheit des Gegners allerdings ihre unglaubliche Gefährlichkeit. Die Köpfe mit den mörderischen Stoßzähnen flogen sich drehend und windend von links nach rechts, während sie mit ihren riesigen Pranken wild um sich schlugen. Wurde ein Angreifer von den gefährlichen Stoßzähnen erwischt, flog er meist im hohen Bogen durch die Luft nach hinten, um kurz vor der Landung von einem gezielten Schlag mit dem kräftigen Trinostitenschwanz getroffen zu werden. So etwas konnte niemand überleben. Trotzdem gelang es dem einen oder anderen Galazer, sich in einigen Trinostiten-Hinterbeinen zu verbeißen und sogar einem von ihnen die Sehnen zu durchtrennen, so dass er laut brüllend und um sich schlagend zusammenbrach. Trinos hatte den Notfall bemerkt und eilte dem verwundeten Gefährten sofort zu Hilfe. Gemeinsam konnten sie ihn vor weiteren Attacken schützen.

Ursus Streitkräfte waren, wie verabredet, aus der Belagerung bei Toro ausgebrochen und im Südwesten der Großen Halle der Gedankenseen mit den von Toby und Manu geführten Verbänden zusammengetroffen. So war nun der

Fluchtweg in den Sluuplockbusch für den Feind endgültig versperrt und sehr schnell bemerkten die Galazer, dass sie in einer Falle saßen. Die bei Toro bereits geschlagen geglaubten Hoppeliten griffen inzwischen, gemeinsam mit ihren Verbündeten, vom Nordwesten her an und nahmen den Feind zwischen sich und Tobys Streitmacht in die Zange. Die Schlacht tobte mit brutaler Heftigkeit hin und her. Doch gegen die Gedankenimpulswerfer der Freunde auf den riesigen, lebenden Kampfmaschinen half den sich wütend wehrenden Galazern auch ihre zahlenmäßige Übermacht nichts. Sie hatten keine Chance. Als die, die noch nicht getötet oder gefangen waren, das erkannten, gerieten sie in Panik und jeder von ihnen versuchte rücksichtslos sich selbst in Sicherheit zu bringen. Nach knapp fünf Stunden war der Kampf beendet und von den ursprünglich weit über fünftausend Angreifern konnten sich nur einige hundert in das Galazergebiet jenseits der Grenze retten.

26. Kapitel - Das zweite Versteck

Als Toby und Manu gegen Mittag in ‚Sehemu kuu', der Hauptansiedlung der Hoppeliten eintrafen, wurden sie herzlich empfangen. Hunderte standen da und jubelten ihnen zu. Als Trinos endlich mitten im Ort stoppte und sie von seinem Rücken herunter kletterten, fiel alle Spannung von ihnen ab und sie sahen sich erleichtert an. Dullno, der Sohn des Hoppelitenanführers Maneron, war gekommen und begrüßte sie dankbar und würdevoll:

„Immer für dich!"

Sie erwiderten den Gruß, indem sie nacheinander ihre Hände auf das ihnen entgegen gestreckte Ellenbogengelenk legten:

„Gute Gedanken allzeit, Dullno, Sohn des Maneron! Wir haben den schwer verletzten Kamena dabei. Bitte kümmert euch um ihn."

Toby deutete mit dem Kopf Richtung Trinos Rücken und sogleich kletterten vier Hoppeliten hinauf, um den verwundeten Bruder herunter zu holen. Manu begleitete sie zur Hütte des Heilers und holte Kamena dort durch einen Impuls mit dem GIW aus der Starre. Nach eingehender Untersuchung versorgte und behandelte der Hoppelitenheiler alle Verletzungen des Patienten und seine Helfer brachten ihn anschließend in eine andere Hütte, in der weitere Verletzte untergebracht waren.

Die Freude war riesengroß, als die beiden Freunde in der Hütte des Hoppelitenanführers Ursu, Kir und Loum wiedertrafen. Nach der formellen Begrüßungszeremonie mit Maneron lagen sich die Fünf in den Armen und Ursu äußerte:

„Das habt ihr wirklich sehr gut gemacht. Ihr habt alle gekämpft, wie echte Krieger. Und ihr wart sehr umsichtig und klug dabei."

Er legte Toby und Manu seine Arme um die Schultern, zog sie ganz dicht zu sich heran und sagte sichtlich bewegt:

„Und euch beiden danke ich von ganzem Herzen, dass ihr meinen alten Freund Kamena gerettet habt. Danke."

Wenig später saßen sie mit Maneron, seinem Sohn Dullno und einigen anderen Hoppeliten-Clanchefs zusammen, aßen, tranken und verabredeten, am Nachmittag auf die Insel Woida zu gehen, um das Versteck des Obersten Rates zu öffnen. Danach wollten sie sofort nach Sippwalde zurückkehren, um sich von dort aus auf den Weg nach Toro zu machen…

Die Zeit war bereits fortgeschritten, als sie am Ufer des Fikira ankamen. Dullno und einer seiner Hoppelitenbrüder fassten gegenseitig mit der linken- beziehungsweise mit der rechten Hand an den Unterarmarm des jeweils anderen, so dass in ihrer Mitte aus den zwei langen Armen eine Art Schaukel entstand, auf die sich Toby setzte um sich an ihren Schultern festzuhalten. Mit dem jeweils freien Arm schoss jeder der beiden nun einen Spinnfaden in die obere Höhlenvegetation direkt über der Insel und schwangen sich gemeinsam mit Toby hinüber nach Woida. Der blickte während des Schwunges interessiert nach unten auf die glatte Oberfläche des Großen Fikira Sees, der von hier oben eigentlich ruhig und ungefährlich aussah. Warum machten alle nur so viel Aufhebens um ihn? Dullno bemerkte, was den Jungen beschäftigte und erklärte:

„Es sind alles verlorengegangene Gedanken der Menschen, die aus dem Nichts des Gedankenhorizontes eingesammelt und hier aufbewahrt werden. Wenn du dort unten hineinfällst, ertrinkst du in ihnen, ohne jede Chance auf Rettung."

„Es sieht doch aber aus, wie ganz normales Wasser. Wie ein wunderschöner, ruhiger See."

„Ja, ja, es sieht aber wirklich nur so aus. Du kannst darin nicht schwimmen. Es trägt dich nicht. Jeder, der hineingeht oder -fällt, kommt darin um. Die heimatlosen Gedanken ergreifen sofort von deinem Gehirn Besitz. Da menschliche- und auch Hoppelitengehirne aber immer nur einen Gedanken zur selben Zeit denken können, wird man sofort wahnsinnig. Sie ziehen ihre Opfer ganz nach unten, auf den Grund des Sees und lassen sie niemals wieder nach oben."

Augenblicke später landeten sie auf Woida und auch Manu und die Anderen folgten auf die gleiche Weise. Es waren nur knapp fünfzehn Minuten Fußweg auf einem schmalen Pfad, der durch das dichte Gestrüpp zu einer Bodensenke in der Mitte der Insel führte. Dullno ließ fünfzig seiner Hoppeliten in einem Kreis um sich herum aufstellen und winkte die Freunde heran.

„Kommt zu mir in die Mitte meiner Brüder", sprach er und als die fünf Gefährten dieser Aufforderung nachgekommen waren, drehten sich die Hoppelitenbrüder mit dem Rücken zu ihnen um. Anschließend tippelten sie langsam rückwärts, bis alle Schulter an Schulter mit ihrem Nachbarn standen und niemand mehr von außen sehen konnte, was hinter ihren Rücken, innerhalb des Kreises, geschah. Der Sohn Manerons kniete sich nieder und griff mit beiden Händen in eine kleine Bodenspalte, die den Freunden vorher gar nicht aufgefallen war. Kraftvoll öffnete er eine fast unsichtbare Falltür und als die steil nach unten führende Treppe sichtbar wurde, forderte er sie auf:

„Nun geht schon hinunter. Dort unten findet ihr die Tür, nach der ihr sucht."

Ursu stieg als Erster hinab, gefolgt von Loum und Toby. Manu und Kir blieben mit Dullno oben stehen und warteten gespannt auf die Rückkehr der drei…

„Ich glaub´ hier ist es", meinte Ursu, als die drei durch den schmalen Gang auf eine Tür zukamen, deren Ähnlichkeit mit der, aus dem ersten Versteck, nicht zu übersehen war.

„Es scheint hier genauso zu funktionieren, wie an der ersten Tür. Komm´ Ursu, wir machen unsere Blutstropfen wieder in die Ecken", drängte Toby, dem alles irgendwie zu langsam ging.

„Seid ihr endlich soweit?", wollte Loum wissen, die bereits den Schlüssel ins Schloss gesteckt hatte und nun wartete, dass die beiden ihre Blutstropfen auf die markierten Bereiche an den Türecken drückten. Toby und Ursu piekten sich in die Finger und kurz darauf nickten sie sich bestätigend zu:

„Alles klar, Loum. Du kannst jetzt aufschließen!"

Deutlich hörte man das Schließwerk in der schweren Tür arbeiten und wenige Augenblicke später ließ sie sich tatsächlich öffnen. Die Freunde betraten den dahinterliegenden Raum und sahen sich neugierig um. Es waren keinerlei Einrichtungsgegenstände zu sehen, nur in der Mitte lag ein kleines, flaches Paket auf dem Fußboden. Es maß ungefähr fünfzig mal fünfzig Zentimeter und vielleicht acht Zentimeter in der Höhe. Das war alles! Loum hob es auf und betrachtete es von allen Seiten. Sie gab es Toby und auch er begutachtete die Schachtel, die sehr leicht war.

„Los, öffne es", forderte Ursu ihn auf und er entfernte daraufhin die Verpackung.

„Was ist das denn?", fragte Toby erstaunt und ratlos, als er einen runden, reifenähnlichen Gegenstand aus dem Karton zog, der sich wie von selbst auf die doppelte Größe entfaltete und scheinbar mit schwarzem Stoff bezogen war. Es erinnerte ein wenig an einen Reflektor, beziehungsweise einen sogenannten Abschatter, wie man ihn häufig in Film- und Fotostudios einsetzt.

„Was soll das denn sein?", fragte jetzt auch Loum ein wenig irritiert. Die drei sahen sich ratlos an, als Toby bemerkte, dass der Teil seiner Hand, mit der er dieses Ding festhielt, scheinbar den Stoff durchstoßen hatte. Erschrocken drehte er die Scheibe herum! Da, wo nun eigentlich seine Finger zu sehen sein müssten, war – nichts! Nur der glatte, schwarze Stoff. Keine Spur von seinen Fingerspitzen! Erneut drehte er die Scheibe herum und sah auf seine Hand. Man konnte glauben, dass seine Finger in den schwarzen Stoff eintauchten. Ursu trat einen Schritt näher heran und sagte:

„Das ist der ‚Heiwe'."

„Das ist was? Der Highway?“

„Das ist der ‚Heimliche Weg‘. Ich habe früher einmal gehört, dass es so etwas geben soll. Allerdings hatte ich ihn bis heute noch nie in der Realität gesehen. Offen gestanden habe ich bisher auch nicht wirklich geglaubt, dass er tatsächlich existiert.“

Er steckte seinen Arm bis zum Ellenbogengelenk in die runde Scheibe hinein. Während Toby ihm beinahe fassungslos zusah, bückte sich Loum und schaute, ob sie den Arm auf der anderen Seite sehen konnte.

„Er ist weg! Nichts zu sehen! Ich glaub das einfach nicht!“, rief sie erstaunt. Toby hob den ‚Heiwe‘ hoch und hielt ihn wie einen Regenschutz über seinen Kopf. Dann senkte er ihn langsam nach unten und tauchte mit seinem Kopf hinein.

„Was siehst du, Toby? Toby! Kannst du mich hören?“, wollte Ursu wissen. Die Finger des Jungen hielten die Scheibe am Rand fest umklammert und es sah schon merkwürdig aus, wie er da so ohne Kopf zwischen ihnen stand. Dann, einige Augenblicke später, drückten seine Hände den ‚Heiwe‘ langsam nach oben und sein Kopf wurde wieder sichtbar.

„Erzähl! Was hast du gesehen? Hast du uns gehört?“, fragte Loum aufgeregt.

„Es sah aus, wie eine Grube. So, als ob ich mit meinem Kopf den Boden einer Grube durchstoßen hätte und hineinschauen konnte. Weiter oben ist ein großes Loch zu sehen, durch das Licht herein scheint.“

„Es ist dunkel in dieser Grube? Licht kommt nur durch das Loch von oben? Bist du sicher? Du weißt doch, dass hier alles aus diesem besonderen, lichtdurchlässigen Mineralglasstein ist." Ursu schien sehr interessiert zu sein. Toby antwortete:

„Nein, - ich meine ja! Ja, es ist alles dunkel. Das ist wie in einer Höhle bei uns im Menschenreich."

„Ok! Zieht mir dieses Ding über den Kopf und dann komplett bis nach unten, so dass ich ganz darin verschwinde."

„Ja, aber…"

„Tut es einfach!"

Toby und Loum hielten den ‚Heiwe' über Ursus Kopf und zogen ihn dann langsam herunter. Da lag er nun am Boden, genau da, wo eben noch der Zeitlingsfreund gestanden hatte. Toby blickte verunsichert zu Loum hinüber und sah ihren besorgten Gesichtsausdruck. Mehr zu sich selbst sprechend sagte er:

„Mach dir keine Sorgen. Er wird gleich wieder aus diesem komischen Ding herauskommen. Verlass dich drauf."

Plötzlich, vor ihren Augen, verschwand die stoffbespannte Scheibe mit einem Geräusch, das man von einem Staubsauger kennt, wenn er versehentlich ein Tuch aufsaugt, in der Erde.

„Keine Sorgen machen, was? Hast du das eben gesehen?"

„Ja, es ist weg! Wo ist es denn hin? Es kann doch nicht einfach…"

Toby kniete sich hin und untersuchte den Fußboden des Raumes. Er war hart wie Stein. Als er mit der Hand zum wiederholten Male prüfend über die Erde strich, stieß er gegen den völlig unerwartet aus dem Boden auftauchenden Arm von Ursu. Einen Moment später war der Freund komplett aus dem Fußboden herausgeklettert und stand wieder mitten unter ihnen. Er bückte sich und hielt seine Hand flach auf den Fußboden. Mit dem vorhin gehörten Flopp-Geräusch erschien nun auch die Scheibe wieder und lag vor ihnen, genau dort, wo ihr Freund gerade aus dem Boden gestiegen war.

„Es ist unglaublich! Ihr werdet mir nicht glauben, wo ich gerade war!“ Ohne eine diesbezügliche Frage der beiden abzuwarten, antwortete er von sich aus:

„Ich war soeben in Toro. Und ich war dort nicht irgendwo, sondern ich war in Enklave Grela. Ich war in Enklave Grela im Torodom...“

„Du warst im Torodom?“, fragte Loum aufgeregt.

„Ja, ich war im Arsus!“

„Du warst wo?“

„Ich war im Arsus, dem geweihten Loch! Zuerst sah ich nur dieses Loch über mir, von dem Toby vorhin gesprochen hat. Dann habe ich ganz vorsichtig meinen Kopf oben hinaus gesteckt und mich mal umgeschaut. Es gibt keinen Zweifel, es war Arsus.“

„Wenn du im ‚Loch‘ warst, erklärt das auch, warum Toby meinte, dass es darin sehr dunkel ist. Dieser große Altar stammt nämlich aus dem Reich der Menschen und besteht aus einem lichtundurchlässigen Material, das sie dort Granit nennen“, erklärte Loum.

Toby hob den ‚Heiwe' auf und verdrehte ihn so, dass er wie eine Acht aussah. Dann klappte er die beiden so entstandenen, zusammenhängenden Ringe übereinander und verstaute alles in der dazugehörigen Tasche…

27. Kapitel - Gefangen

Manu und Kir waren bereits gespannt, was die Freunde wohl im Versteck gefunden haben würden. Umso größer war ihre Enttäuschung, als die drei kein Wort darüber verloren, nachdem sie über die Treppe wieder nach oben gekommen waren und Dullno die Falltür verschlossen hatte.

„Es wird höchste Zeit, Freunde. Es bleiben uns nur noch wenige Tage, um Tobys Eltern zu befreien. Wir sollten unverzüglich aufbrechen."

Dann wandte sich Ursu an Dullno:

„Kannst du uns bitte wieder zu Trinos hinüberbringen? Wir sollten wirklich keine Zeit mehr verlieren."

Wenig später erreichten sie erneut Sehemu kuu und verabschiedeten sich von Maneron und all´ den anderen. Auch Kamena war inzwischen vom Heiler wieder hergestellt worden und bedankte sich noch einmal persönlich bei seinen Rettern. Unmerklich zog er Toby dabei ein wenig zur Seite und flüsterte ihm zu:

„Hast du das Ding gefunden, das ich dem Galazer entreißen konnte?"

„Ja, aber ich weiß nicht, was es ist. Wofür soll es gut sein?"

„Es ist ein Gehirnrestaurator. Du hast doch dieses kleine Gerät, deinen Informander, oder?"

„Ja, wieso?"

In diesem Moment begannen urplötzlich viele tausend Hoppeliten zu johlen und zu pfeifen, um auf diese Weise die Freunde zu verabschieden und ihnen eine gute Reise zu wünschen. Viele von ihnen waren extra aus den umliegenden Makazis, wie die zahlreichen Hoppelitenansiedlungen in der großen Halle der Gedankenseen genannt wurden, gekommen. Toby verstand nur noch, dass er dort unter dem Stichwort Gehirnwäsche nachschauen sollte. Dann zog ihn Manu auch schon fort, in Richtung Trinos und wenig später waren sie bereits auf dem Rücken ihres großen Freundes auf dem Weg zurück nach Sippwalde.

Doc Albert war bereits gegen Mittag unerwartet in Ursus Hütte erschienen, um Miri zu besuchen und sie zu informieren. Die Besorger hatten ihm berichtet, dass es eine größere Auseinandersetzung zwischen Hoppeliten und Galazern gegeben hatte. Genaueres über den Ausgang wusste er allerdings noch nicht. So versuchte er, Miri aufzumuntern und erzählte von Abenteuern, die er in früheren Zeiten mit ihrem Ursu auf gemeinsamen Missionen erlebt hatte. Erst sehr spät kam er dabei auf den Gedanken, dass diese aufregenden Geschichten nicht wirklich dazu geeignet waren, eine um ihren Gefährten bangende Zeitin nachhaltig zu beruhigen. Gerade, als er es bemerkte und sich dafür entschuldigen wollte, klopfte es an der Tür der Hütte.

„Herein“, rief Miri und beide schauten erwartungsvoll hinüber. Die Freude war riesengroß, als Ursu, Loum, Manu, Kir und Toby lachend in den Raum stürmten. Alle fielen sich in die Arme und wenig später saßen sie an dem großen Tisch, um Doc Albert und Miri von ihren Erlebnissen zu berichten. Natürlich wollten die beiden wissen, was in den geheimen Verstecken gelegen hatte. Toby zeigte den verblüfften Freunden den ‚Heiwe' und erzählte ausführlich, wie sie ihn bekommen hatten. Danach holte er den Gehirnrestaurator aus seiner Tasche hervor und meinte:

„Kamena hat mir beim Abschied noch zugerufen, dass ich im Informander unter dem Stichwort ‚Gehirnwäsche' nachschauen soll."

„Na los, dann mach mal", forderte ihn der Doc ungeduldig auf und auch die anderen schauten neugierig zu ihm herüber.

Er hatte das kleine Gerät aktiviert und fand das gesuchte Stichwort schnell:

‚Gehirnrestaurator, mobiles HighTec-Gerät der vierten Generation zur Wiederherstellung des Originalzustandes manipulierter menschlicher Gehirne. Einsatz von derartigen Geräten der ersten Generation ab 2067 beim Militär. Ab 2082 Massenartikel im Zivilschutz.'

„Hier steht, dass man mit dem Ding ein manipuliertes Gehirn wieder in seinen ursprünglichen Zustand bringen kann. Sie schreiben, dass man das kleine, stabförmige Gerät dazu mit der Spitze zwischen die beiden Augen des zu Behandelnden aufsetzen muss und danach den Auslöseknopf am anderen Ende betätigen soll."

„Heb´ das Ding nur gut auf. Vermutlich werdet ihr es schon bald gut gebrauchen können", meinte der Doktor und wandte sich Ursu zu:

„Wir sehen uns gleich, alter Freund."

Dann verschwand er auf die bekannt mysteriöse Art im Nichts…

Es war bereits dunkel, als Doc Albert in seinem Wohnzimmer die Vorhänge zuzog und es an der Tür klingelte. Tini kam, wie verabredet, von ihrem Vater zurück und war sehr gespannt auf die neuesten Nachrichten über Toby und die Freunde.

„Sind sie schon da?“, wollte sie aufgeregt wissen, als der Doc die Tür öffnete.

„Nein, noch nicht, aber ich hole sie gleich ab. Komm erst mal herein und setz dich, mein Kind. Nimm dir was zu trinken und warte kurz. Ich bin in ein paar Minuten mit ihnen wieder zurück.“

Daraufhin verschwand der Knochenklempner durch die Tür und begab sich durch den versteckten Zugang im Behandlungsraum zur MaKi-Brücke, wo Ursu und Toby bereits auf der anderen Seite bei den Torwächtern auf ihn warteten. Nachdem sie, mit Hilfe der ‚Hietstrahlen‘, die tunnelartige Brücke aufgebaut hatten, gelangten die beiden problemlos über den Gedankenhorizont wieder ins Reich der Menschen zurück.

„Es tut gut, euch gesund im Reich der Menschen zu sehen“, sagte der Doktor, als sie bei ihm angekommen waren. „Uns bleiben noch vier Tage und der Rest von heute. Lasst uns also keine Zeit verlieren. Übrigens…“, er drehte sich zu Toby um, „du wirst schon sehnlichst von jemandem erwartet.“

Kurze Zeit später betraten sie das Wohnzimmer, in dem die Tochter des Putzers bereits ungeduldig auf ihre Rückkehr wartete. Tini freute sich so sehr, dass sie aufsprang und Toby ungestüm um den Hals fiel. Im selben Augenblick war sie darüber selbst genauso überrascht, wie der Umarmte und sofort ließ sie ihn wieder los. Sie merkte, wie ihr das Blut in den Kopf schoss. Wahrscheinlich war sie nun knallrot im Gesicht und alle bemerkten, wie peinlich ihr die Situation war. Schnell drehte sie ihnen den Rücken zu und tat so, als ob sie sich die Nase putzen müsste. Als sie sich wieder unter Kontrolle hatte, sagte sie:

„Da seid ihr ja endlich! Ich hab´ mir schon solche Sorgen gemacht! Doc Albert erzählte, dass ihr einige Schwierigkeiten hattet. Ihr habt mit irgendwelchen Wesen gekämpft. Was war denn los? Und, - wo sind die Anderen? Ich denke, da waren noch Freunde von Ursu mit euch unterwegs?“

„Ja, das stimmt. Das waren Manu, Loum und Kir“, antwortete Ursu. „Wir werden sie in Toro wiedersehen. Dort wirst auch du sie kennenlernen, kleine Tini.“

Dann wandte er sich seinem alten Freund, dem Zeitgrenzler zu und fragte:

„Sag, mein lieber Albert, hast du denn neue Nachrichten über Karl Krall und seine Genossen? Wir können uns im Moment keine Auseinandersetzungen mit ihm leisten, weil uns die Zeit davon läuft. Schließlich haben wir nur noch diese vier Tage, denn den zwölften September können wir nicht mitzählen. Bis dahin muss die ganze Aktion gelaufen sein“

Der Doktor reagierte nicht, sondern stand scheinbar teilnahmslos am Fenster und schaute zu den Dreien herüber.

„Ich glaub´, er ist mal wieder weg“, sagte Toby. Er ging hinüber und als er dem Doktor mit dem Finger in die Seite piekte, war für alle offensichtlich, dass sie nur ein ‚Doc Albert-Hologramm‘ vor sich hatten.

„Du hast Recht. Er ist mal wieder verschwunden!“, pflichtete ihm Ursu bei. Gerade, als er wieder zu den beiden zurückgehen wollte, packte ihn plötzlich jemand von hinten am Handgelenk und hielt ihn fest. Der Junge erschrak heftig und zuckte zusammen.

„Bin schon wieder da, mein junger Freund“, sagte Doc Albert schmunzelnd zu ihm. Als er sich von dem Schrecken erholt hatte, setzte er sich und fragte:

„Wo warst du denn, Doc?“

„Habe noch schnell einige Informationen besorgt, die ihr für eure Reise nach Toro braucht.“

„Oh, danke! Worum handelt es sich denn?“

„Kommt, setzt euch, dann können wir alles besprechen. Aber zuerst wollen wir einen Bericht über eure Erlebnisse in der Mawazo Kikwazo Höhle hören. Toby, du sollst dich dort ja wacker geschlagen haben, wie ich höre.“

Die vier begaben sich zum großen Tisch in die Küche und gebannt folgten Tini und der Doktor den Ausführungen der beiden Heimkehrer über die Erlebnisse der letzten Zeit. Es war bereits weit nach Mitternacht, als sie sich endlich in die Gästezimmer des Hauses zurückzogen hatten. Wiedermal ‚traf‘ sich Toby in Gedanken mit seinem Vater Thomas und seiner Mutter Marie, bevor er in einen tiefen Schlaf fiel…

Nach einem ausgiebigen Frühstück begannen die vier mit der Planung der bevorstehenden Reise nach Toro. Sie wollten dort die Befreiungsaktion für Tobys Eltern durchführen und so, dem Dunklen Großfürsten eine empfindliche Niederlage beibringen. Normalerweise reisten Menschen automatisch und ohne, dass sie es bewusst bemerkten, in Toro ein, sobald sie sich längere Zeit und ernsthaft mit schlechten Gedanken befassten. Meistens gelang es einem der unzähligen Werber, wie die professionellen Verführer der Schattenresidenz genannt wurden, solche Besucher für weitere Aktivitäten im Suggbezirk, oder sogar für eine Tour ins sogenannte ‚Einkaufsparadies' des Sepabezirks zu gewinnen. Die Einreise für Zeitengänger war dagegen durch ein besonderes Kommando möglich und menschliche Freunde konnten sie, wie beim Fliegen, durch Anfassen an der Hand mitnehmen.

Zuerst musste ihnen allerdings etwas wirklich Gutes einfallen, wie sie in Toro unerkannt bleiben konnten. Nachdem sie mehrere Ideen besprochen und dann doch wieder verworfen hatten, einigten sie sich auf einen recht einfachen Trick: Ursu sollte sich für diese Reise als Alt-Achtundsechziger zurechtmachen, Tini würde eine Gruftibraut- und Toby ein Punk werden. So würden sie, als Vater mit zwei halbwüchsigen Kindern, dort nicht weiter auffallen. Tini fand diesen Gedanken super und meinte:

„Wir sollten zu meinem Vater gehen. Der hat bestimmt all die Klamotten da, die wir für unsere Verkleidung brauchen. Von dort aus können wir dann morgen früh ganz unauffällig, als Touristen nach Toro starten."

„Ein guter Gedanke", befand Ursu. „Du solltest aber schon jetzt ganz normal nach Hause gehen, falls dich jemand beobachtet hat, als du allein hierhergekommen bist. Dann sieht es so aus, als ob du deinen ‚Onkel Albert' nur mal über Nacht besucht hättest. Außerdem kannst du deinen Papa schon mal auf unser nächtliches Kommen vorbereiten."

„Ja, genau. Das ist eine gute Idee“, antwortete Tini und bereitete sich zum Aufbruch vor, während Ursu sich an Toby wandte:

„Wir warten ungefähr noch eine Stunde. Wenn es dunkel geworden ist, fliegen wir dann getrennt, im Abstand von fünf Minuten, in die Kirchstraße zum Putzer hinüber. Dort landen wir auf dem Flachdach, du weißt schon, über das du neulich den Krall-Gangstern entwischt bist. Tini, sorge bitte dafür, dass nach Einbruch der Dunkelheit das Fenster zum Dach unauffällig geöffnet ist.“

Als es dann endlich soweit war, machte sich Toby fertig, um hinüberzufliegen. Er verabschiedete sich von Doc Albert, der ihn segnete, Erfolg für die Mission wünschte und zum Ausgang brachte. Die Abendluft war frisch und klar. Toby sog sie tief ein und trat hinaus in die Dunkelheit, die nur mühsam von einer entfernt stehenden Straßenlaterne durchbrochen wurde. Albert hatte die Tür bereits wieder verschlossen und der Junge wollte gerade das Kommando zum Fliegen sagen, als mit quietschenden Reifen ein Auto direkt neben ihm zum Stehen kam. Er war außerstande auch nur ein Wort zu sagen, geschweige denn, eine Bewegung zu machen, als die hintere Tür des Fahrzeugs aufflog, er von mehreren Händen unsanft gepackt- und auf den Rücksitz geworfen wurde. Während das Auto mit hoher Geschwindigkeit davon raste, fesselte man ihm die Hände mit Klebeband und zog eine Mütze über seinen Kopf, damit er nichts mehr sehen konnte.

„Guten Tag Herr Thorsen Junior. Es ist mir eine große Freude, dich endlich persönlich kennenzulernen.“

Der Mann lachte laut und Toby kannte diese Stimme genau. Es war jener Karl Krall, dem er in den vergangenen Tagen bereits mehrfach entwischt war. Der Hochnebulöser, der ihn im Auftrag des Dunklen Großfürsten unbedingt vor dem 12. September, also vor Ende Elul, unschädlich machen sollte. Jetzt war er sein Gefangener! Ein Gedanke schoss ihm sofort und unvermittelt durch den Kopf: Er durfte jetzt keine Fehler machen, die das Leben seiner Eltern gefährdeten. Es wäre ihm ein Leichtes, sich auf der Stelle, mit dem entsprechenden Kommando, zum Beispiel in Richard Momsen zu verwandeln. Die Typen würden ihren vermeintlichen Irrtum spätestens dann bemerken, wenn sie ihm die Mütze vom Kopf abziehen. Die Gefahr, dass sie auf diese Täuschung jedoch nicht hereinfielen und bemerken würden, dass die besonderen Fähigkeiten seines Vaters bereits auf ihn übergegangen waren, diese Gefahr war ihm dann doch zu groß. Es würde ihren gesamten Plan zunichtemachen. Solch ein Risiko wollte er auf keinen Fall eingehen und so fügte er sich erst einmal in sein vermeintliches Schicksal.

Sie fuhren eine ganze Zeit durch die Nacht und die beiden Kerle, die rechts und links neben ihm auf der Rückbank saßen, unterhielten sich über den Karrieresprung, den sie nun machen würden, weil sie ‚diesen Thorsenbengel' gefangen hatten. Als das Fahrzeug endlich gestoppt hatte, rissen sie Toby die Mütze vom Kopf. Es dauerte nicht sehr lange, bis er sich in der Dunkelheit orientieren konnte. Sie standen neben der kleinen Blockhütte, aus der sie an seinem Geburtstag Tini befreit hatten. Wie hatte Ursu diesen Ort doch gleich genannt? Ja, genau: Trabantensitz. Trabantensitz der Schattenresidenz! Die beiden Kerle waren inzwischen ausgestiegen und zerrten ihn nun unsanft aus dem Wagen heraus.

„Aua! Nicht so grob, ihr Pfeifen! Das tut mir weh!"

„Halts Maul, du kleine Ratte! Vorwärts! Mach schon, du Würstchen! Oder sollen wir dir ein bisschen nachhelfen?"

Auf diese Art von Hilfe wollte Toby gern verzichten und sie stießen ihn Richtung Tür. Im Innern stand er dann in dieser riesigen Halle, über die er sich bei Tinis Befreiung schon so gewundert hatte. Jetzt kam sie ihm noch viel größer vor und sie trieben ihn hinüber, zu der großen Treppe, die auf der rechten Seite zu einer großen, von Posten bewachten Tür führte, hinter der die Gemächer des ‚Dunklen Trabanten' lagen. Unter diesem Aufgang befand sich eine kleine Zelle, in die er hineingestoßen wurde, nachdem sie seine Handfesseln gelöst hatten.

„In vier Tagen bringen wir dich nach Toro! Dann darfst du in die Gemächer deiner Eltern einziehen. Die werden nämlich in ein paar Tagen frei!" rief ihm Karl Krall mit einem hämischen Lachen hinterher, bevor die schwere Tür von außen verschlossen und verriegelt wurde. Nur Sekunden später öffnete sich die sogenannte Kostklappe in der Tür und man warf ihm ein Stück Brot hinein, das, bevor er es auffangen konnte, auf dem Zellenboden landete.

„Das muss bis übermorgen reichen! Also friss nicht so viel und teil´ es dir ein, Schwachkopf!"

Mit einem lauten Krachen wurde die Kostklappe wieder geschlossen. Toby wartete einen Moment und schlich dann zur Tür, um zu lauschen, was draußen gesprochen wurde.

„…das er bis zur Abreise in vier Tagen zu niemandem Kontakt bekommt. Hast du das verstanden? Du bist mir dafür verantwortlich! Niemand verlässt, oder betritt diese Zelle, bis ich den Gefangenen in vier Tagen hier wieder abhole!"

„Jawohl, du mein Hochnebulöser“, antwortete eine zweite Stimme unterwürfig. „Keinen rein- und keinen rauslassen! Jawohl!“

28. Kapitel - Gefährlicher Ausflug

Tini war wie verabredet nach Hause gegangen und hatte etwas später die Verriegelung des oberen Flurfensters geöffnet, es jedoch so angelehnt gelassen, dass es von außen wie verschlossen aussah. Eine gute Stunde nach Einbruch der Dunkelheit war dann Ursu bei ihnen eingetroffen, der berichtete, dass er durch das Wohnzimmerfenster bei Doc Albert beobachtet hatte, wie Toby von Karl Krall und seinen Leuten entführt wurde. Tini machte sich große Sorgen um ihn und auch der Putzer wirkte ein wenig nervös. Ursu allerdings strahlte Ruhe und Zuversicht aus.

„Er ist ein Hüter des Trias! Er ist unterwiesen und hat alle Fähigkeiten eines Zeitengängers! Er hat im Kampf Umsicht und Mut bewiesen. Er weiß, dass jetzt nicht nur das Leben seiner Eltern von ihm abhängt. Er wird die richtigen Entscheidungen treffen. Ich vertraue ihm."

Genau in diesem Moment hörte man das Knarren von Dielen. Das Geräusch kam aus dem Obergeschoss und der Putzer schaltete schnell das Licht aus. Tini und er versteckten sich in der Zimmerecke hinter einem Schrank, während Ursu sich seine Nachtsichtbrille aufgesetzt hatte und mit dem Kommando „Abdimur momento temporis" unsichtbar machte. Geräuschlos huschte er in den Flur hinaus, von wo er die von oben kommende Treppe gut überwachen konnte. Zunächst sah er nur einen, vorsichtig nach unten tastenden, Fuß des Eindringlings, dann den zweiten- und schließlich war er ganz zu sehen…

„Hubertus! Tini! Ihr könnt das Licht wieder anmachen! Toby ist da! Ich hab´s euch ja gesagt!“

Er klopfte dem Jungen anerkennend auf die Schulter und sie gingen hinüber ins Wohnzimmer, wo Tini und ihr Vater bereits freudig warteten.

„Wo warst du denn nur? Was ist passiert? Wie konntest du abhauen?“

Die Fragen sprudelten Tini nur so aus dem Mund hervor. Als alle Platz genommen hatten, berichtete er über seine Entführung; das sie ihn zum Trabantensitz der Schattenresidenz gebracht und dort in eine Zelle gesperrt hatten.

„Als ich hörte, dass Krall anordnete, mich für die nächsten vier Tage eingesperrt zu lassen, fiel mir Gott sei Dank sofort Doc Alberts Trick mit dem Hologramm wieder ein. Wenn der Wächter nun also durch den Türspion reinguckt, sieht er mich völlig verzweifelt in der Zelle umherlaufen. Krall hat befohlen, dass niemand zu mir hinein darf. So werden sie erst etwas merken, wenn wir unsern Job in Toro bereits erledigt haben. Möchte dann mal ihre Gesichter sehen.“

Ursu stand auf, trat hinter Toby, legte beide Hände auf dessen Schultern und sagte anerkennend:

„Du bist zwar noch jung, Toby Thorsen, aber du bist wirklich ein würdiger Hüter des Trias. Ich bin froh, dass ich dich kenne.“

Dann wandte er sich zum Putzer und fuhr fort:

„Doch jetzt lasst uns die Sachen für unsere Verkleidungen heraussuchen. Danach sollten wir dann noch ein paar Stunden schlafen, damit wir morgen früh ausgeruht sind und eine gute ‚böse Familie‘ abgeben…“

Es war früher Morgen im Suggbezirk, dem Teil Toros, der zum Reich der Menschen gehört und viele kleinere und größere Gruppen von Touristen waren bereits unterwegs. Niemand hätte hinter dem provozierend-rebellischem Punk-Outfit und dem grellbunten Irokesenhaarschnitt Toby vermutet und auch Tini hatte ihr Äußeres mit schwarz gefärbten Haaren, schwarzem Lackleder-Minikleid und lila Strumpfhose deutlich in Richtung Grufti verändert. So schlenderten sie mit Ursu, ihrem vermeintlichen Vater, einem alten Hippie in großblumigem Hemd, mit speckiger, hellbrauner Wildlederjacke und breitem, knallbuntem Stirnband die Hautstraße in Richtung Reichstor entlang.

Jeder, der sie so sah, musste zwangsläufig denken, zwei ‚durchgeknallte' Teenager machten hier mit ihrem ‚abgedrehten' Vater einen Ausflug, um mal richtig ‚die Sau raus zulassen'. Gelegenheiten dazu gab es ja mehr, als genug. Hier standen sie denn auch, die Tempel, die sogenannten Gotteshäuser und Versammlungshallen aller Religionen und Sekten. Viele von ihnen bemühten sich bereits seit langer Zeit im Reich der Menschen mit ihren seltsamen Erlösungsangeboten und Versprechungen darum, Menschen hierher zu locken und dann für immer für sich zu vereinnahmen. Zwischen Spielcasinos, Internetcafés, Kneipen, Theatern und Geschäften standen die Talentscouts, die für alle großen Castingshows Interessenten suchten. Ob DsdS, Superstar, das Supertalent, Pop Idol oder Germanys Next Top Model. Alle waren mit eigenen, großen Shows in Toro vertreten und versprachen den Interessierten Karriere, Geld, Fun ohne Ende und bombardierten sie mit unzähligen Verlockungen. Hier, im Suggbezirk, waren all´ die Angebote, all´ die Vergnügungen und Dinge, die einem durch Werbung und Medien tagtäglich als unverzichtbar angepriesen wurden, - hier waren sie alle zu haben und es gab sie alle auf engstem Raum. Niemand konnte sich ihnen entziehen. Immer aktiv sein und ‚Fun' haben, das war die Parole, die an diesem seltsamen Ort ganz offensichtlich oberstes Motto war.

Gelegentlich blieben die drei seltsamen Gestalten an einem der vielen Schaufenster stehen, kauften sich an einer der zahlreichen Imbissbuden eine kleine Leckerei, während sie sich angeregt unterhielten und dabei scherzten und lachten. Man gewann den Eindruck, dass sie sehr viel Zeit hatten und nicht genau wussten, was sie unternehmen wollten. Wie zufällig kamen sie an einem der zahllosen Touristikbüros vorbei, die Tagesreisen in Toros Sepabezirk anboten. Prompt wurden sie von dem vor dem Eingang postierten Reisewerber angesprochen:

„Na, Herrschaften, wie wäre es mit einem Kurztrip ins Einkaufsparadies. Ist ganz billig und es ist mal was anderes…"

„Peace, Alter! Love and Peace! Du weißt doch, früh am Morgen einen Joint und der Tag ist dein Freund! Make love, not war, Brother", antwortete Ursu dem Mann, während Tini an seinem Arm zerrte und bettelnd quängelte:

„Au ja, Alter! Lass uns da mitmachen! Ich wollt´ mir doch so gern die neue CD von Tokio Hotel kaufen".

„Die gibt es auf der Tour für nur fünfzig Cent", köderte der Kerl mit aufgesetztem Lächeln.

Jetzt meldete sich auch Toby zu Wort:

„Na los Alter! Yes! Dann könnte ich mir bei der Gelegenheit auch gleich ein neues Notebook kaufen. Grandma hat mir dafür extra Kohle mitgegeben. Los Alter, zier dich nicht so, sag` schon yes!"

„Neee, nee. Peace Kinder! Hab´ eurer Mutter versprechen müssen, dass wir hier auch in Kultur machen und gemeinsam den Torodom besichtigen. Da könnt ihr echt was fürs Leben lernen. Außerdem will ich für sie einen dieser berühmten Toro-Diamantringe besorgen, in denen die Liebe der ganzen Menschheit enthalten sein soll. Sie redet schon davon, seit wir zusammen sind. Nun ist ja bald wieder das Love and Peace-Festival und da dachte ich…"

„Oh, mein Herr, gerade dann sollten Sie ihren lieben Kindern die Bitte erfüllen und an unserem Tagestrip teilnehmen. Dort bekommen Sie die phantastischsten Toro-Diamantringe mit jeder Menge Love drin und persönlicher Namensgravur zu einem Viertel des normalen Preises. Wirklich erstklassige Steine und hochkarätiges Gold."

„Los Alter! Sag´ schon yes! Ihr habt doch früher auch nix ausgelassen!"

Der Alt-Hippie überlegte und offensichtlich fiel ihm die Entscheidung nicht leicht. Erst nach einer ganzen Weile des Nachdenkens stimmte er zu und die Kinder klatschten sich mit dem Werber ab. Der machte nun einen sehr zufriedenen Eindruck und während er Ursu die Tagestickets verkaufte, bemerkten Toby und Tini, dass über ihnen ununterbrochen und aus unterschiedlichen Richtungen kommend, die Hüllenwesen der weltweit abberufenen Tributisten vorüber huschten. Mal einzeln, mal in kleinen Gruppen. Der Strom dieser Unglücklichen riss einfach niemals ab und sie alle flogen zum vorläufigen Ziel ihrer Reise, der ‚Endstation der

Abberufenen'. So wurde das große Areal der Heimgängergesellschaft ‚HGG', direkt neben dem Reichstor, genannt, durch das die Freunde wenig später die Enklave Grela betreten sollten. Der Werber bemerkte, dass die beiden jungen Leute den Hüllenwesen interessiert nachschauten und leise miteinander darüber sprachen.

„Das sind unsere ‚Heimgänger'. Sozusagen ‚die Reste' der Verstorbenen aus dem Reich der Menschen. Manche nennen es ‚Seele'. Andere sagen ‚Astralkörper'. Wir nennen es ‚Heimgänger'. Das klingt doch schön, oder? Sie treffen sich alle in der HGG, der Heimgängergesellschaft. Dort melden sie sich sozusagen an und gehen dann durch die Enklave Grela zu ihren endgültigen Ruhestätten. Sie sollen es ja nach ihrem menschlichen Tod schön haben, nicht wahr?"

Inzwischen waren sie auf einem kleinen Platz angekommen, auf dem bereits siebzehn weitere Besucher Toros auf den ersehnten Beginn ihres Tagestrips warteten. Der Werber vermied allerdings bewusst die offizielle Bezeichnung ‚Sepabezirk', was ja nichts anderes als ‚Separationsbezirk' bedeutete und die Menschen eventuell daran erinnern könnte, dass man sie dort aus ihrem bisherigen menschlichen Umfeld herauslösen und isolieren wollte, um sie dann mindestens als Tributisten in die Schattenresidenz zu integrieren. Aus diesem Grunde sprachen alle Werber ausschließlich vom ‚Einkaufsparadies', vom ‚Wunderland der unbegrenzten Möglichkeiten', oder schlicht vom ‚Paradies', wenn es um diesen speziellen Toro-Bezirk ging.

„So, Herrschaften, jetzt sind wir komplett und ihr wunderbarer Ausflug ins Paradies kann beginnen. Ich bin ihr Führer und werde sie hinüberbringen und auch wieder zurückholen. Bitte denken Sie daran, dass Sie während des

Transfers durch Enklave Grela nicht laut sprechen dürfen. Auch ist dort jegliche Äußerung von Freude, insbesondere das Lachen, verboten. Falls sie befürchten, dass sie das nicht schaffen, können sie sich eine Art Kapuze über den Kopf ziehen, die sie am Reichstor erhalten werden. Der Transfer selbst dauert ungefähr fünfzehn Minuten. Dann sind Sie im ‚Wunderland der unbegrenzten Möglichkeiten'. Dort dürfen Sie alles! Selbstverständlich auch wieder reden und lachen und zwar so laut und so viel Sie wollen."

Das laute Lachen des Mannes klang irgendwie wenig vertrauenerweckend und er forderte die Gruppe grinsend auf, ihm zu folgen. Es waren ungefähr zwanzig Minuten Fußweg bis zum Reichstor und alle schienen mehr oder weniger gut gelaunt zu sein. Toby sah sich jeden Einzelnen seiner Reisegruppe unauffällig genau an. Da war ein, mit goldenen Ketten und Armbändern behangener Typ, vielleicht Mitte dreißig, der laut damit prahlte, dass er sich im Einkaufsparadies einen neuen Ferrari zulegen werde und auch noch einige Mädels mitnehmen wolle. Ein älteres Ehepaar stritt sich sehr intensiv darüber, ob sie sich ein farbiges Kind kaufen sollten, wie ihre Nachbarn, oder doch lieber ein weißes, weil man damit weniger Schwierigkeiten habe. Drei Jugendliche in seinem Alter unterhielten sich flüsternd über die neuesten Ego-Shooter und dass sie sich heute endlich echte Waffen kaufen wollten, um das alles zu Hause mal in echt in ihrer Schule durchzuspielen. Dann war da noch ein dünner, großer Kerl, der allein zu sein- und alle anderen heimlich zu beobachten schien. Er grinste die ganze Zeit und seine Augen sondierten jeden Einzelnen aus der Gruppe. Plötzlich trafen sich ihre Blicke und der Dünne erschrak unmerklich. Toby reagierte blitzschnell und lächelte ihm kopfnickend zu, als ob er ihm signalisieren wollte: Schön, dass es jetzt losgeht! Der Mann lächelte verkrampft zurück, schnäuzte sich verlegen und schaute dann stur nach vorn.

„Der Dünne da vorne, der scheint uns zu beobachten. Ob das ein Spitzel ist?“, flüsterte Toby zu Tini, während er weiter unauffällig lächelte und so tat, als ob sich die beiden über etwas ganz anderes unterhielten. Tini hatte sofort begriffen und ging darauf ein. In einer Lautstärke, die nicht als ungewöhnlich auffallen konnte, aber doch so, dass der Dünne alles mitkriegen musste, sagte sie:

„Ja, so ein Ding will ich auch haben! Wir müssen nur den Alten überzeugen!“

„Das soll im Einkaufsparadies ja auch viel billiger sein, als zu Hause.“

„Dann frag´ doch den Alten, ob er es bezahlt.“

Toby ging zu Ursu, legte seinen Arm um dessen Schulter und begann:

„Hey Alter, Peace! Die Tussi sagt, dass es da drüben auch Särge als Betten gibt…!“ Während er dies laut und für jeden gut verständlich herausposaunte, flüsterte er Ursu unauffällig seine Beobachtungen zu.

„Also kauf mir dieses Ding. Dann geb´ ich auch Ruhe. Es ist auch viel billiger als sonst.“

„Peace, Alter! Peace! Mach´ mal langsam! Kann gut sein, dass du Recht hast, Sohn. Ich meine, dass es dort billiger ist!“

Ursu meinte mit ‚Kann gut sein, dass du recht hast‘, dass auch er davon ausging, dass der Dünne wohl tatsächlich ein Spitzel sei. Er flüsterte Toby zu, dass er und Tini unauffällig darauf achten sollten, ob der Mann sich während des Transfers durch die Enklave Grela von der Gruppe entfernen würde.

„Wenn es also tatsächlich billiger ist, kriegt ihr beide ´nen Sarg als Bett. Trotzdem, ihr spinnt doch! Wir haben früher in Kornfeldern gepennt. Wer pennt denn schon in Särgen?“

„Meiner muss aber innen ganz in schwarz ausgekleidet sein, sonst will ich ihn nicht“, meckerte Tini.

„Klärt das untereinander, ihr Früchtchen und sagt mir dann einfach Bescheid“, forderte Ursu sie auf und gab ihnen damit einen Grund, miteinander zu flüstern. Die Beiden steckten sofort die Köpfe zusammen und tuschelten miteinander.

„Hey Alter! Alles paletti! Er nimmt ´nen roten und ich will ´nen schwarzen“, rief Tini kurz darauf in Richtung ihres ‚Hippievaters‘, um ihm zu sagen, dass alles besprochen war und sie den Typen im Auge behalten würden.

Der Spion, der die ganze Zeit am Ende der Gruppe gegangen war, bewegte sich nun unauffällig aber doch zielstrebig nach vorne, bis er, wie zufällig, neben dem Werber herging. Die beiden wechselten einige Worte, die man allerdings nicht verstehen konnte. Da er sich in der Folgezeit nicht mehr für die Freunde zu interessieren schien, war er wohl tatsächlich davon überzeugt, dass es sich hier um einen Vater mit seinen zwei Kindern handelte. Kurze Zeit später standen sie dann alle in einer langen Warteschlange, um durch das Reichstor in die Enklave Grela zu gelangen. Es war so ähnlich, wie auf einem Flughafen, wenn man dort durch die Kontrollen geht. Jeder musste zuerst bei den Security-Mitarbeitern der Schattenresidenz seinen Ausweis vorlegen und wurde von ihnen gefragt, ob er den Torodom besichtigen-, oder eine Tagestour ins Einkaufsparadies machen wolle.

„Ich besuche mit unserem Alten und dem bunten Vogel da vorn das Paradies“, sagte Tini, als sie ihren, von Borli besorgten Ausweis auf den Namen Charlotte Braun vorzeigte und mit einer coolen Kopfbewegung auf Ursu und Toby deutete. Nach eingehender Kontrolle schickte der Mann sie alle zu einem Tresen, der direkt an der Mauer stand. Dort musste jeder ein Dokument unterzeichnen, in dem er sich verpflichtete, innerhalb der Enklave Grela nur zu flüstern und keinerlei Freudensäußerungen zu zeigen. Insbesondere wurde noch einmal darauf hingewiesen, dass offenes Lachen strikt verboten sei. Offiziell hieß es, dass Zuwiderhandlung umgehend zur Arrestierung führen- und mit einem langwierigen Verfahren vor den Gerichten Toros enden würde. Laut geheimer Vereinbarung mit den Zeitlingen sollten diese Leute jedoch in dem unterirdischen Gefängniskomplex des Torodoms auf nimmer Wiedersehen verschwinden.

Nachdem dieses Dokument von allen Gruppenmitgliedern unterschrieben war, erhielt jeder eine sogenannte ‚Gesichtsburka‘.

„Die ist nur für den Fall, dass du dir dein Lachen nicht verkneifen kannst. Also, einfach über den Kopf ziehen und schon ist alles in Ordnung“, erklärte der Kontrolleur Tini augenzwinkernd. Das kleine, schwarze Kleidungsstück erinnerte tatsächlich an den oberen Teil einer Burka, die oft von muslemischen Frauen getragen wird; allerdings verdeckte diese nur den Kopf ihres Trägers bis zu den Schultern und nicht den kompletten Menschen, wie beim Original. Der Tributist schickte jetzt alle zu der kleinen Tür hinüber, die direkt neben dem Tresen in der Mauer war. Über eine Sprechanlage meldete er drei Personen als Familie an, die einen Ausflug ins Einkaufsparadies machen wollten und winkte dann die Nächsten aus der Warteschschlange zu sich heran.

„Wir begrüßen Sie und wünschen Ihnen einen angenehmen Aufenthalt im Einkaufsparadies. Besuchen Sie bei Gelegenheit auch den Torodom in der Enklave Grela“, spulte der Mann am Tresen seine Begrüßungsfloskel gelangweilt herunter, während er ihnen die Formulare bezüglich des Lachverbotes zur Unterschrift hinschob.

Noch während Toby darüber nachdachte, ob der Kerl vorhin nicht vielleicht doch irgendetwas bemerkt haben könnte, hörten sie einen Summton und die schwere Stahltür ließ sich verblüffend leicht öffnen. Sie kamen in einen modern eingerichteten Büroraum, den man innerhalb dieser Mauer nicht vermutet hätte. Nachdem sich die Tür automatisch und fast unhörbar, mit einem dezenten Klickgeräusch wieder geschlossen hatte, begrüßte sie ein freundlich aussehender Mann, der hinter einem riesigen, futuristisch aussehenden Schreibtisch saß. Alles wirkte sehr wichtig und er hatte neben unterschiedlichen Tastaturen, Displays, Mikrofonen und anderem technischen Schnick-Schnack, noch allerlei seltsame Bedienknöpfe und Regler vor sich. Als er die drei erblickte, erhellte sich sein Gesicht merklich und er kam hinter seinem Schreibtisch hervor, um sie zu begrüßen:

„Herzlich willkommen, liebe Familie Braun. Guten Tag Herr Braun. Hallo Kinder. Schade, dass eure Mutter nicht mitkommen konnte.“ Der Mann zwinkerte Ursu zu und lächelte, als ob er um ihre wahre Identität wüsste.

„Bitte hier entlang“, sagte er und drückte seinen Finger auf eine Schaltfläche, während er mit der anderen Hand zur hinter ihm liegenden Wand zeigte. Dieses summende, elektrisch klingende Geräusch kannte Toby. Als die bläulich-grünen Lichtstrahlen einen tunnelartigen Weg in der Mauer freigaben, wusste er, dass es sich bei dem Mann um einen Torwächter der Zeitlinge handeln musste.

„Wir haben genau neunzig Sekunden, nehme ich an?“, fragte er den Mann augenzwinkernd.

„Stimmt ganz genau, Peter Braun“, antwortete der Torwächter ebenso augenzwinkernd.

Auf der anderen Seite des Reichstores liefen sie direkt durch einen Ganzkörperscanner und kamen durch eine weitere Tür in eine riesige Transithalle. Hier warteten bereits einige Mitglieder ihrer Reisegruppe, die durch eine der anderen Türen in der Mauer hierher gelangt waren. Als die Gruppe dann wieder komplett war, begaben sie sich in den von vielen hundert Menschen bevölkerten Wartebereich der Halle und setzten sich dort solange, bis sie endlich über einen Lautsprecher namentlich aufgerufen wurden:

„...Hans Siebold, Janek Kramer, Kemal Gülsüm, Günter Braun, Charlotte Braun, Peter Braun, Sergei Borovjev - bitte begeben Sie sich zum Ausgang B und folgen Sie den Anweisungen des Security-Personals!“

Bereits wenig später hatten sie den Transitbereich verlassen und liefen mit unzähligen anderen Reisegruppen über den berühmten ‚Reischadamm‘, die lange, direkte Verbindungsstraße zwischen Reichstor und Schattentor, die nördlich hinter dem Torodom entlangführte. Pausenlos kamen ihnen die entgegen, die ihren Ausflug in den Sepabezirk bereits hinter sich hatten und sich auf dem Rückweg befanden. Die meisten von ihnen hatten die Gesichtsburka übergezogen, um die Freude über erfolgreiche Einkäufe, krumme Geschäfte oder Schlimmeres zu verbergen. Toby fiel auf, dass sich die bewaffneten Doppelstreifen der Zeitlinge aus dem in Richtung Einkaufsparadies bewegenden Strom der Besucher immer wieder Leute herauspickten und gefangen wegführten. So hatten sich auch die Meisten aus seiner Gruppe vorsichtshalber unter diesem seltsamen Kleidungsstück versteckt und da niemand ein Wort sprach, hatte die ganze Szene etwas gespenstisch Unheimliches. Die Angst, ebenfalls festgenommen zu werden, war praktisch greifbar, doch die Gier nach dem verbotenen Abenteuer trieb diese Menschen vorwärts und ließ alles andere irgendwie akzeptabel erscheinen. Trotzdem waren offensichtlich alle sehr froh, als sie den Checkpoint am Schattentor endlich hinter sich hatten und die Gesichtsburkas in den Taschen verschwinden lassen konnten.

29. Kapitel - Rendezvous mit Jessica Alba

Nachdem die letzten Formalitäten bei den Torposten erledigt waren, meldete sich der Touristenwerber nochmal zu Wort:

„So, meine Damen und Herren, herzlich willkommen im ‚Wunderland der unbegrenzten Möglichkeiten'. Sie haben es geschafft. Sie sind hier, - hier, wo alles möglich und alles erlaubt ist. Und wenn ich ‚alles' sage, dann meine ich auch alles." Er zwinkerte dabei dem Zuhälter-Typen mit den Goldketten zu.

„Wann geht´s denn wieder zurück und wie krieg ich meinen Ferrari und die Schnecken mit rüber?", wollte der wissen.

„Wir treffen uns alle in exakt zwölf Stunden wieder genau hier. Bitte seien sie sehr pünktlich, weil bei Nichterscheinen unverzüglich eine große Suchaktion nach ihnen ausgelöst wird. Die dadurch entstehenden Kosten müssten Sie dann hier im Einkaufsparadies abarbeiten. Das kann unter Umständen bis zu mehreren Monaten dauern. Na ja, das wissen Sie natürlich alles, denn schließlich haben Sie es ja auf dem Formular, bei dem es um das Lachen und so weiter ging, unterschrieben. Sie sehen, es liegt uns viel daran, dass Ihnen hier nichts zustößt und Sie sich rundum sicher fühlen. So, und nun wünsche ich Ihnen einen spannenden und verbotsfreien Tag. Lassen Sie nichts aus und gönnen Sie sich alles! Gehen Sie bitte alle in diese Richtung. Sie können sich nicht verlaufen."

Er zeigte nach Osten auf einen Torbogen, hinter dem ganz offensichtlich das sogenannte Einkaufsparadies begann. Einige aus der Gruppe waren dort bereits im Getümmel verschwunden und auch die ‚Familie Braun' machte sich nun auf den Weg.

Toby, Tini und Ursu schoben sich durch die von einheimischen Residenzlern und unzähligen Touristen bevölkerten, engen Gassen. Tausende Menschen waren hier unterwegs, redeten, lachten, schrien, verhandelten oder liefen nur so dahin. Laute Musik aus zahllosen Geschäften und Verkaufsshops, quäkende Lautsprecheransagen, das Geräusch tausender, schlurfender Füße und dazu das gelegentliche Motorengeknatter kleinerer Lieferfahrzeuge, die meist relativ schnell durch die Menschenmassen hindurch fuhren, ohne dabei allerdings irgendjemanden ernsthaft zu verletzten. Über all dem lag der Geruch eines orientalischen Bazars und Ursu schaute sich noch einmal ganz unauffällig um. Er war sich nicht sicher, ob ihnen der Spitzel nicht vielleicht doch gefolgt war, doch bei dieser Menge von Menschen war es schier unmöglich, sich Gewissheit zu verschaffen. Deshalb verabredete er mit Toby und Tini, dass sie sich auf sein Zeichen hin ducken sollten, um so im Menschengewühl unterzutauchen und ungesehen in eine Seitengasse verschwinden zu können. Das funktionierte gut und schon bald waren sie sicher, dass ihnen niemand mehr folgte.

Nach einigen Minuten Fußweg kamen sie auf einen kleinen, von alten Häusern eingerahmten Hinterhof, auf dem mehrere Tische und Stühle standen. Einige wenige Touristen hatten sich hierher verirrt und aßen etwas. Die drei setzten sich am Rande des Hofes hin und bestellten bei dem herbeigeeilten Kellner für jeden eine Pizza und etwas zum Trinken.

Als sie wieder allein waren, holte Toby den Brief von seinem Vater aus der Tasche und meinte:

„Lasst uns nochmal lesen, was mein Dad geschrieben hat. Hier, - hier ist es ja.“ Toby begann leise vorzulesen:

„…Am meisten Spaß machen diese Touren, wenn man noch ein paar Freunde mitnimmt. Es gibt da wirklich viel zu sehen. Bleibt aber immer schön in den gekennzeichneten Touristengebieten und meidet den hinteren Bereich des Sepabezirks. Besonders das sogenannte Empfangsgebäude, sie nennen es ‚Happy Residenzia‘. Es ist die Grenzstation aus dem Sepabezirk in die Schattenresidenz hinein. Hier werden alle Hüllenwesen in ihre endgültigen Aufenthaltsorte eingewiesen. Achtung, - das ist dort sehr gefährlich, also unbedingt meiden!“

„Ich glaube, dein Vater will uns damit sagen, dass sie in dieser sogenannten ‚Happy Residenzia‘ gefangen gehalten werden“, meinte Tini nachdenklich.

„Ja, das glaube ich auch“, pflichtet Ursu ihr bei.

„Vorsicht, - nicht so laut.“

Tini deutete mit den Augen auf eine junge Frau, die mit einem Kinderwagen direkt am Nebentisch Platz genommen hatte. Toby faltete den Brief zusammen und blickte zu ihr hinüber. Sie hatte eine große Sonnenbrille auf und trug ein Kopftuch, das sie weit in die Stirn gezogen hatte. Sie lächelte Toby kurz an und grüßte mit einem angedeuteten Kopfnicken freundlich herüber. Plötzlich begann das Baby im Kinderwagen zu weinen und sie nahm es auf den Arm. Das Kleine hatte ein Babymützchen auf dem Kopf und die Frau steckte ihm einen Schnuller in den Mund, sodass der größte Teil seines Gesichtes vom Sonnenschirm der Mütze und vom Rand des Nuckels verdeckt wurde. Das Kind beruhigte sich schnell und schaute neugierig zu Tini herüber, die die

Situation interessiert beobachtete. Die Frau setzte den Kleinen auf die Erde und während sie einen Kaffee bestellte, krabbelte der, lallende Geräusche von sich gebend, zu Tini herüber. Er hielt sich an ihrem Bein fest, stand auf und strahlte das Mädchen an. Dann drehte sich der Kleine zu Toby herum und hangelte sich auf unsicheren Beinchen in seine Richtung. Er streckte ihm die kleinen Ärmchen entgegen, was wohl bedeutete, dass er auf den Arm genommen werden wollte.

„Na los, trau dich“, ermunterte ihn Tini, während die Mutter des Kleinen wohlwollend lächelte und Ursu die ganze Situation gespannt abwartend verfolgte. Toby nahm den Kleinen nun auf den Arm und ihre Köpfe kamen dabei Wange an Wange zusammen, so dass der Kleine über seine Schulter sehen konnte und mit seinem Mund dicht bei seinem rechten Ohr war.

„Na, du alter Erdbeerbauer. Euer Terrorkrümel ist wieder da. Lass dir bloß nichts anmerken. Ich bin ein Baby, verstehst du? Also – eih teih teih, mein kleiner Wonneproppen - du weißt schon.“

„Borli!“, entfuhr es Toby leise.

„Was hast du gesagt?“, wollte Tini wissen. Auch Ursu blickte ein wenig irritiert zu ihm herüber.

„Schnucki sagte ich. Kleiner Schnucki“.

Toby streichelte das Kind auf seinem Arm und spielte mit ihm:

„Eih teih teih, mein kleiner Schnucki…“

„Also hör mir gut zu, mein kleiner Mini-Rambo. Die Rennleitung hier im Sepabezirk ist zwar echt voll Panne, aber sie hat trotzdem überall ihre Bewegungsmelder ´rumlaufen. Wir müssen also sehr vorsichtig sein. Wir wären nicht die Ersten, die sie hier abfischen. Meine Leute haben herausgefunden, dass sich deine Eltern nicht mehr in der ‚Happy Residenzia' befinden. Man hat sie gestern ins ‚Galazum' verlegt. Das ist das sogenannte ‚Institut für Veredelung'. Dort werden Tributisten einer kompletten Gehirnwäsche unterzogen und für den Einsatz in der Armee der Schattenkrieger vorbereitet. Zu ihrer Ausbildung gehört auch, dass sie dort die Gegner des Dunklen Großfürsten ‚entsorgen'. Das bedeutet, dass man sie zu Galazern macht oder tötet. Die Einrichtung ist stark gesichert und liegt am südlichsten Punkt des Sepabezirks. Ende Elul, also in drei Tagen will man auch deine Eltern dort entsorgen."

Inzwischen war ein scheinbar verliebtes Pärchen auf dem Hof erschienen und hatte sich an einen freien Tisch in ihrer Nähe gesetzt. Die beiden tauschten Zärtlichkeiten miteinander aus und schienen ihre Umgebung gar nicht wahrzunehmen.

„Vorsicht, mein Freund, das Hasenhirn und die Gazelle da drüben sind Langmantel-Agenten der Schattenresidenz", warnte Borli den Freund, der währenddessen die Neuigkeiten stichwortartig auf einen kleinen Zettel kritzelte, den er dann unauffällig zu Tini hinüberschob. Borli begann nun wie ein unzufriedenes Baby zu nörgeln und flüsterte dabei in Tobys Ohr:

„Es scheint eine Routine-Streife zu sein. Sie haben offensichtlich keinen konkreten Verdacht. Erschrick also nicht, wenn ich jetzt mal was versuche."

Der kleine Besorger-Kommandant fing plötzlich aus Leibeskräften an zu heulen. Dieses typische, durch Mark und

Bein gehende Babygeschrei verfehlte seine Wirkung nicht und kurze Zeit später standen die zwei Agenten genervt auf und verließen den Hinterhof auf dem Weg, auf dem sie gekommen waren.

„Was sagst du, Alda? Ist euer Teppichporsche nicht vollgeil?"

Die junge Mutter war inzwischen zu ihnen an den Tisch herüber gekommen, um ‚ihr brüllendes Baby' zu trösten. Während sie den Kleinen, wie eine treusorgende Mama, auf den Arm nahm, bat Ursu sie, doch an ihrem Tisch Platz zu nehmen. Sie setzte sich und zog ihre große Sonnenbrille ein wenig herunter, so dass man ihre Augen sehen konnte.

„Loum!", entfuhr es Toby überrascht.

„Pssst! Nicht so laut", ermahnte Ursu und war offensichtlich sehr erfreut, die junge Torwächterin wiederzusehen.

„Tini, das ist Loum. Du weißt schon, Loum und Manu. Ich hab´ dir von den beiden erzählt."

Die beiden Mädchen musterten sich gegenseitig sehr aufmerksam und begrüßten sich dann freundlich. Ursu erkundigte sich zuerst nach seiner kranken Gefährtin Miri und wollte anschließend wissen, wo sich Manu und Kir aufhielten.

„Wir treffen die beiden noch heute Abend im Torodom", beantwortete Loum seine Frage und erkundigte sich:

„Habt ihr schon einen Plan?"

Alle sahen sich gegenseitig fragend an und schüttelten den Kopf. Toby wirkte plötzlich ein wenig erregt und platze heraus:

„Egal, wie! Ich werde dieses Galazum finden und meine Eltern dort herausholen. Die sollen nur kommen! Mit meinem Gedankenimpulswerfer werde ich mir den Weg schon frei schießen…“

Um zu verhindern, dass irgendjemand, der an den anderen Tischen Sitzenden, etwas von dem verstehen konnte, was Toby in seiner Erregung viel zu laut sagte, hatte Borli erneut ein kräftiges Babygebrüll begonnen. Ursu faste Toby väterlich am Handgelenk und machte Zeichen, dass er nicht so laut sprechen solle. Die vermeintliche Mama Loum beruhigte daraufhin ihr schreiendes Baby schnell wieder, das Toby erregt ins Ohr flüsterte:

„Bist du verrückt, du Schwachmat? Du kannst doch hier nicht so laut rumschreien.“

Danach setzte sie den Besorgerchef auf ihren Schoß. Borli blickte in die Runde und flüsterte:

„Also, wenn ihr noch keinen vernünftigen Plan habt, dann hört auf einen erfahrenen Kommandeur. Ich nehme den ‚Heiwe‘ und Loum wird mit mir, ganz unauffällig, in die Nähe des Galazums gehen. Wenn uns unterwegs jemand anhält, wird sie sagen, dass sie sich verlaufen hat. Eine arme, alleinstehende, junge Mutti mit ihrem Baby. Da wird niemand Verdacht schöpfen. Wenn wir dort sind, werde ich an einer gut getarnten Stelle durch den ‚Heiwe‘ in den Torodom verduften. Loum wird heute Abend ganz normal mit ihrer Reisegruppe den Sepabezirk verlassen. Sollte einem der Kontrollposten mein Verschwinden auffallen, kann Loum sagen, dass sie mich an ein reiches Ehepaar verkauft habe. Das ist hier keine Besonderheit und man wird keine weiteren Fragen stellen. In Enklave Grela wird Loum dann wegen unerlaubten Lachens von unseren Leuten verhaftet und abgeführt werden. Das Gleiche machen wir auch mit Ursu, Toby und Tini. Auch ihr werdet laut loslachen, wenn ihr ungefähr die Hälfte des Weges durch Enklave Grela hinter euch habt. Die Brüder werden auch euch festnehmen und mit großem Tam Tam abführen. So kommen wir alle unauffällig in den Torodom, wo Manu, Kir und ich bereits auf euch warten. Wir werden dann in der Nacht völlig unbemerkt durch den ‚Heiwe' in den Sepabezirk eindringen und befinden uns dann bereits in unmittelbarer Nähe vom Galazum. Wie´s dann weitergeht, werden wir sehen."

Borli schaute prüfend in die Runde der interessiert zuhörenden Freunde. Als alle zu nicken begannen, war er sichtlich erleichtert und auch ein bisschen stolz. Toby schob den verpackten ‚Heiwe' unauffällig unter die Matratze des Kinderwagens und Loum legte ‚ihr Baby' darauf, um es ordentlich zuzudecken. Während sie dann mit dem Kinderwagen durch einen Hausflur verschwand, der in südliche Richtung führte, begaben sich die anderen wieder zurück, in das sogenannte Einkaufsparadies des Bezirks. Damit ihre Tarnung nicht vorzeitig aufgedeckt werden konnte und für den Fall, dass sie irgendjemand danach fragen würde, kauften sie sich noch einige Souvenirs. Pünktlich trafen sie am späten Abend an der verabredeten Stelle, in der Nähe des Schattentores ein, wo der Touristenführer von heute Morgen bereits eifrig damit beschäftigt war, seine Namensliste mit den tatsächlich zurückkommenden Personen abzugleichen. Auch der Spitzel war wieder da. Nun warteten sie nur noch auf den Zuhältertypen, der sich den neuen Ferrari kaufen wollte. Als er allerdings bis zur vereinbarten Zeit nicht eintraf, gab der Aufpasser per Funk eine Suchmeldung an seine Zentrale durch, die sofort mehrere Einsatzgruppen von Fanatikern und Elite-Fanatikern in den Sepabezirk aussandten. Anschließend forderte er den Rest der Gruppe auf, ihm zu folgen.

„Hoffentlich erwischen die bei ihrer Suche nach dem Typen Loum und Borli nicht. Das könnten wir jetzt gar nicht gebrauchen“, flüsterte Toby zu Tini, während Ursu sich scheinbar ganz locker mit dem Touristenführer über die Erlebnisse des Tages unterhielt. Plötzlich war der Spitzel direkt neben ihnen und fragte scheinheilig, ob ihr Papa denn einen Toro-Diamantring für seine Frau bekommen hätte.

„Keine Ahnung“, antwortete Tini knapp. Toby sah in diesem Moment eine gute Gelegenheit, den Kerl für eine Weile loszuwerden.

„Lassen Sie sofort meine Schwester zufrieden, Sie Lustmolch! Die ist doch viel zu jung für Sie!“, schrie Toby ihn offensichtlich sehr erregt so laut an, dass alle Umstehenden herübersahen und glauben mussten, dass der Mann das Mädchen ungebührlich belästigt hatte. Der bekam schlagartig einen hochroten Kopf und zog sich mit der Bemerkung, dass nichts passiert- und alles nur ein Missverständnis sei, ins Menschengewühl vor dem Schattentor zurück. Toby zwinkerte Ursu beruhigend zu, der sich, wie alle anderen auch, zu ihnen umgedreht hatte und fragend herübersah Nur wenig später tauchte ein uniformierter Mitarbeiter des Wachpersonals auf und forderte Toby und Tini freundlich, aber sehr bestimmt auf, ihm zu folgen. Hilfesuchend schauten sie zu Ursu hinüber, der irritiert mit den Schultern zuckte und im selben Augenblick ebenfalls von einem weiteren Uniformierten angesprochen wurde. Man brachte Toby in einen Raum, in dessen Mitte nur ein kleiner Tisch mit einem Stuhl stand. Es sah beinahe so aus, wie das Verhörzimmer in einem Kriminalfilm. Toby saß bereits, als sich die Tür öffnete und eine junge Frau hereinkam, die aussah wie Jessica Alba, die Schauspielerin, die er neulich im Kino in ‚Der Glücksbringer' gesehen hatte und die er ziemlich toll fand. Die Schöne lächelte ihn freundlich an, ging um ihn herum und strich im Vorbeigehen mit der Hand über seinen Kopf. Ein leichtes Schauern durchflutete seinen Körper.

„Na, Peter Braun, alles easy?"

„Ja, na klar!"

„Und? Hat es dir gefallen?"

„Was?"

„Na, der Trip ins Einkaufsparadies?"

„Oh ja! Das war echt cool!"

„Und, hast du auch mit Leuten gesprochen?"

„Hm… - ja, natürlich!"

„Mit wem denn so?"

„Na, mit den Verkäufern in den Geschäften."

„Oh, toll! Und mit wem noch?"

„Also, - mit dem Mann, der meine Schwester belästigt…"

Plötzlich wurde das Gesicht der jungen Frau zornesrot, sie schlug mit der Hand vor Toby auf den Tisch und schrie ihm wütend ins Gesicht:

„Verarsch mich nicht, du kleiner Scheißer!"

Toby zuckte ein wenig zusammen, fing sich aber schnell wieder und antwortete ruhig:

„Warum schreist du mich so an?"

Von einem, zum anderen Augenblick war die Frau wieder so ruhig und freundlich, wie vorher.

„Schon gut. Sorry! Also, man hat mir berichtet, dass ihr eine junge Frau getroffen und länger mit ihr gesprochen habt. Wer war das und worüber habt ihr geredet?“

„Ach die! Die hatte ich schon wieder ganz vergessen. Keine Ahnung, wie die heißt. Die hatte da so ‘n Baby, das zu mir rüber gekrochen ist und auf meinen Arm wollte. Da hab´ ich mal kurz mit dem Kleinen gespielt. Hat ja keiner meiner Freunde gesehen.“

„Ist das nicht sehr merkwürdig, dass ein Junge in deinem Alter mit Babys spielt?“

„Keine Ahnung. War mir ja auch total peinlich. Aber was sollte ich denn machen? Ich mag halt Babys!“

„Und was wollte die Frau von euch?“

„Sie hat uns gefragt, ob wir ihr Baby kaufen wollen. Der Alte hat aber gesagt, er habe kein Interesse. Meine Schwester und ich würden ihm reichen.“ Dann fügte Toby noch unschuldig und scheinbar unwissend hinzu: „Wieso? Was ist denn mit dieser Frau und dem Baby?“

„Schon gut! Du kannst gehen. Mach schon, zisch ab!“

Die Möchtegern-Jessica Alba verließ den Raum und der Uniformierte brachte ihn wieder zu seiner wartenden Reisegruppe. Wenig später wurden auch die beiden anderen zurück gebracht und der alte Zeitengänger fragte sie, was man von ihnen gewollt habe. Tini berichtete, dass ein zuerst freundlicher, junger Mann, der ausgesehen hatte, wie der junge Schauspieler Jimmi Blue Ochsenknecht, sie wegen Loum und Borli befragt hatte.

„Der wollte unbedingt wissen, was die Frau mit dem Baby von uns wollte."

„Und, - was hast du geantwortet?", fragte Toby neugierig.

„Na ja, zuerst war ich verwirrt, aber dann fiel mir eine passende Geschichte ein."

„Ja und? Erzähl schon." Toby war sichtlich nervös und angespannt.

„Na, ich hab´ ihm gesagt, dass die Frau aus Verbola kommt und Loum heißt."

Toby konnte es nicht glauben. Das durfte doch nicht wahr sein. Er fuhr sich fassungslos mit den Händen durch die Haare und fragte ungläubig:

„Du hast ihm gesagt, dass sie Loum heißt und aus Verbola kommt?"

Tini begann zu lächeln, Toby hatte nicht mitbekommen, dass sie, während sie sprach, Ursu mit einem Auge zugezwinkert hatte.

„Natürlich habe ich dem Kerl nicht erzählt, wer Loum ist und woher sie kommt. Ich habe ihm gesagt, dass sie uns ihr Baby verkaufen wollte! Was denkst du denn?"

Toby hätte sie am liebsten geküsst, doch irgendetwas hinderte ihn daran. Schließlich stand Ursu direkt neben ihm und sie war ja immerhin ein Mädchen.

„Und wie war es bei dir?", fragte Ursu leise. Toby berichtete den beiden von seiner Befragung und dass auch er gesagt hatte, die Frau wollte ihr Baby an ‚den Alten' verkaufen. Ursu nickte zufrieden und flüsterte ihnen zu:

„Das habt ihr wirklich gut gemacht. Das hätte ein Zeitling auch nicht viel besser hingekriegt.“ Dann legte er den Arm um die beiden und schob sie Richtung Schattentor. So laut, dass es die Umstehenden hören konnten, sagte er:

„Komm Charlotte. Auf geht´s Peter. Wir wollen nach Hause. Eure Mutter wartet bestimmt schon auf uns.“

30. Kapitel - Im Herzen des Feindes

Die Reisegruppe bewegte sich mit vielen anderen Rückkehrern die breite Verbindungsstraße zwischen Schatten- und Reichstor entlang. Einige hatten sich vorsichtshalber die Gesichtsburkas über die Köpfe gezogen. Andere flüsterten trotz des Verbotes leise miteinander und wieder andere gingen still vor sich hin. Es war immer noch erstaunlich großer Betrieb auf dem Weg und der ihnen entgegen kommende Strom der Gestalten, die das sogenannte ‚Nachtprogramm' im Sepabezirk gebucht hatten, riss nicht ab.

Der Führer ihrer Gruppe hatte bemerkt, dass Ursu sich mit seinen vermeintlichen Kindern angeregt flüsternd unterhielt und dass denen dabei gelegentlich ein Lächeln übers Gesicht huschte, das sie durch schnelles Vorhalten der Hand zu verstecken suchten. Als er Blickkontakt mit Ursu hatte, legte er mahnend den Zeigefinger auf den Mund und schüttelte leicht den Kopf. Ursu nickte ihm zu, um zu signalisieren, dass er ihn verstanden hatte und flüsterte den Kindern etwas zu. Die sahen sich an, blickten zum Gruppenführer hinüber und dann zu ihrem ‚Vater'. Plötzlich lachten sie lauthals los! Zuerst Tini, unmittelbar danach Toby und dann auch Ursu. Es war so, als ob sie einen Lachanfall bekommen hätten. Sie versuchten, etwas zu sagen, konnten es aber vor lauter Lachen nicht und schlugen sich auf die Schenkel. Sie japsten nach Luft und konnten gar nicht mehr aufhören zu lachen. Die Tränen schossen ihnen in die Augen und Ursu stützte sich an einer Hauswand ab. Toby hatte sich hingehockt und Tini saß auf der Bordsteinkante. Alle Drei lachten und lachten…

Auch die Letzten aus ihrer Reisegruppe hatten sich mittlerweile ihre Gesichtsburka übergezogen, damit man nicht sehen konnte, dass sie von dem Lachanfall der ‚Familie Braun' angesteckt worden waren. Plötzlich hörte man das schnell näherkommende, rhythmische Trampeln von im Gleichschritt laufenden Soldaten und nur wenige Augenblicke später stürmte aus einer Seitenstraße ein bewaffneter Trupp der Sicherheitskräfte Grelas heran. Die Uniformierten kreisten die drei Lacher sofort ein und trennten sie vom Rest ihrer Gruppe. Mit Handschellen die Hände auf den Rücken gefesselt, wurden sie schnell abgeführt, während der Kommandant des Trupps die restlichen Touristen barsch aufforderte, weiterzugehen:

„Hier gibt es nichts mehr zu sehen, meine Damen und Herren! Gehen Sie bitte unverzüglich weiter zum Reichstor und vermeiden Sie bis dahin jeden Ausdruck von Freude, sonst werde ich auch Sie festnehmen! Wir beobachten Sie genau! Also bitte, - auf geht´s! Marsch, marsch!"

Die Sicherheitskräfte brachten ihre Gefangenen im Laufschritt zum Eingang des Torodoms. Die Wachen dort öffneten sofort, als der Trupp in Sichtweite kam. Nachdem das Tor wieder verschlossen war, stoppten sie und der Truppführer kam heran und befreite sie von ihren Handschellen.

„Tut mir leid, aber es sollte ja echt aussehen. Ich hoffe, wir haben euch nicht verletzt. Also, willkommen im Torodom. Ihr werdet bereits erwartet."

Man führte die drei in einen kleinen Anbau, der direkt an die Halle grenzte, in der sich der Altar ‚Arsus - Das geweihte

Loch‘ befand. Hier warteten bereits Manu und Loum, sowie Kir und Borli auf sie. Die Freude war riesengroß und Toby stellte Tini seinen neuen Freunden vor. Borli konnte sich nicht beherrschen und sagte:

„Ist ja ´ne echte Zuckerschnecke, deine kleine Tini! Die ist ja voll pornö…“

„Stopp! Halt sofort die Klappe, Borli!“, fiel ihm Loum ins Wort und Toby fuhr fort:

„Das ist Borli, der Kommandant der Besorgertruppe. Ihn kennst du ja schon. Er ist manchmal ein bisschen vorlaut, aber er ist sonst ganz in Ordnung.“

„…er ist sonst ganz in Ordnung…“, brummelte Borli vor sich hin.

„Borli, hat es denn geklappt? Konntest du den ‚Heiwe‘ in der Nähe des Galazums verstecken?“

„Natürlich! Sonst wäre ich wohl kaum hier‘, antwortete der kleine Besorger gekränkt und drehte den Kopf beleidigt zur Seite. „Loum kann es euch ja erzählen.“

„Borli, bitte. Es war doch nicht böse gemeint. Du bist natürlich nicht ‚ganz in Ordnung‘, sondern du bist super-ober-hammer-vollgeil! Ehrlich! Du bist ´n Super-Typ! Wieder gut?“

Borli lächelte zufrieden.

„Na also! Bin ´n Super-Typ! Warum nicht gleich so?“, freute sich der kleine Kommandant und Loum schilderte ihre Erlebnisse, nachdem sie sich im Sepabezirk getrennt hatten:

„Wir sind durch den Hausflur nach vorne und dann in eine der vielen Seitenstraßen rein. Dort sind wir vielleicht hundert Meter gegangen, als das Agentenpärchen plötzlich hinter uns war, das Borli vorher durch sein Gebrüll vergrault hatte. Ich ließ mir nichts anmerken und ging in normalem Tempo um einige Straßenecken, um zu sehen, ob sie mir wirklich folgten. Wenn ich an einem Schaufenster stehen blieb, stoppten die beiden ebenfalls und taten so, als ob sie auf ihrem Stadtplan etwas nachguckten. Durch Zufall traf ich dann auf eine Gruppe junger Männer, die obszöne Graffitis an die Wände sprühten. Während Borli im Kinderwagen saß, dabei auf die zwei Verfolger zeigte und unentwegt ‚da Mama' und ‚da Papa' krähte, sprach ich die Jungs an und bat um Hilfe. Ich erklärte ihnen, dass ich von diesen Leuten das Baby gekauft hätte und dass sie es mir nun wieder abnehmen wollten. Die Halbstarken reagierten sofort und bauten sich drohend vor den beiden Verfolgern auf. In der Zwischenzeit konnte ich mich mit Borli verdrücken und wir kamen dann auf einigen Umwegen zum Galazum."

„Und? Wie sieht es aus, dieses Galazum?", wollte Toby wissen.

„Es ist ein sehr massives Steingebäude mit kleinen, vergitterten Fenstern an den Seiten. Im hinteren Bereich ist es in den Grenzwall zum Galazergebiet hinein gebaut, so dass man nicht genau sehen kann, wie weit es wirklich nach hinten geht. Vorne, zur Straße hin, gibt es neben der sehr stabil aussehenden Eingangstür nur ein kleines Panzerglasfenster, hinter dem der Pförtner sitzt. Nur, wenn er die Tür mit einem Elektrosummer von innen öffnet, kommt man da rein."

„Was ist mit den Fenstern?", wollte Toby wissen. „Gibt es da eine Möglichkeit reinzukommen?"

„Nein, ganz sicher nicht! Auch übers Dach dürfte es nicht gehen, da an den Dachkanten große Stacheldrahtrollen angebracht wurden. Außerdem gibt es überall Überwachungskameras und einige Internatsangehörige stehen an allen markanten Punkten als Wachposten. Die sogenannten Studenten des Galazums heißen offiziell ‚Studiosus Erebus', was so viel wie ‚Hochschüler der Gottheit der unterweltlichen Finsternis' bedeutet. Da die Studenten aus allen Altersgruppen kommen, müssen sie alle eine Schuluniform mit Kennkarte tragen, damit sie von ihren Ausbildern sofort als Institutsangehörige erkannt werden können."

Toby dachte angestrengt nach. Nun wusste er, wo seine Eltern gefangen gehalten wurden, doch es gab scheinbar keinen Weg zu ihnen. Er musste einfach eine Lösung finden.

„Was ist, wenn wir den Posten und dem Pförtner einen Gedankenimpuls verpassen?", fragte er in die Runde, um sich dann gleich selbst die Antwort zu geben: „Dann haben wir allerdings niemanden mehr, der uns die Tür von innen aufmacht."

Plötzlich meldete sich Tini zu Wort:

„Was ist aber, wenn wir jemanden hineinbringen, der uns die Tür öffnet?"

„Wie soll das denn gehen?", fragte Kir.

„Na, wir müssen dieses Ding da irgendwie reinbringen."

„Welches Ding müssen wir da reinbringen? Was meinst du denn?", fragte Ursu.

„Na, diesen heimlichen Weg! Wie heißt er doch gleich?"

„Du meinst den ‚Heiwe'?."

„Ja! Genau! Der ‚Heiwe' muss irgendwie in dieses Gebäude hinein. Dann könnten wir von hieraus dort eindringen." Tini guckte verunsichert in die Runde, um zu sehen, ob man auf ihren Vorschlag einging. Toby reagierte zuerst:

„Ja! Das ist eine super Idee! Lasst uns gemeinsam überlegen, wie der ‚Heiwe' da reinkommen kann. Können wir ihn durch ein Seitenfenster hineinwerfen?"

Loum verkniff die Augen und überlegte angestrengt:

„Wenn ich mich richtig erinnere, waren alle Seitenfenster verschlossen. Und denkt an die vielen Kameras. Aber vielleicht gibt es da ja doch eine Möglichkeit."

„Was meinst du?", wollten die anderen wissen.

„Da war ein Bote."

„Was für ein Bote? Los, sag schon!"

„Da war so ein Kerl, der kam mit einem dieser kleinen Lieferwagen vorgefahren, die wir auch im Einkaufsparadies gesehen haben und hat dort mehrere Kartons abgegeben. Sie waren hellbraun und hatten die Größe von Umzugskartons mit der Aufschrift ‚Lehrmaterial Galazum'. Der Pförtner hat die Tür geöffnet und einige junge Männer in Tobys Alter kamen herausgelaufen und haben die Kartons hineingetragen."

„Und?"

„Nichts ‚und'. Das war´s!"

„Hattest du den Eindruck, dass die Kartons schwer waren?", fragte Manu.

„Na ja, jeder der Jungs hat nur einen davon getragen und ich hatte den Eindruck, dass sie schon richtig zupacken mussten.“

„Also vielleicht zehn bis zwanzig Kilo.“ Ursu stand auf und ging überlegend hin und her. Dann fuhr er fort:

„Also, hört mal genau zu. Ich werde als Lieferant dort vorfahren und noch fünf oder sechs solcher Kisten abgeben. Ich werde einfach sagen, dass es sich um eine Nachlieferung handelt. Ich werde ganz verblüfft sein, dass ‚mein Kollege‘ gestern nicht Bescheid gesagt hat, dass noch einige Kartons gefehlt hatten. In einem dieser Kartons wird der entfaltete ‚Heiwe‘ sein. Wir werden darunter eine passende Metallplatte legen, damit er nicht durch sein zu geringes Gewicht auffällt. Die anderen füllen wir mit alten technischen Geräten, falls sie einen der Kisten öffnen. Wenn alles klappt, stellen sie die Waren aber unkontrolliert in ihrem Lager ab und ich komme zurück in den Torodom. Wenn es dann wieder dunkel geworden ist, dringen wir gemeinsam durch den ‚Heiwe‘ ins Galazum ein. Dann müssen wir nur noch Tobys Eltern finden.“ Ursu wandte sich nun an Borli und fragte:

„Kannst du mir so ein Lieferfahrzeug, ein passendes Outfit und einige dieser Kartons besorgen?“

Sofort veranlasste der kleine Besorger-Kommandeur, dass einige seiner Leute die benötigten Dinge im Sepabezirk auftrieben und es dauerte keine Stunde, bis eine Lieferantenuniform aufgetrieben war und acht nagelneue Kartons mit der Aufschrift ‚Lehrmaterial Galazum‘ im Torodom standen. Außerdem gab Borli Ursu einen kleinen Zettel, auf dem der Standort des versteckten Lieferfahrzeuges beschrieben war.

„Wir haben ab morgen früh noch zwei Tage bis zum elften September, dann kommt Eluls Ende. Ich werde also morgen, im Laufe des Vormittags, die Kisten abliefern. Ihr wartet dann, wie besprochen, hier auf mich."

Nachdem alle nochmal ihre Ausrüstungsgegenstände und Waffen überprüft hatten, zog sich Ursu zurück. Die Anderen unterhielten sich noch eine Weile über die Erlebnisse des Tages, bis sich dann wenig später auch die Letzten zum Schlafen hinlegten und Ruhe einkehrte.

Der Pförtner im Galazum hob interessiert den Kopf und sah vor dem Institut einen Lieferanten mit mehreren Kisten ankommen. Der hatte sein kleines, offenes, Lieferfahrzeug am Straßenrand abgestellt und kam eiligen Schrittes zur Eingangstür herüber. Schon klingelte es. Der kleine, etwas dickliche, veredelte Tributist schaute durch seine runde Nickelbrille auf die vor ihm liegende Liste mit dem für heute Vormittag geplanten Tagesablauf. Es war dort kein Lieferant vermerkt. Er schaute nochmal über seinen Brillenrand nach draußen. Auf den Kartons konnte er die Worte ‚Lehrmaterial Galazum' erkennen. Verwundert blätterte er in seinem Dienstbuch einen Tag zurück. Ach ja, da war doch gestern so eine Lieferung. Er bestätigte den Knopf der Sprechanlage und fragte:

„Die Dunkelheit sei mit Dir, Genosse! Was willst Du?"

„Die Dunkelheit sei auch mit Dir, Genosse! Hier kommt die Nachlieferung des fehlenden Lehrmaterials für euch. Mein Kollege hatte ja gestern nicht alles dabei. Bitte schick mir jemanden zum Abladen! Und bitte, beeil dich! Ich muss dringend weiter! Du weißt schon, Termine, Termine!"

„Ähhh, ja. Also, bleib ganz ruhig. Es kommt sofort jemand.“

Einige Augenblicke später öffnete sich die schwere Eingangstür mit einem Summ-Geräusch, als ein Ausbilder heraustrat und Ursu grüßte:

„Die Dunkelheit sei mit Dir, Veredelter! Wie viel Kisten hast Du denn für uns?“

Um nicht aufzufallen, antwortete Ursu mit der üblichen Floskel:

„Und mit Dir, Veredelter! Es sind nur sechs!“

Nach einem kurzen Pfiff und einem unverständlichen Kommando stürmte ein Trupp von sechs jungen Männern in den knallroten Schuluniformen heraus, um den Lieferwagen im Laufschritt zu entladen. Ursu hörte noch, wie der Trainer kommandierte, dass die Kartons ins Lager gebracht werden sollten:

„Nun bewegt euch schon, Studiosusse Erebus! Wir haben nicht den ganzen Tag Zeit! Stellt sie zu den anderen Kisten ins Lager und dann meldet euch sofort wieder bei mir!“

„Jawohl, hochedler Großlügner Paul!“, brüllten die sechs Kistenträger im Chor.

„Hochedler Großlügner Paul“, flüsterte Ursu lächelnd vor sich hin und nachdem sein Fahrzeug leer war, winkte er dem Pförtner noch einmal gespielt freundlich zu. Er brauste um die nächste Straßenbiegung davon und war zwei Stunden später wieder bei den Freunden im Torodom. Nachdem er sich ein wenig ausgeruht hatte, suchte er Toby, um mit ihm einige wichtige Punkte der geplanten Befreiungsaktion zu besprechen. Er traf ihn allein und gedankenversunkend in der Nähe des steinernen Altars Arsus auf dem Boden liegend.

„Hallo Toby. Darf ich dich stören?“

Ohne die Augen zu öffnen antwortete er:

„Du störst nicht, Ursu. Freunde stören mich nie.“

„Wie fühlst du dich, so kurz bevor es losgeht?“

„Ich kann es gar nicht erwarten. Aber ich mach mir Gedanken darüber, wie es sein wird, wenn ich Mum und Dad gegenüberstehe. Die wissen ja noch nicht mal, wie ich aussehe. Was ist, wenn sie mich nicht mögen?“

„Ich kann deine Gedanken verstehen, Toby. Ich kenne deine Eltern ziemlich gut und glaube mir, sie werden dich mögen. Sehr sogar! Übrigens, ich glaube, Tini geht es ähnlich. Sie scheint dich auch sehr zu mögen. Du darfst ruhig etwas netter zu ihr sein.“

Das war Toby peinlich und er antwortete knapp: „Werd´ mir Mühe geben“ und wechselte dann sofort das Thema: „Was wäre eigentlich passiert, wenn der dunkle Oberfritze wüsste, dass nicht Eluls Ende, sondern August`s Ende Papas Fähigkeiten auf mich übergegangen sind?“

„Er hätte dich schon viel früher von Irmchen und Hannes Kronlechner abholen lassen und deine Eltern wären jetzt bereits Galazer geworden, oder man hätte sie umgebracht. Du hättest nie die Chance bekommen, sie kennenzulernen. Übrigens, dass deine Pflegemutter dich noch rechtzeitig gewarnt hat, hast du sicherlich einem ganz besonderen Schutzengel zu verdanken.“

„Was meinst du damit?“

„Na ja, Hannes und sie waren damals Tributisten, als sie das Geld nahmen und versprachen, dich großzuziehen und dafür zu sorgen, dass du kurz vor deinem vierzehnten Geburtstag an die Schattenresidenz übergeben wirst. Irmchen war vom Dunklen Großfürsten völlig vereinnahmt worden und hat schlimme Dinge getan. Später kam sie mit diesen Leuten zusammen, die sie ihre ‚Geschwister' nennt. Von da an hat sie sich langsam völlig verändert. Hannes hat das alles in seinem dauernden Suffkopp gar nicht mitbekommen. Bei einem dieser wöchentlichen Treffen mit ihren Freunden hat sie dann auch unseren Doc Albert kennen gelernt. Ihre Zweifel am Dunklen Großfürsten wurden immer größer und sie erkannte, dass sie einen schweren Fehler gemacht hatte. Den wollte sie bei passender Gelegenheit wieder gut machen und hat dich zu guter Letzt aus diesem Grunde gewarnt. Es gibt halt einige Dinge, die weder ihr Menschen, noch wir Zeitlinge verstehen können und dennoch passieren sie. Das meine ich damit."

Toby hatte sich inzwischen hingesetzt und wirkte sehr nachdenklich.

„Es darf wirklich nichts schief gehen. Wir müssen auf alles vorbereitet sein und können…"

Plötzlich unterbrach ihn Ursu, dem offensichtlich etwas Wichtiges eingefallen war:

„Entschuldige, aber sag´ mal, hat Manu dir eigentlich gesagt, dass die Gedankenimpulswerfer innerhalb Toros nicht richtig funktionieren?"

„Nein, das hat er nicht! Wieso funktionieren sie denn nicht?", fragte er überrascht.

„Erinnerst du dich, als wir das erste Mal über die MaKi-Brücke gingen, habe ich dir erklärt, dass im Bereich des Gedankenhorizontes ‚Nichts' ist?"

„Ja, ich erinnere mich."

„Ich sagte dir, dass wir auch nicht einfach hinüberfliegen können, weil unsere gesamte Technik in diesem Bereich nicht funktioniert."

„Ja, das stimmt."

„Du weißt auch, dass die Hüllenwesen sichtbar werden, sobald sie in das Gebiet von Toro einfliegen und dass auch wir uns nicht unsichtbar machen können. Das alles ist so, weil Toro praktisch mitten im Gedankenhorizont liegt, sozusagen von ihm eingeschlossen ist. Schau dir die Karte auf dem Tuch an, dann weißt du, was ich meine. Deshalb funktionieren auch unsere Gedankenimpulswerfer hier nicht richtig."

„Sag mal, ist es dann nicht besonders wichtig, dass wir uns bereits vor unserer eigentlichen Aktion einige Informationen aus dem Galazum beschaffen?"

Ursu überlegte kurz und antwortete dann:

„Ich glaube, dass es nicht ganz ungefährlich ist und dass dadurch unser gesamter Plan aufgedeckt werden könnte. Trotzdem ist es aber auch überaus wichtig, dass wir ein paar brauchbare Informationen vorab bekommen. Wir sollten Borli bitten..."

31. Kapitel - Die geheime Botschaft

Toby sah Ursu mit einem Blick an, der keinen Widerspruch zuließ und sagte bestimmt:

„Nein!“

„Was heißt ‚Nein‘?“

„Es sind meine Eltern und ich möchte etwas tun. Wenn ich also schon mal ganz vorsichtig nachsehe, wo unser Karton gelandet ist und ob wir von dort ohne Schwierigkeiten weiterkommen, dann würde uns das doch helfen, oder?“

„Na ja, ich denke schon! Also, wenn du mir versprichst, dass du wirklich ganz, ganz vorsichtig bist, dann kannst du gehen.“

Toby kletterte auf den Altar und stieg von oben vorsichtig in ‚Das geweihte Loch‘ hinein. Als er sich in der Grube hingehockt hatte, legte er seine Hand flach auf den Boden. Mit einem Flopp-Geräusch lag der ‚Heiwe‘ nun vor ihm. Sein Herz schlug heftig. Ganz vorsichtig beugte er sich über die schwarze Scheibe und bückte sich hinunter, bis sein Gesicht eintauchte. Es war stockfinster. Behutsam schob er den rechten Arm hinein und tastete um sich herum. Das musste das Innere des Kartons sein. Sie hatten ihn also nicht geöffnet. Er kletterte langsam und ohne Lärm zu verursachen hinein und versuchte, von innen den Deckel zu öffnen. Die Laschen des Kartondeckels waren geöffnet, so dass er eigentlich aufgehen musste. Irgendetwas drückte allerdings von oben und hielt den Deckel scheinbar mit Macht zu.

„He, was ist das? Warum krieg ich den Deckel nicht auf? Steh´n da etwa andere Kartons drauf? Das glaub ich jetzt nicht…"

Toby kniete sich hin und drückte mit aller Kraft seine Schultern nach oben. Es bewegte sich nichts. Er kramte sein Taschenmesser hervor. Behutsam begann er eine kleine Lasche in die rechte Außenwand des Kartons zu schneiden und klappte sie dann nach innen auf. In nur wenigen Zentimetern Abstand schaute er auf einen anderen Karton.

„Ich hab´s befürchtet", flüsterte er vor sich hin. Er öffnete auch die restlichen drei Seiten und stellte genervt fest, dass sein Karton komplett ‚eingestapelt' war.

„Na prima", dachte er und begann, die rechte Seite komplett auszuschneiden. Anschließend schnitt er auch die nun freiliegende Seite des nächsten Kartons auf. Die darin verpackten Teile holte er heraus und brachte sie in die Grube des Altars. Als der zweite Karton leer war, kroch Toby hinüber und versuchte dort, ob er nach draußen gelangen könnte. Als er merkte, dass es auch hier nicht funktionierte, arbeitete er sich mit größter Vorsicht und ohne irgendwelchen Lärm zu verursachen, durch den nächsten- und noch zwei weitere Kisten hindurch. Zum wiederholten Male schnitt er zuerst eine kleine Lasche in die Kartonwand, um zu prüfen, ob noch ein weiterer im Wege stehen würde. Doch diesmal war der Weg frei! Er hatte es geschafft und hielt sein Ohr direkt an die kleine Öffnung, um zu lauschen, ob irgendetwas Verdächtiges zu hören war. In diesem Raum schien er alleine zu sein, konnte aber Stimmen wahrnehmen, die von irgendwoher aus dem Gebäude kommen mussten. Er schnitt die Kartonseite mit drei Schnitten auf und klappte sie wie eine Tür auf, um nach draußen zu steigen.

Es handelte sich wohl tatsächlich um einen Lagerraum, der an der Seite des Gebäudes liegen musste, denn da waren einige der kleinen, vergitterten Fenster, von denen Loum gesprochen hatte. Durch sie fiel genügend Licht in den Raum, dass er sich orientieren konnte. Leise huschte er zur Tür hinüber und lauschte. Dahinter schien ein langer Flur zu sein, denn er hörte ab und zu die Schritte von Leuten, die an der Lagertür vorbei gingen. Einige sprachen miteinander; allerdings waren es immer nur Wortfetzen, die Toby verstehen konnte. Dann blieben jedoch zwei von ihnen in der Nähe der Tür stehen. Anscheinend waren es Studenten und sie unterhielten sich über etwas, was Tobys ganze Aufmerksamkeit auf sich zog. Schnell holte er seinen Informander aus der Tasche, schaltete ihn in den Aufnahmemodus und drückte ihn, genau wie sein Ohr, an die Tür:

„…wäre ich schon gerne dabei gewesen, als sie diesen dämlichen Toby Thorsen ‚hopp genommen' haben. Das war wirklich saubere Arbeit von Hochnebulöser Karl."

„Ja, der ist auch für mich einer der großen Dunklen. Ich habe ihn letztes Jahr am Schließtag kennengelernt. Da war er als Gastsprecher eingeladen und hat uns berichtet, wie durch seine Arbeit Tausende zu Tributisten geworden sind."

„Ja, ich weiß. Leider war ich damals noch kein ‚Studiosus Erebus' hier am Galazum. Bin ja erst vorgestern hier aufgenommen worden. Doch eines kann ich dir heute schon sagen: Wenn am Ende des Elul die Fähigkeiten des Alten auf seinen sauberen Sohnemann übergegangen sind, werde ich hier meinen ersten Schließtag erleben und ich werde es genießen, wenn Thomas und Marie Thorsen in die Transformation geschoben werden."

„Ich bin echt beeindruckt von deinem Super-Hass. Ich kenne Studenten, die sind schon viele Jahre hier am Galazum und können immer noch nicht annähernd so gut hassen, wie du. Sag mal, wie alt bist du eigentlich?“

„Bin fünfzehn. Und ich sage dir, wenn nach dem diesjährigen Schließtag dieser Toby Thorsen hier einfliegt, werde ich mich höchstpersönlich um ihn kümmern. Auf sein blödes Gesicht freue ich mich schon.“

„Na, da bin ich ja mal gespannt, was du so alles drauf hast. Der kleine Hosenscheißer wird sich sowieso entweder unserer Sache anschließen, oder wie sein Alter hier im Stall vermodern, bis sein Schließtag gekommen ist. Wie auch immer, die beiden Alten sind in zwei Tagen entweder tot oder sie sind Galazer-Nachwuchs und werden…“

Die zwei Stimmen entfernten sich und Toby hatte das Gefühl, eine davon gut zu kennen. Er überlegte angestrengt, während er den Informander wieder in seiner Tasche verschwinden ließ, aber es wollte ihm niemand einfallen, zu dem diese Stimme gepasst hätte.

Nun sah er sich im Lagerraum etwas genauer um. Unmengen von Kartons, Kisten und Fässern mit den unterschiedlichsten Aufschriften waren teilweise bis unter die Decke hochgestapelt. Eine Kiste, die ganz allein an der hinteren Wand stand und den Aufdruck ‚TT&MT‘ trug, erregte Tobys Aufmerksamkeit. ‚Thomas Thorsen und Marie Thorsen‘ schoss es ihm durch den Kopf. Leise versuchte er den Deckel zu öffnen, was ihm schließlich mit Hilfe seines Taschenmessers auch gelang. Der Inhalt bestand aus mehreren Aktenordnern und einigen kleineren Pappschachteln und Dosen. Er nahm die oberste Schachtel heraus und öffnete vorsichtig den Deckel. Sie enthielt einen kleinen Stoffhasen, an dessen Bein ein Anhänger mit der Aufschrift ‚Beschlagnahme 29. Elul 5753' befestigt war.

„Mein erstes Spielzeug", sagte er leise zu sich selbst und drückte den kleinen Hasen liebevoll gegen seine Wange, bevor er ihn in seiner Hosentasche verschwinden ließ. Nie mehr würde er diesen kleinen Hasen hergeben! Die leere Schachtel legte er vorsichtshalber unter die anderen Päckchen ganz nach unten. Dann zog er einen der dicken Aktenordner aus der Kiste heraus und fand neben älteren und neueren Fotos seiner Eltern auch Briefe, die diese an ihren Sohn geschrieben hatten. Keiner von ihnen hatte Toby je erreicht. Er blätterte einige Seiten um und seine Augen blieben an einem Schreiben hängen, das auf den 25. August datiert war. Ungefähr zur selben Zeit hatte er von Ursu den Brief seiner Eltern bekommen. Er las:

„Lieber Tobyas,

inzwischen bist du fast vierzehn Jahre alt und wir haben alle Hoffnung aufgegeben, dich jemals wiederzusehen. Unser Schicksal ist es wohl, hier in Toro, in der Happy Residenzia, unser Leben…"

Plötzlich waren da wieder Stimmen auf dem Flur, die sehr rasch näher kamen. Schnell steckte er den Ordner mit den Briefen zurück in die Kiste und drückte den Deckel wieder zu. Während die Tür zum Lagerraum geöffnet wurde, huschte er katzenhaft hinter einen hohen Kistenstapel, der etwas abseits der Fenster im Halbdunkel stand und versteckte sich dort. Sein Herz raste. Fieberhaft überlegte er:

„Was mache ich, wenn sie mich jetzt entdecken?"

Er versuchte, durch einen Schlitz zwischen den Kistenstapeln zu beobachten, was geschah. Zwei Ausbilder des Galazums waren hereingekommen und machten sich an der Kiste mit den Briefen seiner Eltern zu schaffen.

„Das war wirklich großes Glück, dass wir diesen Zettel abgefangen haben. Ob die beiden wirklich glauben, dass sie hier irgendjemand herausholen könnte?"

„Kein normaler Mensch könnte das", antwortete sein dunkler Genosse im Brustton der Überzeugung.

„Noch nicht mal unsere Schattenkrieger würden das schaffen. Sie müssten ja zuerst einmal hier unbemerkt ins Galazum hereinkommen. Völlig unmöglich, Genosse. Völlig unmöglich!"

„Ja, genau. Und ohne den richtigen Zugangscode fährt keine einzige Schleusenkabine an den Stall hinüber. Eine Flucht ist also völlig ausgeschlossen! Glaub´ mir, auch am diesjährigen Schließtag werden alle Gefangenen entweder Galazer, oder der Tod erwartet sie. Wie alle anderen vor ihnen auch!"

„Ja! Wenn im Kontrollraum der Schlüssel herumgedreht wird, ist auch für dieses Jahr die Versorgung des Mawazo Kikwazo mit neuen Galazern gesichert."

„Stimmt, Genosse! Immerhin hatten die ja vor ein paar Tagen ziemlich hohe Verluste bei ihrer Klopperei mit den Hoppeliten. Naja, egal! Wir sorgen ja schließlich jedes Jahr am Schließtag für reichlich Nachschub!"

Wenig später verließen die beiden das Lager wieder und ihre Stimmen entfernten sich genauso schnell, wie sie gekommen waren. Toby fiel der geheimnisvolle Satz *‚Ist Tobyas vierzehn kommt Eluls Ende Schließtag'* wieder ein. Das war also mit ‚Schließtag' gemeint. Ein alljährlich wiederkehrender

Tag, an dem gefangene Menschen zu Galazern gemacht wurden.

Vorsichtig schlich er sich zur Kiste zurück, öffnete sie und suchte den Zettel, von dem die beiden Typen gerade gesprochen hatten. Augenblicke später hatte er ihn im Ordner mit den Briefen gefunden. Er enthielt eine Skizze des Galazums und einige, offensichtlich hastig hin gekritzelte Zeilen:

„Gestern ins Galazum. Im Stall. Nur eine Wache. Hoffnung schwindet!"

Auf der Skizze des Gebäudes waren der sogenannte Stall und die Position des Wächters jeweils mit einem Kreuz markiert.

Toby kramte seinen Informander hervor und fotografierte den Zettel, bevor er die Kiste wieder sorgfältig verschloss. Niemand durfte bemerken, dass er hier war. Durch die Kartons und den Arsus-Altar krabbelte er zurück in den Torodom, wo Ursu bereits nervös auf ihn wartete.

„Da bist du ja endlich! Hatte schon befürchtet, dass sie dich erwischt haben. Nun erzähl schon, was hast du herausgefunden?"

Toby beschrieb ihm den Lagerraum und berichtete vom Inhalt der Kiste mit dem Aufdruck ‚TT&MT'. Er wollte gerade das Foto der letzten Nachricht seiner Eltern und den Plan des Galazums zeigen, als Ursu ihn unterbrach und aufforderte:

„Komm, lass uns zu den anderen hinüber gehen. Sie sollen deinen Bericht auch gleich hören, damit wir dann gemeinsam überlegen können, wie wir heute Abend am besten vorgehen.“ Nach ein paar Schritten erreichten sie das kleine Nebengebäude, in dem die Zeitlinge gebannt Tinis Bericht über die bisherigen Ereignisse im Reich der Menschen lauschten. Sie hatten von Tobys Ausflug nichts mitbekommen und reagierten ein wenig genervt, als Toby Tini unterbrach und alle um Aufmerksamkeit bat. Umso interessierter hörten sie zu, als dieser über das Innere des Galazums zu sprechen begann, so, als ob er sich darin bestens auskennen würde.

„Woher hast du diese Informationen“, wollte Manu wissen und Loum ergänzte die Frage durch: „Und sind sie wirklich zuverlässig?“

Ursu erklärte ihnen, dass er Toby zum Auskundschaften der Lage hinüber geschickt hatte und dass sie nun aufgrund dieser wichtigen Erkenntnisse einen konkreten Plan für die Befreiungsaktion von Thomas und Marie Thorsen erarbeiten könnten.

Toby spielte ihnen zuerst die aufgezeichneten Gespräche über die Bedeutung des Schließtages vor. Als Tini die Stimme hörte, die Toby zu kennen glaubte, rief sie:

„Das ist doch der Typ, mit dem du dich vor Doc Alberts Haus beinahe geprügelt hättest!“

„Du meinst Richard Momsen!?“

„Na klar! Ich bin mir ganz sicher. Diese Stimme habe ich mir genau eingeprägt. Glaub´ mir, er ist es!“

Richard Momsen als ‚Hochschüler der Gottheit der unterweltlichen Finsternis‘. Das sah ihm ähnlich! Ja, da gehörte dieser Kerl auch hin! Er würde ihn zermalmen, wenn er seinen Eltern auch nur ein Haar krümmte. Er würde… Toby brauchte einen Augenblick, um seine Gedanken wieder neu zu ordnen und sich zu konzentrieren. Dann fuhr er fort und berichtete den Freunden über seine weiteren Beobachtungen, auch dass der Karton mit dem ‚Heiwe' inmitten anderer Kistenstapel eingeschlossen war und dass er sich durch die nebenstehenden hindurcharbeiten musste. Manu kratzte sich, andächtig zuhörend, am Kopf und meinte dann:

„Wir dürfen wirklich keinen Augenblick zu spät kommen, Freunde."

„Ja, genau! Wir dürfen keine Zeit verlieren. Hier, schaut euch das mal an."

Über einen Beamer projizierte Toby das Foto mit der Nachricht und dem Plan seiner Eltern aus dem Informander an die Wand.

„Gestern ins Galazum. Im Stall. Nur eine Wache. Hoffnung schwindet!"

Alle lasen den kurzen Text und schauten sich dann interessiert den Grundriss des Galazums an.

„Es scheint innen größer zu sein, als man von außen sieht", stellte Manu fest. Das kannte Toby schon. Es war genau wie beim Trabantensitz der Schattenresidenz; von außen eine kleine Blockhütte und innen trotzdem riesengroß. Er musste kurz lächeln, als er daran dachte, dass dort in diesem Moment ein ‚Toby Thorsen-Hologramm' in einer Zelle auf und ab ging und von einem nichtsahnenden Schattenkrieger bewacht wurde.

„Wenn wir gemeinsam aus dem Lager, über den Flur, in den Stall stürmen…"

„...dann sind wir alle tot, bevor wir noch wissen, was überhaupt passiert ist“, fiel Loum dem überraschten Kir ins Wort.

„Selbst wenn wir es bis in den Stall schaffen sollten; ich sage, wenn wir das schaffen sollten, wissen wir immer noch nicht, wie wir an die Zellen deiner Eltern herankommen.“

Alle hörten nachdenklich zu, als Ursu Loums Satz fortsetzte:

„...und wenn wir das trotzdem schaffen sollten, haben wir noch immer nicht die Zellengitter geöffnet. Dazu ist nämlich ein Zahlencode erforderlich.“

„Woher willst du das wissen?“, fragte Toby erstaunt.

„Aus einer ziemlich sicheren Quelle! Ich weiß es von deinen Eltern.“

Alle Köpfe flogen herum und sahen Ursu fragend an, als der fragte:

„Ja, bin ich denn der Einzige, dem hier etwas auffällt?“

Alle blickten erneut auf den Text an der Wand sahen sich dann verunsichert gegenseitig an.

„Sag´ schon! Was meinst du denn, Ursu?“

„Schaut euch die Nachricht nochmal genau an. Fällt euch nicht auf, dass einige Buchstaben ein kleines bisschen dicker geschrieben sind, als die anderen? Der ganze Zettel sieht doch so aus, als ob er in großer Eile geschrieben wäre, oder?“

Alle nickten zustimmend.

„Trotzdem hatte der Schreiber genügend Zeit, einige der Buchstaben sehr genau ein zweites Mal zu überschreiben, um sie ein bisschen hervortreten zu lassen. Bei sechs Wörtern entdecke ich diese Besonderheit: Bei ‚Gestern‘ das ‚r‘, bei ‚Galazum‘ das ‚z‘, bei ‚Im‘ dass ‚m‘, bei ‚Stall‘ das ‚l‘, bei ‚eine‘ das ‚n‘ und bei ‚Hoffnung‘ das ‚g‘. Da im Hebräischen allen Buchstaben auch Zahlen zugeordnet sind, ergibt die Buchstabenkombination ‚rzmlng‘ einen Zifferncode. Kannst du mal in deinem Informander nachschauen, was die Buchstaben für eine Zahlenbedeutung haben?“

Schnell hatte Toby die gewünschte Information und schrieb die Zahlen auf einen Zettel: 200 für das ‚r‘, 7 für das ‚z‘, 40 für das ‚m‘, 30 für das ‚l‘, 50 für das ‚n‘ und 3 für das ‚g‘.

„Unser Zugangscode lautet 200754030503. Ich bin sprachlos. Wir haben tatsächlich den Zugangscode zu meinen Eltern!“

„Wir vermuten, dass wir den Zugangscode zur Zelle deiner Eltern haben. Wir vermuten es!“, schwächte Ursu die Euphorie ein wenig ab.

„Wie wär´s denn mit Verkleiden?“, fragte Tini.

„Was meinst du?“, erkundigte sich Loum.

„Na ja, wenn wir uns als edle Tributis…“

„Veredelte Tributisten! Veredelte!“ verbesserte Kir das Mädchen.

Ok! Wenn wir uns also als ‚veredelte Tributisten‘ zurechtmachen und es so versuchen.“

„Könnte eine Möglichkeit sein“, antwortete Toby angestrengt nachdenkend. „Könnte wirklich eine Möglichkeit sein!“

„Wenn es uns gelingt, in den Bürocontainer des Wächters einzudringen und ihn unschädlich zu machen, bevor er Alarm geben kann, dann könnte es klappen", erwiderte Ursu, nun ein wenig zuversichtlicher klingend. „Wir könnten dann selbst den Code eingeben und deine Eltern aus ihrer Zelle holen. Anschließend müssen wir nur noch wieder ins Lager zurück und ab durch den ‚Heiwe' in die Freiheit!"

„Klingt gut und einfach", sagte Manu.

„Ein bisschen zu einfach, wenn du mich fragst", meinte Kir besorgt.

Toby war aufgestanden und ging nach vorne zur Wand, an die der Galazum-Grundriss projiziert wurde. Er drehte sich zu den Freunden um und sagte:

„Ok! Wenn wir als Lehrer oder Studenten bis in den Stall gekommen sind, muss aber noch der ‚Heiwe' irgendwie unauffällig in den Bürocontainer des Wächters befördert werden. Wie könnte das gehen? Hat irgendjemand eine gute Idee?"

Toby schaute abwartend in die Runde. Einen Moment lang war Ruhe, bis Manu sagte:

„Borli!"

„Was meinst du mit ‚Borli'?", wollte Tini wissen.

„Na, Borli hat eine Größe, dass wir ihn in einer so kleinen Tasche mitnehmen können, in der niemand ein intelligentes Lebewesen vermuten würde. Wir stellen diese Tasche in der Nähe der Eingangstür des Bürocontainers ab und locken den Wächter unter irgendeinem Vorwand kurz nach draußen. In dieser Zeit kann Borli dann aus der Tasche kriechen, den ‚Heiwe' unbemerkt im Kontrollraum ablegen und von dort direkt in den Torodom verduften."

„Das ist es, Manu! Das ist es! So werden wir´s machen. Die Besorger-Truppe wird im Torodom warten, bis ihr Kommandant Borli wieder bei ihnen auftaucht."

Toby wandte sich nun direkt an Borli:

„Dann müsst ihr den Laden da irgendwie übernehmen. Stürmt ihn, schleicht euch von hinten an oder macht irgendwas. Hauptsache es geht schnell und geräuschlos. Der Typ darf auf gar keinen Fall den Alarm auslösen."

„Mach dir keine Sorgen, Alda! Wir werden den Macker ausgeschaltet haben, bevor der überhaupt rafft, dass es Zoff gegeben hat."

„Super! Danke Borli. Anschließend kommt ihr mit dem ‚Heiwe' zu uns und wir holen gemeinsam meine Eltern da raus!", beendete Toby seinen Satz.

Ursu nickte zustimmend und meinte:

„Ja, so wird es gehen! Genauso machen wir es! Borli soll sofort die entsprechenden Kennkarten und Klamotten für uns besorgen und wir fangen sofort mit den Vorbereitungen der Aktion an!" Er legte Toby seine Hand auf die Schulter, blickte ihm in die Augen und sagte:

„So Gott will, wirst du schon morgen deine Eltern kennenlernen."

32. Kapitel - Ein Großlügner im Stall

Es war am Morgen des elften September, als Toby, Tini, Ursu, Manu, Loum und Kir in knallroten Schuluniformen im Lagerraum des Galazums standen und ihre gefälschten Kennkarten in Brusthöhe an der Jacke befestigten. Borli hatte den ‚Heiwe' aus dem Karton mitgenommen und kroch damit in einen kleinen Aktenkoffer, an dem sich auf der einen Seite eine unauffällige Ausstiegsluke von innen öffnen ließ.

„Gebt euch bitte ganz natürlich und locker. Wir sind jetzt Studenten des Dunklen Großfürsten. Und vergesst nicht, jeden, dem wir begegnen, mit ‚Die Dunkelheit sei mit dir' zu grüßen", flüsterte Ursu und fuhr fort: „Wir sind eine Gruppe von sechs Studenten, die neu im Galazum sind und sich noch nicht so gut auskennen. Man darf uns auf keinen Fall erwischen. Habt ihr alles verstanden? Ist wirklich alles klar?"

Alle nickten und Ursu nahm den Aktenkoffer mit Borli, der sich von innen bemerkbar machte:

„Macht euch bloß keinen Stress, Freunde! Wenn es tatsächlich Fratzengeballer gibt, ruf´ ich meine Jungs und wir werden diese Softwürfel gemeinsam plattkloppen."

Ursu klopfte mit der Hand gegen den Koffer, um Borli zu signalisieren, dass er ruhig sein solle. Toby legte in der Zwischenzeit sein Ohr an die Tür und horchte. Nur Stille. Die Luft schien rein zu sein und der Junge winkte den anderen zu.

„Kommt, es ist niemand zu sehen und zu hören."

Alle huschten nacheinander auf den Flur hinaus und Loum hatte als Letzte gerade die Tür des Lagers geschlossen, als sie Stimmen vernahmen, die sich rasch näherten. Toby flüsterte ihnen zu, dass sie mit einem Gespräch beginnen sollten und ging in die Richtung, aus der die Stimmen kamen. Die anderen folgten ihm und unterhielten sich scheinbar ganz ungezwungen:

„Das glaub´ ich dir nicht. Wir können doch nur froh sein, dass wir schon dieses Jahr am Schließtag teilnehmen können. Endlich mal richtige Action! Hoffentlich gehen nicht alle in die Transformation."

„Willst wohl das Blut der Zerquetschten sehen, mein kleiner Sadist?", fragte Tini laut lachend, als sie einer größeren Gruppe rot-gekleideter Studenten begegneten.

„Die Dunkelheit sei mit euch!", grüßten die Sechs im Chor.

„Und mit euch!", erwiderten die anderen den Gruß.

Wenig später bogen sie nach links ab und betraten das Audimax, in dem weitere unzählige Uniformierte zusätzliche Stuhlreihen aufbauten, um so die mehrere hundert Personen fassende Aula für die Ansprachen zum morgigen Schließtag vorzubereiteten. Die sechs Freunde versuchten so unauffällig wie möglich, durch die Stuhlreihen, auf die gegenüberliegende Seite der großen Halle zu kommen, als sie plötzlich angerufen wurden:

„Ihr da!"

Sie taten so, als ob sie sich nicht angesprochen fühlten und gingen, ohne sich umzudrehen, zügig weiter.

„Hallo! Ihr da vorne! Ja, ja! Euch meine ich! Bleibt mal stehen! Sofort!“

Der Ausbilder war ihnen ein paar Schritte gefolgt und seine Stimme hatte nun fast Kommandocharakter angenommen. Ursu meinte, dass es wohl besser wäre, darauf zu reagieren. Während er sich zum Rufer umdrehte, flüsterte er den anderen zu, dass ‚er‘ mit dem Mann reden werde und sie sich ruhig verhalten- und nichts anmerken lassen sollten:

„Wir?“, fragte er scheinbar überrascht, „meinen Sie vielleicht uns?“

„Na klar mein ich euch! Wen denn sonst? Ich kenn´ euch nicht. Hab´ euch hier noch nie gesehen! Wer seid ihr und wo wollt ihr so eilig hin, Studiosusse Erebus? Das seid ihr doch, oder?“

Alle nickten bejahend mit den Köpfen und während der Veredelte sie alle, einen nach dem anderen, sehr aufmerksam musterte, antwortete Ursu:

„Wir sind Neue! Man hat uns gesagt, wir sollen uns beim hochedlen Großlügner Paul melden“, log Ursu. „Leider wissen wir nicht, wo wir ihn finden können und irren hier ziemlich hilflos umher. Können Sie uns weiterhelfen?“

Offensichtlich war der Kerl davon beeindruckt, dass Ursu den Namen eines seiner Genossen kannte und er wurde nun etwas freundlicher:

„Ah, bei Paul. Da hattet ihr ja Glück, dass ihr mich hier getroffen habt. Ihr geht nämlich genau in die falsche Richtung. Der hochedle Großlügner Paul hat heute Abend Dienst im Stall. Da müsst ihr dort entlang. Durch den Ausgang da links, dann den Gang bis zum Ende und danach die kleine

Tür auf der rechte Seite. Das ist der Stall. Da findet ihr ihn. Sagt ihm einen Gruß von Nobbi… ich meine vom Großlügner Norbert Neumann. Die Dunkelheit sei mit euch, Studiosusse Erebus!“

„Und mit dir“, antworteten die Freunde erleichtert und entfernten sich zügig in die genannte Richtung.

„Mein lieber Zeitling, das war echt knapp! Woher kanntest du eigentlich den Namen von diesem Großlügner Paul?“, fragte Loum leise.

„Das war der Typ, bei dem ich die Kisten abgegeben habe. Gott sei Dank fiel mir eben sein Name wieder ein. Ich denke, der Kerl hat tatsächlich keinen Verdacht geschöpft. Oder was meint ihr?“

„Nee, der hat nichts gemerkt“, meinte Tini und auch die anderen waren dieser Meinung.

„Das war echt der Renner, du alter Abkocher!“, rief Borli Ursu bewundernd aus dem Aktenkoffer zu. „Ein absolut galaktischer Hammer, wie du den Behindi weggelutscht hast!“

„Nicht so laut, kleiner Freund“, mahnte Toby, der sich das Lachen nur mühsam verkneifen konnte.

„Ich glaub´ wir sind da. Hier rechts, das müsste es sein.“

Am Ende des langen Ostflures, der vom Audimax in den hinteren Bereich des Galazums führte, befand sich eine kleine, fast unscheinbar wirkende Tür, hinter der jeder eine Toilette-, oder einen Abstellraum erwartete, doch sie führte in eine riesige Halle, mit den unvorstellbaren Ausmaßen von vielleicht fünf Fußballstadien. Auf Grund der dagegen doch eher bescheidenen Außenmaße des Galazums vermutete niemand einen solch gewaltigen Raum hier drinnen. Jeder, der hereinkam, fühlte sich schlagartig klein, sehr klein und hatte sofort den Eindruck, aus dem engen Flur heraus, auf einen großen Bahnsteig getreten zu sein, der in einer riesigen Bahnhofshalle lag.

Geradeaus, in ungefähr zwanzig Metern Entfernung, schwebten einige, gut mannshohe, ebenso breite und vier Meter tiefe, rechteckig-fensterlose Kabinen, wie ein wartender Zug an einer Bahnsteigkante über dem Wasser eines künstlichen Sees. Vielleicht fünfzig Schritte rechts neben der Eingangstür stand eine Art übergroßer Bürocontainer an der Außenwand, in dem ein Schattenkrieger, hinter dicken Panzerglasscheiben, den sogenannten ‚Stall' überwachte und die elektronische Steuerung der Versorgungs- und Zugangsanlagen bediente.

Seinen Namen hatte der Stall durch die, aus zehntausend kleinen Zellen bestehende Zellenwand, auf der gegenüberliegenden Seite der Halle. Die dort Gefangenen waren durch diesen künstlich angelegten See, der sich über die gesamte Hallenfläche ausbreitete und von Piranhas und Alligatoren bevölkert war, von der Eingangsseite getrennt. Jeweils hundert Zellen lagen nebeneinander und genauso viel übereinander. Die Verschläge waren nicht besonders groß und das Ganze wirkte aus der Entfernung tatsächlich wie ein überdimensionierter Kaninchenstall.

In der hinteren Wand jeder Zelle gab es eine Tür, die automatisch geöffnet wurde, wenn der Insasse am alljährlichen Schließtag in die dahinterliegende ‚Transformation' sollte. Eine Hydraulik bewegte dann die vordere Gitterfront langsam nach hinten, bis dem Gefangenen nur noch die Wahl blieb, sich durch die geöffnete Tür zu retten und dort zum Galazer transformiert zu werden, oder sich von dem näherkommenden Gitter an der hinteren Zellenwand zerquetschen zu lassen. Wer die Transformation überstanden- und seinen menschlichen Geist verloren hatte, wurde anschließend, als dem Dunklen Großfürsten ergebener Hyänenzwitter, nach hinten ins Galazergebiet des Mawazo Kikwazo entlassen.

Wenn die sogenannten Studenten des Galazums oder ihre Ausbilder aus irgendeinem Grunde zu den Gefangenen hinüber wollten, mussten sie sich am Bürocontainer, beim diensthabenden Wachposten melden, der dann den entsprechenden Gefangenencode auf einer kleinen Tastatur eintippte. Daraufhin öffnete sich dann die Falttür an der Vorderseite einer der vielen Kabinen, die dort auf ihren Einsatz warteten und von der Größe her genau den Abmessungen einer Zelle entsprachen. Man trat ein, die Tür schloss sich und die entsprechende Kabine schwebte lautlos über das Wasser, direkt bis vor die gewünschte Zellenbox. Dort angekommen klinkte sie sich in einen Haltemechanismus ein und öffnete dann die hintere Falttür automatisch. So stand man dem ausgewählten Gefangenen, nur durch seine Zellengitter getrennt, gegenüber. Sollte der seine Zelle aus irgendeinem Grunde verlassen müssen, fuhr die Gitterwand bis zur Hälfte in die angedockte Kabine hinein, so dass er aus seiner Zelle, in den nun abgetrennten Kabinenteil eintreten konnte. Danach schloss sich die Falttür wieder und die Kabine schwebte zur Ausgangsposition zurück.

Sobald Toby die Tür geöffnet hatte, sah Großlügner Paul Jennings den Jungen und seine Freunde auf dem Monitor. Er beugte sich über sein Tischmikrofon und forderte die Besucher auf, die Tür hinter sich zu schließen und zum Container herüberzukommen. Normalerweise kamen um diese Zeit keine Besucher in den Stall und so reagierte er genervt, da er sich gerade im Fernsehen eine der zahlreichen Talkshows anschaute. Schlecht gelaunt schaute er den Störenfrieden entgegen und beobachtete jede ihrer Bewegungen durch die Sicherheitsglasscheibe seines Kontrollraumes. Als sie dort angekommen waren, stellten sich Toby, Tini und Manu direkt ins Blickfeld des Wächters, der so die Aktion von Loum nicht verfolgen konnte, die hinter dem Rücken der Freunde heimlich den Aktenkoffer mit Borli direkt neben der Eingangstür des gepanzerten Bürocontainers abstellte. Ursu hatte ihn bereits draußen auf dem Flur an sie übergeben, weil es Teil des Planes war, dass er in der Nähe des Ausganges warten sollte.

„Dieser hochedle Großlügner dort drüben“, Toby deutete auf den etwas abseits stehenden Ursu, „hat eine sehr geheime und überaus wichtige Botschaft für dich. Ich weiß nur so viel, dass man gegen dich, erhabener Großlügner Paul, ermittelt.“

Der Mann sah die Vier völlig überrascht an und versuchte, die Fassung wiederzuerlangen.

„Was hast du da gerade gesagt?“, fragte er über die Gegensprechanlage.

„Ich sagte, dass Großlügner Fred Neumann gekommen ist, um dich zu warnen.“

„Wer soll denn das sein, dieser Fred Neumann?“, fragte der Mann jetzt in leicht gereiztem Ton „und wer seid ihr überhaupt?“

Tini deutete erneut auf Ursu, der mit dem Rücken zu ihnen stand und antwortete scheinbar ebenso gereizt:

„Er wird nicht herüber kommen, weil er Angst hat, dass er gefilmt oder fotografiert wird. Es hat schon genug Überredungskunst erfordert, dass er überhaupt hierher mitgekommen ist. Er ist nämlich unser Vater und wollte sich aus deiner Sache raushalten. Wir wollten dir eigentlich nur einen Gefallen tun, weil wir in Kürze auch Schüler dieser Anstalt sein werden. Unser Papa hat da bei seinem letzten Besuch beim Großfürsten so einiges mitbekommen…"

„Euer Vater hatte eine Audienz beim Dunklen Großfürsten?", fragte Paul Jennings erstaunt und bewundernd. Toby nahm den Gesprächsfaden dankbar auf und erwiderte:

„Na ja, Audienz würde ich nicht gerade sagen. Papa ist ziemlich oft dort. Das sind wohl mehr freundschaftliche Besuche, als Audienzen."

Paul Jennings schien verunsichert und hatte das Gefühl, dass irgendetwas nicht stimmte. Er beugte sich etwas nach vorn zur Glasscheibe und sah Tini fest in die Augen, als er fragte:

„Wer, sagtest Du, seid ihr?"

Manu erkannte seine Zweifel sofort und reagierte mit einem verbalen Angriff:

„Merkt ihr das auch? Unseren Besuch hier hätten wir uns auch sparen können. Dann hat er eben Pech gehabt. Kommt, das ist mir wirklich zu blöde."

Die vier Freunde drehten sich beleidigt um und gingen zu Ursu hinüber, der neben den Schwebekabinen mit Kir gewartet hatte. Sie sprachen leise miteinander und schauten dabei gelegentlich zum Großlügner Paul hinüber, der dadurch noch weiter verunsichert wurde. Plötzlich schien es, als ob die Sechs einen Entschluss gefasst hatten und sie gingen rasch auf die kleine Tür zu, durch die sie vorhin gekommen waren. Ursu schien es dabei besonders eilig zu haben und war bereits auf dem Flur, als Großlügner Paul Jennings alle Sicherheitsvorschriften vergaß, die Tür seines Containers aufriss und herausstürzte. Er lief an dem neben der Tür stehenden Aktenkoffer vorbei und rannte in Windeseile um seinen gepanzerten Hochsicherheits-Bürocontainer herum, Richtung Ausgang, um die geheimnisvollen Fremden doch noch aufzuhalten. Als er stolpernd die Tür erreichte, sah er die seltsamen Besucher schnellen Schrittes Richtung Audimax entschwinden. Sein leises Rufen ignorierten diese allerdings, um sich nicht wirklich in ein Gespräch mit ihm einlassen zu müssen. Als Jennings einsah, dass es zwecklos war, weil die Fremden bereits zu weit entfernt waren, ging er schnell an seinen Arbeitsplatz zurück. Das eben Gehörte beunruhigte ihn sehr. War man ihm wirklich auf die Schliche gekommen? Schweiß stand auf seiner Stirn. Natürlich war ihm das Verschwinden des Aktenkoffers neben seiner Tür nicht aufgefallen. Wie denn auch? Er hatte ihn ja gar nicht bemerkt!

33. Kapitel - Die Befreiung

Den ‚Heiwe' hatte Borli längst aus dem Büro in die Grube des Arsus zurückgeholt, als er den Aktenkoffer vor sich herschiebend, aus dem Loch des Steinaltars im Torodom kletterte. Dort wartete bereits seine Besorger-Truppe auf ihren Einsatz. Die kleinen Zeitlingskämfer wollten wissen, wie es bisher gelaufen war.

„Den Alten haben wir da drin richtig abgezogen. Das war voll krass eyh!", begeisterte sich Borli beim Erzählen. „Also los Besorger, antreten!"

Die sechzig kleinen Kerle formierten sich vor ihrem Kommandanten in Windeseile zu einer dreireihigen, militärischen Einheit. Borli informierte über die Lage:

„Besorger! Heut hängt ´ne Menge von uns ab! Wenn wir da gleich reingehen, kommt alles auf unsere saubere und präzise Arbeit an! Wir kommen hinter so ´nem Vorhang hoch; is` ´n abgeteilter Bereich, wo die Schnarchnase wohl in den Pausen abchillt. Wir werden uns von dort aus, sehr leise und unbemerkt, überall im Büro Deckung suchen. Da hier in Toro einige unserer Waffen nicht eingesetzt werden können, arbeiten wir heute ausschließlich mit den Netzen! Ich gehe als Erster rein und werde auf seiner Couch die Nummer mit dem hilflosen, verlassenen Baby geben! Ihr wisst schon! Also, Besorger, lasst uns ´ne perfekte Show abliefern! Noch Fragen?"

Großlügner Jennings machte sich mittlerweile echte Sorgen, weil er befürchten musste, dass der Dunkle Großfürst von seinen kleinen Nebengeschäften erfahren hatte. Das Geld, was er zusätzlich im Drogen- und Menschenhandel machte, hatte er noch nie korrekt abgerechnet. Das könnte ihm Kopf und Kragen kosten. Er wäre nicht der erste ‚Obere Grad', der wegen solcher Verfehlungen selber im Stall gelandet- und in die Transformation gegangen wäre. Doch was war das? Hatte er da nicht eben ein Geräusch gehört? Es klang wie leises Wimmern. Unmöglich! Wo sollte hier, in seinem abgeschirmten Sicherheitscontainer, ein Wimmern herkommen? Um der Sache dennoch auf den Grund zu gehen, stand er auf, ging die drei Schritte nach hinten und zog den Vorhang zum Ruhebereich auf. Na bitte, da war nichts! Er wollte sich gerade wieder umdrehen, als erneut dieses leise Jammern zu hören war. Hatte sich da nicht eben eines der Polster auf der Couch bewegt? Er ging hinüber und schob Kissen und Decke vorsichtig auseinander. Paul Jennings staunte nicht schlecht, als ihn da ein kleines Baby anstrahlte.

„Ja, ich glaub ich träume! Sag mal, wer bist du denn? Wo kommst du denn her?"

Borli machte ganz auf Baby und lallte die typischen Babylaute, während er den Wächter mit einem hinreißenden Lächeln anstrahlte. Noch bevor er sich ernsthafte Gedanken über die Unmöglichkeit dieser Situation machte, beugte sich der Großlügner mit dem Gesicht über das Baby.

„Ei, tei, tei, mein Kleiner. Wer hat dich denn…"

Das war die richtige Gelegenheit und Borli zögerte keinen Augenblick. Er griff kräftig zu, erwischte den Kerl an beiden Ohren, riss sich daran hoch und klammerte seine Beine um den Hals des völlig verblüfften und nach Luft ringenden Mannes. Zeitgleich flogen aus mehreren Richtungen die feinmaschigen Fangnetze der Besorger auf die beiden und mindestens zehn der kleinen Kämpfer hingen mittlerweile an den Beinen des Angegriffenen. Nach kurzer Gegenwehr stürzte der und in kürzester Zeit war alles vorbei. Großlügner Paul Jennings lag in den Netzen verschnürt und bewegungsunfähig auf dem Fußboden. Einige der Besorger waren inzwischen nach draußen gelaufen, um Toby und die Freunde zurückzuholen. Die kleinen Kerle reichten allerdings nicht an die Türklinke heran und so schmissen sich sechs von ihnen in sogenannter ‚Treppenformation' vor die Tür. Ein weiterer der kleinen Kämpfer sprintete dann über seine Kameraden zur Türklinke hinauf, um den Zugang zum Flur zu öffnen.

Toby hatte sich mit den Freunden in einem kleinen Abstellraum versteckt, um die mit Borli vereinbarten zehn Minuten abzuwarten. So lange sollten sie den Besorgern Zeit für ihre Aktion im Büro geben. Danach würden die ihnen durch ein Zeichen signalisieren, ob die Luft rein ist. Leise öffnete er die Tür einen Spalt und sah auf den Flur hinaus. Genau in diesem Moment öffnete sich auch, schräg gegenüber, die Tür vom Stall und einer der kleinen Besorger trat auf den Flur. Als er Toby erkannte, zeigte er ihm den nach oben gestreckten Daumen zum Zeichen, dass alles gut gelaufen war und winkte ihm zu, dass sie kommen sollten. Die Freunde huschten lautlos hinüber in den Stall, wo die Besorger inzwischen den gesamten Bereich mit den schwebenden Kabinen besetzt hatten und absicherten. Toby versammelte alle um sich, um das weitere Vorgehen abzustimmen:

„Danke Borli, dass habt ihr wirklich sauber hingekriegt. Gab es irgendwelche Verletzte?“ Tobys Augen suchten den kleinen Kommandanten.

„Wo ist Borli?“ fragte er irritiert. Alle schauten sich suchend um, doch Borli war nirgends zu sehen. Manu und Loum suchten den Bürocontainer ab und tatsächlich, aus dem Gewirr von Fangnetzen, in dem sie den Großlügner Jennings ‚verpackt‘ hatten hörte man ein gedämpftes Fluchen:

„…so ein Bullshit! Ihr verdammten Hirnis, holt mich hier sofort raus, sonst reiße ich euch die…“

Genau in diesem Augenblick zog Loum die Netze über Borlis Gesicht ein wenig auseinander, hielt ihm mit der einen Hand den Mund zu und legte den Finger der anderen über ihren Mund:

„Halt die Klappe und zappel hier nicht so rum“, flüsterte sie ihm zu, während Manu ihn mit einem Messer aus den Netzen herausschnitt und so aus seiner unglücklichen Lage befreite. Dadurch wurde auch das Gesicht des gefangenen Großlügners freigelegt. Der schnappte zuerst nach Luft, um dann loszuschimpfen:

„Was war das denn für eine kleine Giftzecke? Sieh dich bloß vor, Du Schwuchtel. Ihr verfluchten Sauhunde! Lasst mich sofort frei! Hört ihr? Wir werden euch Würmer zerquetschen! Ihr habt keine Chance! Nicht den kleinsten Hauch einer Chance habt…“

Plötzlich unterbrach er seine Tiraden, weil Borli sich über sein Gesicht gebückt hatte und mit seinem babyhaften Zeigefinger direkt zwischen die Augen des Veredelten zielte. Er kniff die Augen zusammen und zischte ihn an:

„Noch ein einziges Wort, Mistkerl! Noch ein einziges, klitzekleines Wörtchen von dir und ich bringe dich höchstpersönlich zur Transformation. Hast Du mich verstanden, Schwabbel?“

Paul Jennings erkannte sehr schnell die Ausweglosigkeit seiner Lage und wurde kleinlaut. Er wehrte sich auch nicht mehr dagegen, als der kleine Kommandeur ihm den Mund mit Klebeband verschloss. Mittlerweile war Toby in den Container gekommen und freute sich, dass Borli nichts passiert war:

„Es ist gut, dich wohlauf zu sehen. Hatte schon befürchtet, dass dir was passiert ist. Also nochmal, danke mein Freund, das war wirklich saubere Arbeit!“

Der Besorgerchef winkte gönnerhaft ab, aber man konnte deutlich erkennen, wie sehr er sich durch Tobys Worte geehrt fühlte. Der hatte inzwischen auf dem Stuhl des gefesselten Wächters Platz genommen und begann den Code einzutippen. 2-0-0-7-5-4-0-3-0-5-0-3 lauteten die Ziffern und augenblicklich öffnete sich die Falttür einer der Kabinen.

„Kommt!“, rief Kir von draußen. „Es ist soweit! Los Toby! Wir haben es gleich geschafft!“

„Borli, du wirst mit deinen Leuten hier diese komplette Stallseite absichern und niemanden in den Stall lassen. Hörst Du? Niemand darf solange hier rein, bis wir alle zurück und im abgesicherten Bürocontainer sind, um dann von dort durch den ‚Heiwe‘ abhauen zu können. Kriegst Du das hin?“

Der kleine Kommandant kratzte sich am Hinterkopf, verzog sein Gesicht und meinte:

„Werd´ mein Bestes geben. Nun haut´ schon ab!“

Toby lief zur Kabine, in der Tini und die anderen bereits auf ihn warteten. Er drückte auf den ‚Tür-schließen-Knopf' und Sekunden später schwebten sie lautlos über den künstlichen See. Sie fuhren dann, auf der anderen Seite der riesigen Halle, an der Zellenwand bis in die dreiundsechzigste Reihe hoch. Hier bog die Gondel nach rechts ab, um kurz danach vor der zweiundvierzigsten Zellenbox anzuhalten. Man hörte deutlich das metallene Geräusch, das durch die Verrieglung der Kabine an der Zellenwand entstand. Bereits die ganze Zeit hatte Toby ein ganz komisches Gefühl. In wenigen Minuten würden er und seine Eltern sich das erste Mal gegenüberstehen. Viele Gedanken jagten durch seinen Kopf. Deutlich hatte er seinen Pflegevater Hannes Kronlechner vor Augen, wie der ihn eines Tages - er war ungefähr acht Jahre alt - wiedermal im betrunkenen Zustand wegen einer Lappalie verprügelte und lallend anschrie:

„Du Bastard, du elendiger! Versteh´ überhaupt nicht, warum die Idioten dich nicht gleich zu deinen verrückten Eltern gesperrt haben. Wär doch für alle das Beste! Diese saubere Familie in Liebe vereint!! Die Thorsens! Das ich nicht lache! Stattdessen frisst der kleine Scheißer mir hier die Haare vom Kopf! Dreckiger Parasit! Wenn du nicht bares Geld wert wärst, glaube mir, ich hätte dich schon längst zum Teufel gejagt…!"

Er hatte später oft über diese Auseinandersetzung und das, was sein Pflegevater damals unvorsichtigerweise gesagt hatte, nachgedacht. Er beschloss eines Abends, als er im Bett nicht einschlafen konnte, nicht mehr an die Geschichte mit dem tödlichen Unfall seiner Eltern zu glauben. Seit diesem Abend hatte er die Gewissheit, dass die beiden lebten und er sie kennenlernen würde. Damals begann er auch, sich jeden

Abend, bevor er einschlief, in Gedanken mit seinen Eltern zu unterhalten. Es hatte sich zu einem richtigen Ritual entwickelt und Toby erzählte ihnen alles. Ob es Ärger mit ‚dem Alten' gegeben-, oder Richard Momsen ihn mal wieder gequält hatte. Ob Irmchen ihm eine Extra-Ration Pudding zugeschoben-, oder Hannes sein Abendessen komplett gestrichen hatte. Er hatte ihnen damals sogar erzählt, dass ihm auf dem Pausenhof ein wunderschönes Mädchen aufgefallen war. Dann geschah etwas Merkwürdiges. Er war mit seinem ‚Tagesbericht' an die Eltern seit einigen Minuten fertig und schon fast eingeschlafen, als plötzlich eine Frauenstimme, wie aus weiter Ferne seinen Namen rief:

„Toby! Mein Tobylein! Hörst du mich? Wir sind es, mein Junge! Mama und Papa! Wir hören alles, was du uns jeden Abend erzählst. Wir haben dich lieb!"

Dann tauchte in seinem Kopf für einige Sekunden ein Bild auf, ganz klar und deutlich: Seine Eltern Thomas und Marie lächelten ihn liebevoll an und winkten ihm zu. Toby war augenblicklich hellwach und saß lächelnd in seinem Bett, während ihm Tränen über die Wangen liefen. Leise sagte er:

„Ich hab´ dich auch lieb, Mama. Ich hab´ dich auch lieb, Papa."

Seit diesem Erlebnis hatte er jeden Abend, wenn er seinen Eltern alles erzählte, ihr Bild vor Augen. Damals war es für ihn gefühlsmäßig so, als ob er sie tatsächlich gefunden hätte und ohne dass er jemals mit irgendjemand darüber gesprochen hätte, wurden sie Teil seines Lebens.

Die Kabine ruckte sanft und der mechanische Verriegelungsprozess war beendet. Leise summend öffnete sich die

Automatiktür. Jetzt war es also soweit. Die Freunde standen ganz hinten in der Kabine, nur Toby war bis zum Gitter vorgegangen und hatte den kleinen Stoffhasen aus der Tasche gezogen. Alle waren mucksmäuschenstill. An der hinteren Zellenwand, dort, wo die Tür in die Transformation führte, lagen zwei Personen auf dem Fußboden. Ein Mann und eine Frau, die völlig teilnahmslos ins Leere starrten. Es waren ganz zweifellos seine Eltern. Sie sahen genauso aus, wie er sie Abend für Abend vor dem Einschlafen, in seinen Gedanken gesehen hatte.

Was hatte man ihnen nur angetan? Tränen liefen über Tobys Gesicht, während Ursu den Türöffner für die Gittertrennwand betätigte, die sich daraufhin geräuschlos öffnete. Er ging einige Schritte hinein, drehte sich ratlos fragend zu den Freunden um und streifte dabei mit dem kleinen Stoffhasen versehentlich das Gesicht seines Vaters. Plötzlich war wieder Leben im Gesicht von Thomas Thorsen.

„Toby?“, fragte er leise, als er das Spielzeug in der Hand des vermeintlichen Schattenkriegers sah. Ohne eine Antwort abzuwarten, nahm er das Gesicht der regungslos daliegenden Frau zärtlich in beide Hände und sagte ganz leise:

„Marie, meine liebe Marie, hörst du mich? Unser Tobyas ist da! Der Junge hat es tatsächlich geschafft!“

Dann stand er auf und die beiden umarmten sich wortlos, während nun auch Thomas Tränen übers Gesicht liefen. Nach einer Weile fragte Toby:

„Was ist mit Mama?“

„Sie haben unsere Gehirne neutralisiert.“

„Sie haben was?“

„Sie haben unsere Gehirne… – wie soll ich sagen? Sie haben es irgendwie ausgeschaltet. Sie ahnen nicht, dass es bei mir nicht funktioniert hat, doch Mama reagiert auf nichts mehr. Es ist, als ob sie den menschlichen Geist und somit auch den Körper, in dem dieser Geist wohnt, ausgeschaltet haben."

Thomas Thorsen zog seinen Sohn Toby fester an sich heran und flüsterte:

„Nachdem sie uns vorgestern aus der Happy Residenzia nach hier ins Galazum verlegt hatten, kamen einige dieser Studenten und holten uns zur sogenannten Spezialbehandlung ab. Ich habe das Spiel mitgespielt und so getan, als ob es auch bei mir funktioniert hätte. So konnte ich mich um Mama kümmern, ohne dass sie es bemerkten, denn ich wusste genau, dass du kommen würdest."

Toby kniete sich zu seiner Mutter nieder und streichelte zärtlich ihr Gesicht.

„Was haben sie nur mit dir gemacht, Mama?"

„Probier doch mal das Ding von Kamena! Du weißt schon! Diesen Gehirnheilemacher", rief ihm Manu zu. Schlagartig fiel ihm der Gehirnrestaurator ein. Sekunden später hatte er das kleine Gerät aus seiner Tasche hervorgeholt, entsichert und auf die Stirn seiner Mutter gesetzt. Sein Vater kniete sich zu ihm herunter, hielt die Hand mit dem Restaurator fest und fragte besorgt:

„Was tust du, mein Sohn?"

„Mach dir keine Sorgen, Papa. Gleich wird es Mama wieder viel besser gehen!"

Er drückte fest auf den Auslöseknopf am Ende des Gerätes. Im selben Augenblick war der wirre, teilnahmslose Blick seiner Mutter verschwunden und sie sah Toby mit strahlenden Augen an. Ein Lächeln umspielte ihren Mund und sie legte ihre Arme um seinen Hals:

„Ich wusste es. Ich hab´ es gewusst. Danke Gott!“

Sie schloss ihre Augen und betete leise. Plötzlich ging alles ganz schnell. Man hörte hinter der Tür, die in die Transformation führte, Geräusche, die rasch lauter wurden.

„Schnell, schnell! Beeilt euch! Wir müssen hier sofort weg!“, rief Manu aufgeregt. Alle sprangen in die Kabine und Ursu schloss das Gitter, als die hintere Tür aufflog und Richard Momsen, mit einigen seiner neuen Genossen, in die Zelle stürmte. Wütend stürzte er bis an das Gitter heran, das sich allerdings nur von außen öffnen ließ. Er schrie drohend:

„Wer hat angeordnet, die Gefangenen hier rauszuholen? Öffnet sofort das Gitter, sonst werde ich Meldung machen! Kommt unverzüglich in die Zelle zurück oder ich mach´ euch fertig! Ich schwör ´s!“

Er hatte Toby wegen der Verkleidung immer noch nicht erkannt und hielt ihn für einen seiner Genossen, der sich unberechtigter Weise einige Gefangene für persönliche Zwecke an die Seite schaffen wollte. Es war durchaus nicht unüblich im Stall, dass sich die Wärter, durch den unerlaubten Verkauf von Gefangenen, einen nicht unbeträchtlichen Nebenverdienst verschafften. Wütend steckte Momsen beide Arme durch die Gitterstäbe und drohte mit eindeutigen Gesten in Richtung der Flüchtenden.

„Ich freu´ mich schon darauf, du altes Großmaul! Das wird bestimmt sehr lustig, wenn du um Gnade winseln wirst!“, rief Toby ihm zu. Die Kabinentür hatte sich bereits geschlossen, als die Verfolger mit ihren Waffen zu feuern begannen. Die Verriegelung, mit der die Kabine an der Zellenbox festgemacht hatte, löste sich und lautlos schwebten sie an der riesigen Zellenwand entlang, zurück über den künstlichen See, zur anderen Seite hinüber. Bereits unterwegs hörten sie es, - zuerst ganz leise, dann immer intensiver: Gefechtslärm! Je näher sie dem Ufer auf der anderen Seite des Sees kamen, umso deutlicher drangen die Kampfgeräusche von draußen zu ihnen herein.

„Oh, ohhhh…“, entfuhr es Loum.

„Macht euch auf was gefasst! Da draußen scheint einiges los zu sein“, warnte Ursu.

„Wenn die Tür aufgeht, werden wir uns kurz orientieren und müssen uns dann schleunigst zum Bürocontainer durchschlagen. Wenn wir da erst mal drin sind, haben wir es geschafft!“

„Wartet! Bitte macht noch nicht die Tür auf, Freunde“, bat Tobys Vater.

„Warum nicht? Borli und seine Jungs da draußen brauchen dringend unsere Hilfe! Was ist denn los?“, wollte Manu ungeduldig wissen und alle sahen fragend zu Thomas Thorsen hinüber.

„Wie wollt ihr gegen die Übermacht der Schattenkrieger ankämpfen? Glaubt mir, wenn wir Mann gegen Mann gehen, sind sie uns zahlenmäßig deutlich überlegen. Wir kommen keine fünf Meter weit! So haben wir keine Chance gegen sie. Es gibt allerdings eine Möglichkeit! Wenn ich eure Waffen ein wenig manipuliere…“

„Was meinst du? Von welchen Waffen sprichst du?“

„Ich spreche von den Gedankenimpulswerfern. Gebt mir bitte einen.“

Fordernd streckte er seine Hand aus und Toby gab ihm seinen GIW. Der Vater öffnete den kleinen Schutzdeckel und machte sich mit einer Nadel, die ihm Tini gereicht hatte, im Innern der Waffe zu schaffen.

„Gebt ihm auch die anderen Impulswerfer. Schnell!“, forderte Toby die Freunde auf.

„Was machst du denn da, Papa?“, wollte er wissen, während er bei den anderen Waffen ebenfalls schon mal die Deckel entfernte und sie dem Vater anreichte.

„Wie ihr wisst, sind die Gedankenimpulswerfer innerhalb Toros normalerweise ohne Funktion. Durch eine kleine Manipulation kann allerdings ein neuer Impuls kreiert werden, der bei jedem, der davon getroffen wird, den Orientierungs- und Gleichgewichtssinn kurzfristig blockiert.“

„Klingt gut! Aber was bedeutet kurzfristig?“, wollte Toby wissen.

„Na ja, so ungefähr für zwanzig bis dreißig Sekunden wird das Opfer vergessen, wo es sich befindet und es wird sehr rasch zu torkeln beginnen und zum Schluss stürzen.“

Die Freunde sahen sich lächelnd an und klatschten sich mit einem gemeinsamen „das ist es!“ ab. Manu wandte sich Toby zu und sagte:

„Das sollte reichen! Dann werden wir eben ein bisschen mehr schießen müssen.“

Wenig später stellten sich die Freunde mit ihren Waffen im Anschlag nebeneinander vor der noch geschlossenen Tür auf. Toby drehte sich zu seinem Vater um, der an der Kabinenrückwand mit dem Finger auf dem Türöffner auf das Zeichen wartete…

34. Kapitel - Kampf um die Freiheit

Kopfnickend flüsterte Toby ihm „jetzt!“ zu und die Kabinentür öffnete sich geräuschlos. Sie waren ungefähr achtzig Meter vom rettenden Bürocontainer entfernt. Schräg links vor ihnen strömten scheinbar unaufhörlich neue Schattenkrieger durch die kleine Tür in den Stall, um sich sofort in den Kampf gegen die sich tapfer wehrenden Besorger zu werfen. Die hatten sich auf Höhe des Bürocontainers verschanzt und einige von ihnen schossen ohne Pause ihre klebrigen Kampfnetze gegen die vorderen Reihen der Angreifer ab. Die verfingen sich darin, stürzten und wurden so für ihre nachrückenden Genossen zu einem lebendigen Hinderniswall. Borli selbst saß im Bürocontainer und tippte ununterbrochen Ziffern in die Tastatur. Einer seiner kleinen Kämpfer hatte in einem Aktenordner eine Liste mit den Zugangscodes für alle Gefangenen gefunden und so schickte der Besorger-Kommandant eine Kabine nach der anderen auf die Reise zur Zellenwand hinüber, um die Insassen zu befreien. Jedes Mal, wenn wieder eine Kabine startete, rückten die anderen um den frei gewordenen Platz nach vorne. Das bemerkten Toby und seine Gefährten sehr schnell, weil sich natürlich dadurch auch die Kabine, mit der sie gerade angekommen waren, intervallartig vorwärts bewegte und sie sich so langsam, aber sicher, dem Kampfgetümmel von hinten näherten.

„Los, alle sofort wieder in die Kabine und schnell, Papa, mach die Tür wieder zu.“

Sie warteten und es erschien ihnen, wie eine kleine Ewigkeit, bis sie den Lärm der Schattenkrieger direkt vor der Kabinentür hören konnten. Mit kurzen Unterbrechungen bewegte sich ihr Gefährt immer weiter, bis dann schließlich deutlich die Stimmen von Borlis Kämpfern zu hören waren. Die Tür öffnete sich mit einem fast nicht wahrnehmbaren Zischgeräusch. Toby, Manu, Kir und Ursu stürzten hinaus und eröffneten mit ihren manipulierten Gedankenimpulswerfern sofort das Feuer auf die verblüfften Angreifer. Augenblicklich brach in deren Reihen ein riesiges Durcheinander aus. Viele von ihnen torkelten und rissen ihre Nebenleute um. Einige von ihnen stürzten in den See und wurden dort Opfer der immer hungrigen Piranhas und Alligatoren.

Tini rannte mit Thomas Thorsen und seiner Frau Marie hinter den Freunden, in geduckter Haltung, Richtung Bürocontainer. Kurz bevor sie ihr Ziel erreichten, wurde Tobys Vater von der Wucht eines gegnerischen Geschosses getroffen und stürzte. Gleichzeitig war es dem feindlichen Schützen gelungen, in der Nähe des Bürocontainers mit zwei weiteren Genossen unbemerkt zwischen den Zeitlingen hindurchzuschlüpfen und nun stürmten sie auf den wehrlos am Boden liegenden Thomas zu. Tini war zwischenzeitlich zurückgeeilt, um Marie dabei zu helfen, ihren verwundeten Mann Richtung Containertür zu schleifen. Es war jedoch bereits zu spät, als sie die heranstürmenden Feinde im Augenwinkel bemerkte und die Wucht des elektrischen Schlages, den der Volltreffer verursachte, lies sie heftig zuckend auf Tobys Vater stürzen. Marie schrie wie von Sinnen, sodass Toby auf die Situation aufmerksam wurde. Er signalisierte Manu und Borli, dass er seine Position verlassen wollte, woraufhin zwei Besorger seine Stellung übernahmen. Die feuerten dann von dort aus ununterbrochen ihre klebrigen

Fangnetze in die gegnerische Front. Toby eilte zu Tini und seinen Eltern hinüber, als er in einem der drei Angreifer Richard Momsen erkannte. Er feuerte mit seinem GIW auf die beiden anderen, die unvermittelt zu Boden gingen und von Borli in einem Fangnetz ‚verpackt' wurden.

„Momsen!" schrie Toby völlig außer sich und stürzte sich auf den verblüfften Angreifer. Beide gingen zu Boden, wobei die Elektronenschleuder des angehenden Schattenkriegers Momsen im hohen Bogen durch die Luft flog und sich beim Aufprall auf dem harten Fußboden einige Salven unkontrolliert lösten. Tschimm, tschimm… zischten die gebündelten Elektroschocks wie Geschosse aus einer Pistole umher, als Toby auf dem überrumpelten Momsen saß und dessen Hände an die Erde drückte.

„Thorsen?", fragte sein Intimfeind ungläubig, während er sich zu befreien versuchte. „Tobyas Thorsen? Bist du das etwa? Ich denke, du sitzt gefangen im Trabantensitz? Wieso bist du hier?" Richard Momsen war sichtlich irritiert und wirkte stark beunruhigt.

„Ja! Ja, ich bin es!" sagte im Toby betont ruhig ins Gesicht. „Da staunst du nicht schlecht, was? Deine trotteligen Genossen bewachen die ganze Zeit mein Hologramm und haben es bis jetzt noch nicht bemerkt."

Nun entbrannte ein erbitterter Kampf zwischen den beiden, wobei Richard Momsen immer wieder versuchte, an seine, in einiger Entfernung am Boden liegende Waffe zu kommen.

„Da fahr´ ich ja voll drauf ab! Echtes Fratzengeballer! Sozusagen echte Handarbeit!" Borli beobachtete die Auseinandersetzung der beiden Kontrahenten freudig interessiert, als er bemerkte, was Momsen beabsichtigte.

„Eyh, du Knallfrosch, Finger weg von der Elektronenwumme!“ rief der Besorger-Kommandant und schob die Waffe mit seinem kleinen Fuß schwungvoll zur Seite, um sie danach sogleich aufzuheben und einige kurze Schießübungen in Richtung der Angreifer zu machen.

„Du kleiner Mistkerl! Wenn ich mit dem hier fertig bin, bist du dran! Ich bring´ dich um, das schwör ich dir“, fauchte Momsen wütend, während er, vor Anstrengung keuchend, aufzustehen versuchte, um sich so aus Tobys Umklammerung zu lösen. Die beiden rangen heftig miteinander und jeder versuchte den anderen erneut zu Fall zu bringen.

„Was ist los, du Großmaul? Ich denk´ du willst mich fertigmachen?“, zischte Toby seinen Gegner an, während sie, miteinander ringend, Richtung Seeufer abdrifteten.

„Du bist geliefert, Thorsen! Ich hab´ es dir gesagt, jetzt bist du reif!“ Richard Momsen brachte Toby mit einem Beinfeger zu Boden und stürzte sich auf ihn. Toby reagierte mit kräftigen Schlägen in die Seiten des Gegners und versuchte sich so aus der misslichen Lage zu befreien. Momsen presste seinen Ellenbogen mit aller Kraft unter Tobys Kinn und so gelang es ihm einige Male, dessen Kopf über die Uferkante unterzutauchen. Durch die Unruhe im Wasser waren zwei der riesigen Alligatoren aufmerksam geworden. Sie kamen schnell näher und schon schnappte der erste nach Tobys Kopf. Im selben Moment wurden er und der auf ihm liegende Richard Momsen vom Wasser weggerissen.

„Keine linken Dinger, Momsen! Sonst lernst du mich kennen!“ hörte er Ursu rufen, der die Beine der zwei

Kampfhähne geschnappt hatte und sie vom Wasser wegzog. Borli feuerte unterdessen mehrere Elektronschocks aus der erbeuteten Waffe auf den wütend angreifenden Alligator. Das gewaltige Tier krümmte sich vor Schmerz und wurde sofort von dem zweiten Reptil angefallen. Das Wasser spritzte wild auf und innerhalb weniger Augenblicke wurden dadurch unzählige Piranhas angelockt, die ihrerseits über die Alligatoren herfielen.

Durch Ursus Eingreifen war Richard Momsen so irritiert, dass er Toby kurz losließ. Der erkannte die Gelegenheit, drehte sich ruckartig zur Seite und befreite sich so. Im nächsten Augenblick standen sich die beiden erneut, in gebückter Angriffshaltung, gegenüber. Sie belauerten sich angespannt.

„Na, was ist denn nun, altes Großmaul? Ich denk´, du wolltest mich fertigmachen!" reizte Toby seinen Gegner.

Plötzlich hatte der ein Messer, das er provozierend von der einen, in die andere Hand warf. Die beiden ließen sich keine Sekunde aus den Augen. Dann stieß Momsen blitzartig nach vorne.

„Aua!" schrie Toby. „So ein Mist. Er hat mich tatsächlich erwischt!" Der Junge spürte einen stechenden Schmerz. Das Messer hatte seinen Jackenärmel aufgeschlitzt und Blut schoss aus einer Wunde im Oberarm. Jetzt ging es wirklich ums Ganze! Die beiden umschlichen sich, wie zum Angriff bereite Raubkatzen. Dann plötzlich stürzte sich Tobys Rivale messerschwingend und laut schreiend auf ihn. Alles ging ganz schnell! So wie Ursu ihn damals bei Tinis Befreiung ins Leere hatte laufen lassen, so machte Toby es nun bei Richard Momsen. Mit einer eleganten Ausweichbewegung ließ er den Angreifer an sich vorbeistürzen. Das Wasser spritzte auf und augenblicklich wurde Momsen unter die, durch unzählige Piranhas, brodelnde Wasseroberfläche gezogen. Toby atmete schwer. Er griff sich an den verletzten Arm und hielt besorgt nach Eltern und Freunden Ausschau, als Ursu kam und ihm auf die Beine half. Als er den blutenden Arm sah, riss er einen Streifen seiner Jacke ab und verband die Wunde des Jungen notdürftig.

Tini und Thomas Thorsen hatte man zwischenzeitlich in den gesicherten Bürocontainer abtransportiert und dort behandelt. Die beiden hatten sich bereits erholt und halfen bei der Versorgung anderer Verwundeter, als Toby mit blutendem Arm in der Tür erschien. Seine Mutter sah ihn als Erste, lief auf ihn zu und fragte besorgt:

„Was ist passiert, mein Junge? Komm schnell, leg dich hin.“ Sie drehte sich zu den anderen um und rief: „Schnell, schnell! Bringt Verbandszeug!“

„Später!“, rief Toby ihr zu. „Wir verbinden das später! Jetzt müssen wir hier erst mal weg! Es werden immer mehr! Ich glaube, es sind inzwischen über Tausend! Ursu wird euch hier drinnen helfen.“ Er sprang wieder nach draußen und rief dem wild um sich schießenden Borli zu:

„Borli! Rückzug! Los, ruf deine Jungs! Alle sofort in den Container! Los, los! Mach schon! Alle da rein!“

Er hastete zu dem wenige Schritte entfernt kämpfenden Manu und informierte auch ihn. Langsam rückwärtsgehend feuerten die beiden unaufhörlich auf die immer schneller nachrückenden Schattenkrieger. Als sie die Containertür erreichten, winkte Toby den letzten Nachzüglern aufgeregt zu und schrie in ihre Richtung:

„Los! Beeilt euch schon! Es sind zu viele!“

Augenblicke danach huschte der letzte Besorgerkämpfer an ihm vorbei, in den gesicherten Raum. Dann riss er die Tür zu, die laut krachend ins Schloss knallte und verriegelte sie.

„Los Freunde, macht sofort alle Fenster dicht! Malt sie an, oder klebt sie zu! Die da draußen dürfen auf keinen Fall sehen, wie wir hier gleich verduften!“, rief Toby und während seine Mutter und Tini ihm den Arm verbanden, klebten viele flinke Hände unzählige Papierbögen von innen an die Panzerglasscheiben. Die Schattenkrieger trommelten von außen wütend dagegen und lärmten an der Tür. Sie versuchten nun, den einbruchsicheren Raum allein durch Muskelkraft aufzubrechen - natürlich ohne Erfolg.

„Ich glaube, es war keine gute Idee, dass wir alle hier herein sind. Ich denke, wir sitzen jetzt in der Falle“, sagte Marie Thorsen leicht deprimiert zu ihrem Mann. „Hier kommen wir nicht mehr raus und dann…“

„Liebes, sei ganz ruhig und hab´ einfach Vertrauen“, versuchte Tobys Vater seine Frau zu beruhigen. „Ich bin ganz sicher, dass sich unser Sohn und seine Freunde nicht umsonst hierher zurückgezogen haben. Sie haben uns doch sogar aus unserer absolut ausbruchsicheren Zelle befreit. Sei gewiss, sie haben ganz bestimmt einen guten Plan. Immerhin ist unser Sohn doch jetzt ein Zeitengänger und auch Ursu wäre sonst bestimmt nicht hier. Du darfst sicher sein, er würde solch einen schweren Fehler nicht zulassen. Sei also bitte ganz beruhigt und zuversichtlich.“

Von draußen drangen nun gefährlich klingende Geräusche von schwerem Gerät in das Innere des Containers. Man hatte inzwischen mehrere, große Trennschleifer herangeschafft und begonnen, die Sicherheitstür damit zu bearbeiten. Zusätzlich versuchten einige der Schattenkrieger mit einer Spezialbohrmaschine ein Loch durch das Panzerglas zu bohren, um durch diese Öffnung dann ein Betäubungsgas einströmen zu lassen. Toby wandte sich seinen Eltern zu, lächelte sie zuversichtlich an und sagte mit ruhiger Stimme:

„Papa hat Recht. Mach dir keine Sorgen, Mama. In wenigen Minuten sind wir hier raus. Wir gehen alle in die Enklave Grela, wo unsere Zeitlingsfreunde das Sagen haben. Von da aus sehen wir dann in Ruhe weiter."

Toby drehte sich nun zu den Freunden um und während sich die kontinuierlich lärmenden Trennscheiben bereits an zwei Stellen durch die Sicherheitstür gefressen hatten, sagte er ohne jede Aufregung zu ihnen:

„Lassen wir die Kerle da draußen noch ein wenig im Glauben, dass sie uns in der Falle haben. Also, wir sollten uns nun wirklich auf den Weg machen. Mama, Papa, ihr geht bitte gleich hinter Tini als erste hinüber. Dann folgen Ursu, Kir und Loum. Manu und ich kommen später, hinter Borli und seinen Leuten ganz zum Schluss."

Manu schob einige der ans Fenster geklebten Blätter vorsichtig ein bisschen auseinander, um nach draußen zu sehen. Erschrocken schloss er den Sehschlitz sofort wieder, als er direkt in das hassverzerrte Gesicht eines wütenden Schattenkrieges blickte.

„Toby hat Recht! Wir sollten wirklich zusehen, dass wir hier schleunigst wegkommen. Es wird schon alles gutgehen", versuchte er sich selbst zu beruhigen.

Tini zog den Vorhang zum Ruheabteil des Containers zur Seite und schob die runde, schwarze Scheibe in die Mitte des Raumes. Dann stieg sie als Erste hinein und Tobys Eltern sahen sich dabei freudig verblüfft an.

„Jetzt ihr – und macht euch bitte keine Sorgen“, forderte Toby seine Eltern auf. „Klettert einfach hinein und dann seht ihr schon, wo ihr lang müsst.“

Wenig später waren auch sie im ‚Heiwe‘ verschwunden und einer nach dem anderen folgte ihnen. Borli hatte erfolgreich darauf bestanden, als Kommandant seiner paramilitärischen Einheit, wie ein Kapitän von seinem sinkenden Schiff, als Letzter zu gehen. So waren bereits alle in Sicherheit, als er trotzdem nochmals genau kontrollierte, dass sie auch niemanden vergessen hatten. Genau in dem Augenblick, als die Trennschleifer ihr Werk vollendet hatten, die aufgeschnittene Tür nach innen hinein kippend, mit einem mächtigen Krachen auf dem Fußboden landete, hüpfte Borli mit einem sogenannten Schlusssprung in den ‚Heiwe‘ hinein, so, als ob er zum Schwimmen in einen Pool springen würde. Nur Augenblicke später verschwand auch die schwarze Scheibe mit einem leisen, saugenden Flop-Geräusch aus dem Bürocontainer. Das laute Kriegsgeschrei und Gejohle der hereinstürmenden Schattenkrieger verstummte jäh, als sie auch nach intensiver Suche weder ihre Gegner, noch irgendwelche Ausbruchsspuren von ihnen entdecken konnten.

35. Kapitel - Die Flucht

Die erfolgreiche Befreiung von Thomas und Marie Thorsen sprach sich in Toros Sepabezirk wie ein Lauffeuer herum und der Dunkle Großfürst war außer sich. Einer seiner Lakaien, der sich gerade noch rechtzeitig und unbemerkt in Sicherheit gebracht hatte, berichtete, dass er ihn noch niemals vorher so toben und fluchen gesehen hatte. Den Überbringer der Nachricht von der Befreiungsaktion hatte er in seiner Wut augenblicklich getötet. Unverständliche Laute schreiend, habe er sogar auf zufällig anwesende Besucher geschossen oder sie geschlagen.

Bereits dreißig Minuten, nachdem der Kommandeur der Besorgerzeitlinge als letzter aus dem Bürocontainer im Stall verschwunden war, hatte der Dunkle Großfürst den Leiter des Galazums dort einsperren lassen. Großlügner Paul Jennings, sein Kollege Norbert Neumann und weitere hochrangige Angehörige der Oberen Grade beendeten ihr Leben noch am selben Tag in der Transformation.

Inzwischen war die gesamte Armee der Schattenkrieger in allerhöchste Alarmbereitschaft versetzt worden. Jeder gemeine Spitzel, jeder Verwirrer und jeder Langmantel-Agent, der unerkannt in Toros Menschenbezirk eingesetzt war, wurde informiert und erhielt den Auftrag, bei entsprechender Gelegenheit, Thomas und Marie Thorsen möglichst unauffällig zu liquideren. Die im Sepabezirk kasernierten Kampftruppen durchkämmten mittlerweile das gesamte Gebiet mit unzähligen Fanatiker-Kommandos. In jedem Gebäude des sogenannten Einkaufsparadieses wurden Razzien durchgeführt und verdächtige Personen verschleppte man unverzüglich zur ‚Betreuungsbehandlung'. So nannten sie die brutalen Vernehmungen durch besonders geschulte Langmantel-Agenten.

Am Schattentor hatte gerade wieder eine Gruppe von zwanzig Tagestouristen alle Ausreisekontrollen und Befragungen hinter sich gebracht. Sie waren von den Torwächtern durch die Schleuse in die Enklave Grela durchgelassen worden, als Spezialeinheiten von Elite-Fanatikern das Schattentor weiträumig absperrten und alle ausreisenden Tagestouristen einer peinlich genauen Zusatz-Kontrolle unterzogen. So bildeten sich an hastig eingerichteten Checkpoints sehr schnell lange Warteschlangen. Jede Unmutsäußerung der dort stehenden Menschen wurde von speziellen ‚Greif-Kommandos' mit sofortiger Überführung in die ‚Betreuungsbehandlung' quittiert.

Die zuletzt ausgereiste Touristengruppe bewegte sich auf dem ‚Reischadamm' in Richtung Reichstor und hatte bisher von alledem nichts mitbekommen. Sie wunderten sich schon ein wenig darüber, dass ihnen keine weiteren Ausreisegruppen folgten, doch sie waren alle so sehr mit sich selbst beschäftigt, dass sie sich keine ernsthaften Gedanken darüber machten. Die meisten von ihnen hatten sich die Gesichtsburka über den Kopf gezogen. So folgte die lang auseinandergezogene Gruppe ihrem Führer, der wohl gerade per Funk die Nachricht erhielt, dass im Sepabezirk der Ausnahmezustand ausgerufen war. Seine Anweisung lautete, mit seiner Gruppe sofort dorthin zurückzukehren. Sie hatten soeben den Torodom passiert, als er stoppte und sich zu ihnen umdrehte.

Da fehlten doch Leute aus der Gruppe! Alle waren mittlerweile stehengeblieben und er ging leise zählend durch ihre lockere Formation hindurch.

„...dreizehn, vierzehn, fünfzehn, sechzehn..." Vier Leute aus seiner Gruppe fehlten! Nervös wischte er sich den Schweiß von der Stirn und versuchte seine Gedanken zu ordnen. Man würde ihn wahrscheinlich direkt in die Schattenresidenz verbannen. Bestenfalls käme er in den Stall und man würde einen Galazer aus ihm machen. Vorbei das süße Leben im Suggbezirk!

In diesem Moment kam eine bewaffnete Doppelstreife der Zeitlinge mit vier Zivilisten aus der Seitenstraße am Torodom. Dieser Weg führte zu den beliebten Aussichtspunkten am Dom und genau hier hatten sich vier, als Hippiefamilie getarnte Zeitlinge unbemerkt aus der Gruppe entfernt, damit Toby, seine Eltern und Tini unerkannt ihre Plätze einnehmen konnten. Die hatten sich im Torodom entsprechend verkleidet und von den Freunden verabschiedet. Manu und die anderen Zeitlinge mussten durch den Sluuplockbusch nach Verbola zurück. Ursu versprach, Toby, seine Eltern und Tini bei Doc Albert zu erwarten.

Die vier hatten sich ihre Gesichtsburkas übergestreift und nun trieben die Uniformierten sie wie Gefangene vor sich her, bis sie ‚ihre' Gruppe erreicht hatten.

„Wer ist hier der Gruppenführer?" wollte der Streifenführer in scharfem Kommandoton wissen.

„Ich", antwortete dieser kleinlaut und hob zögernd seine Hand.

„Die vier hier haben wir am Aussichtspunkt erwischt! Es ist verboten, sich von seiner Gruppe zu lösen! Außerdem wurde vor zehn Minuten ‚Defensio 2' ausgelöst. Wie Sie wissen, bedeutet das die zweithöchste Alarmstufe hier in Enklave Grela. Ich muss Sie bitten, dieses Gebiet sofort zu verlassen!"

Die vier hatten sich inzwischen unauffällig unter die anderen gemischt und da die vier Zeitlinge, die von Borli im letzten Moment vor der Ausreise in die Gruppe hineinschmuggelt worden waren, von der Statur her so ausgesehen hatten, wie Toby, seine Eltern und Tini, bemerkte niemand etwas von dem Austausch. Zusätzlich hatten ja auch alle ihre Gesichter verhüllt, was die ganze Aktion noch vereinfachte. Der Führer der Gruppe forderte seine Leute nun auf, sich unverzüglich wieder zurück zum Schattentor zu begeben:

„Ich bitte Sie, meine Damen und Herren. Sie haben es doch gehört. Wir müssen Enklave Grela sofort verlassen. Also bitte! Hier entlang!"

Er deutete in Richtung Schattentor und wollte gerade losgehen, als man das Geräusch von Waffen hörte, die durchgeladen wurden. Die beiden Zeitlinge der Doppelstreife stellten sich ihm direkt in den Weg, richteten ihre entsicherten Waffen auf ihn:

„Das ist die falsche Richtung, Freundchen! Sie müssen zum Reichstor und das bitte sehr zügig!"

Der Angesprochene protestierte lautstark und wollte sich nicht von seinem Entschluss, in den Sepabezirk zurückzukehren, abbringen lassen:

„Wir werden jetzt in diese Richtung gehen und die Enklave Grela – so wie Sie es verlangen – verlassen. Und zwar durch das Schattentor! Glauben Sie nur nicht, dass Sie mich mit ihren Waffen beeindrucken können! Ich habe meine Vorschriften und…"

Innerhalb weniger Augenblicke hatte eine Einheit aus ungefähr sechzig bewaffneten Zeitlingen den Reischadamm in Richtung Schattentor abgesperrt und ihre Waffen in Anschlag gebracht. Eine zusätzliche Doppelstreife nahm den Führer in die Mitte und legte dem völlig Verdutzten Handfesseln an.

„Ich verhafte Sie wegen aktiven Verstoßes gegen das Flüstergebot und wegen mehrfachen Verstoßes gegen Anordnungen der verantwortlichen Sicherheitskräfte. Abführen!"

Während die Zeitlinge ihren Gefangenen im Laufschritt fortschafften, drehte sich der Posten nun zu den Mitgliedern der Reisegruppe um, schaute jeden einzelnen kurz an, zeigte dann auf Thomas Thorsen und sagte:

„Sie! Sie führen diese Menschen sofort und auf direktem Wege zum Reichstor. Sie werden dort die Enklave Grela unverzüglich verlassen und dem Torposten im Suggbezirk mitteilen, dass wir den eigentlichen Führer dieser Gruppe verhaftet haben. Die Gründe haben Sie ja gehört. Haben Sie das verstanden?"

Thomas Thorsen spielte den Erstaunten und schaute sich scheinbar verunsichert nach rechts und links um:

„Wer? Ich? Meinen Sie mich?"

„Ja! Genau Sie meine ich! Haben Sie mich verstanden?"

„Ja, aber…"

„Nichts ‚ja aber'! Sie haften persönlich dafür, dass diese Gruppe unversehrt den Suggbezirk erreicht! Haben wir das jetzt?"

„Ja, aber ich kenne diese Leute doch gar nicht. Was ist, wenn sie mir nicht folgen wollen?"

„Dann rufen Sie einmal laut nach uns und wir werden jeden festnehmen, der aus der Reihe tanzt! Ist das jetzt auch wirklich bei jedem angekommen?"

Er ging langsam zwischen ihnen hindurch und blickte jeden einzelnen kurz an. „Hei, du! Hast du das auch verstanden?". Er fasste einem der Tagestouristen mit beiden Händen an die Schultern und schüttelte ihn kräftig, woraufhin der eingeschüchtert zu nicken begann:

„Ja, Herr General, ja! Ich habe das alles klar und deutlich verstanden. Der da ist jetzt unser neuer Führer und wir verlassen die Enklave Grela jetzt sofort in diese Richtung."

„Sehr gut, Mann! Und nun, meine Damen und Herren, auf geht´s! Abmarsch!"

Die Gruppe setzte sich zügig in Bewegung und Toby lief neben seinem Vater, der als neuer Gruppenführer selbstverständlich vorneweg ging. Tini und Marie folgten mit den anderen und inzwischen hatten sich auch die letzten die Gesichtsburka übergestreift, um ja nicht noch durch ein unkontrolliertes Lächeln aufzufallen. Hin und wieder blickte sich jemand vorsichtig um, ob die Torwächter der Zeitlinge noch hinter ihnen waren. Niemand sprach ein Wort, immer in der Angst, sonst vielleicht auch verhaftet zu werden.

Wenig später hatten sie endlich den Sammelraum vor dem Reichstor erreicht. Nach kurzer Wartezeit und einem

Check im Ganzkörperscanner wurden alle wieder zu den verschiedenen Transitschleusen geschickt, um durch den bläulich-grünen Lichtstrahlentunnel in den Suggbezirk hinüber zu gehen. Toby, Tini und Marie waren inzwischen erneut im Büro mit dem großen, supermodernen Schreibtisch, bei dem Mann angekommen, den sie schon auf dem Hinweg kennengelernt hatten. Als dann Thomas Thorsen als Letzter aus dem Tunnel, in den Raum trat, stand der Mann auf, ging um seinen Tisch herum, begrüßte alle per Handschlag und sagte mit einem freundlichen Lächeln zu Tobys Eltern:

„Ich freue mich, euch endlich in Freiheit zu wissen. Seid herzlich willkommen. Ich bin Torwächter Lunold, aus der Sippe der Zielstrebigen und ich habe einige Vorbereitungen getroffen, was eure Heimreise angeht."

„Danke, Lunold. Wir freuen uns auch sehr, nach so vielen Jahren endlich wieder in Freiheit zu sein. Das ist mein Sohn Toby und das ist Tini, die Tochter meines Freundes Hubertus Van de Kust."

„Oh ja, ich habe von Hubertus und seiner Tochter gehört. Und natürlich kenne ich deinen Sohn Tobyas. Jeder in Verbola hat von ihm gehört. Alle sprechen von seinen großen Taten. Von der Rettung Kamenas; von der Schlacht in der Wutschlock Höhle und nun dies hier."

Er wandte sich Toby zu und fuhr fort:

„Das war wirklich gute, saubere Arbeit, junger Mann. Na ja, bist ja praktisch einer von uns."

Er zwinkerte ihm mit einem Auge zu und lächelte spitzbübisch. Toby wirkte ein bisschen verlegen und um das Thema zu wechseln fragte er:

„Was für Vorbereitungen hast du denn getroffen?“

„Nun, draußen ist ‚dicke Luft‘. Ihr habt dem Dunklen Großfürsten ja auch mächtig in den Hintern getreten. Alle Spitzel und Agenten der Schattenresidenz sind hinter den Flüchtlingen her. Allerdings tappen sie noch völlig im Dunklen, wer Thomas und Marie befreit hat. Sie glauben tatsächlich noch immer, dass Toby im Trabantensitz gefangen ist und irgendwelche internen Verräter die Gefangenen gegen Geld freigelassen haben. Die da draußen haben den Befehl, euch unbedingt innerhalb Toros zu erledigen, weil der Großfürst befürchtet, dass seine Invasionspläne für den dreizehnten September zunichtewerden könnten, wenn ihr ins Reich der Menschen entwischen solltet. Wir müssen euch also hier rausbringen und ihr müsst euch dann am ‚Schließtag‘ alle gemeinsam der Öffentlichkeit präsentieren.

Lunold ging zu seinem Schreibtisch zurück und gab auf einer der Tastaturen einen geheimen Code ein. Dann stach er sich in den Finger und drückte den Blutstropfen in eine kleine Mulde unter der Tischplatte. Während ein kurzes Summen zu hören war, hob sich der Bereich des Fußbodens, auf dem der Schreibtisch stand, um einige Zentimeter nach oben, schwenkte zur Seite und gab eine Treppe frei, die nach unten führte.

„Auf solche Notfälle sind wir hier natürlich vorbereitet“, sagte der Torwächter schmunzelnd und rief in den Schacht hinein: „Ihr könnt jetzt hochkommen!“

Kurz darauf tauchten vier Zeitlinge auf, die von ihrem Äußeren her exakte Kopien von Toby, seinen Eltern und Tini waren.

„Oh, guck mal Toby. Du kommst gerade die Treppe rauf“, sagte Tini kichernd, während Lunold die Neuankömmlinge vorstellte und erklärte:

„Die vier werden jetzt an eurer Stelle hinausgehen und die Schattenkrieger auf eine falsche Fährte führen. Bis die unsere Täuschung bemerken, werdet ihr bereits im Reich der Menschen sein. Geht jetzt rasch hier hinunter. Durch diesen Geheimgang, der parallel zum Gedankenhorizont verläuft, kommt ihr direkt zur MaKi-Brücke, wo Doc Albert bereits auf euch wartet. Alles Weitere erfahrt ihr dann von ihm. Viel Glück und Gott segne euch!“

Während sie nun die Treppe hinabstiegen, verschloss Lunold den geheimen Zugang wieder. Ihre Doppelgänger verließen den Raum durch die schwere Tür Richtung Suggbezirk, wo sich sofort ein ganzer Schwarm von Spitzeln und Agenten an ihre Fersen hängte.

Toby ging in dem schmalen Stollen vorweg, der sie durch das milchige, lichtdurchlässige Mineralglas führte und nach einiger Zeit in einem kleinen, rechteckigen Raum endete.

„Kommt her. Wir stellen uns jetzt alle mit dem Gesicht zur Wand, fassen uns an den Händen und schließen die Augen. Aber bitte nicht schummeln. Die Augen müssen wirklich geschlossen sein, sonst funktioniert es nicht.“

„Wir kennen das, mein Junge“, antwortete Thomas Thorsen, während er seine Marie dabei lächelnd ansah. „Allerdings ist es schon ein bisschen her, dass wir es das letzte Mal getan haben.“

Als Toby das Kommando ‚Cedis parietibus nunc' aussprach, machten sie gemeinsam einen großen Schritt nach vorn und kamen durch die Wand, auf die mineralglasartige Balkonplatte, von der aus man in das Haus des Knochenklempners gelangte, oder den Gedankenhorizont nach Verbola überqueren konnte. Ursu und Doc Albert erwarteten sie hier bereits ungeduldig. Wortlos und tief bewegt nahm der Doktor Thomas und Marie in die Arme. Dann klopfte er Toby anerkennend auf die Schulter und sagte:

„Du hast es wirklich geschafft. Ich bin sehr froh, dass du zu uns gehörst, Zeitengänger Tobyas Thorsen."

Auch Ursu und sein alter Freund Thomas umarmten sich innig und Toby sah eine Träne im Gesicht seines Vaters.

Gemeinsam gingen sie anschließend die Treppe hinauf, über die man durch die Geheimtür ins Behandlungszimmer und von dort in die Privaträume des Doktors gelangte.

„Papa!" rief Tini und flog ihrem dort wartenden Vater in die Arme. Die Freude des Putzers war riesengroß. Jeden Einzelnen begrüßte er herzlich, während ihm die Tränen der Rührung über die Wangen liefen. Der Doc legte seinem Freund Ursu den Arm um die Schultern und teilte ihm mit, dass seine Gefährtin Miri wieder völlig genesen war:

„Seitdem ihr Thomas und Marie befreit habt, hat sie sich völlig erholt. Es geht ihr so gut, wie früher."

Ursu zog den Freund ganz dicht an sich heran und vergrub sein Gesicht auf dessen Schulter.

„Das sind wirklich gute Nachrichten", sagte er leise und voller Dankbarkeit.

„So, nun kommt, meine Freunde“, forderte sie Doc Albert auf, „wir müssen es noch zu Ende bringen! Im Arbeitszimmer haben wir etwas vorbereitet, wodurch der Dunkle Großfürst auch sicher erfährt, dass nicht nur Thomas und Marie befreit sind, sondern dass sie bereits im Reich der Menschen mit ihrem Sohn Tobyas vereint sind. Er muss das unbedingt rechtzeitig erfahren, damit er den Angriff auf die Enklave Grela und auf den Dopplerbezirk Toros absagt. Ich denke, dass das Internet uns dabei helfen wird.“

Wenig später saßen Thomas und Marie am Schreibtisch des Doktors und nahmen Toby in ihre Mitte. Thomas hielt eine aktuelle Tageszeitung so in die aufgestellte Webcam, dass man das Datum und die Schlagzeile gut erkennen konnte. Toby stellte die geöffnete Dictum-Schatulle vor sich auf den Tisch. Ursu justierte den richtigen Bildausschnitt und gab das Zeichen, dass die Aufnahme beginnt:

„Drei – zwei – eins und bitte…“

Alle drei stellten sich kurz mit ihrem Namen vor und verwiesen als Beweis für die Echtheit der Aufnahmen auf die Schlagzeile der ins Bild gehaltenen Tageszeitung. Dann sagte Toby:

„Dies ist eine Nachricht an alle, die es angeht! Der morgige Schließtag wird leider ohne meine Eltern stattfinden müssen und der Inhalt dieser kleinen Blechtruhe hier vor mir lässt uns voller Zuversicht auf den ersten Tishri schauen.“

Noch in derselben Nacht postete Tini den Film in mehreren großen Newsgroups und so verbreitete sich die Nachricht von der glücklichen Wiedervereinigung der Familie Thorsen wie ein Lauffeuer im Web. Karl Krall war einer der ersten, der den Film sah und er wusste genau, dass er großen

Ärger mit seinem Chef kriegen würde. Toby Thorsen und sein Vater Thomas auf freiem Fuß? Das war eine echte Katastrophe! Er musste diesen Bengel unbedingt in seine Hände bekommen. Koste es, was es wolle! Sofort schickte er seine Verwirrer auf die Suche…

Der Dunkle Großfürst war außer sich. Wie konnte das passieren? Seine mächtigen Schattenkrieger hatten es nicht verhindern können, dass die Thorsens Toro verlassen konnten. Wutschnaubend lief er durch die Räume seines Regierungssitzes und schrie wie von Sinnen:

„Bin ich denn hier nur von Stümpern und Dilettanten umgeben? Wo ist dieser Versager Krall? Bringt mir diese Null sofort hierher! In genau zwei Stunden will ich alle ‚Oberen Grade' meiner Armee im Kriegsplanungssaal sehen! Alle! Das gilt auch für die dunklen Trabanten! Und sie sollen ja ihre Listen mitbringen! Ich will alle Listen sehen! Alle! Wenn dieser Thorsenlümmel und seine Zeitlingsbrut glauben, dass sie mich schon in die Knie gezwungen haben, täuschen sie sich gewaltig! Eine verlorene Schlacht ist noch lange kein verlorener Krieg! Ich werde dich kriegen, Thorsen! Ich werde euch alle kriegen! Wir werden ja sehen, wer am Ende triumphiert!"

Die anschließende Lagebesprechung wurde sehr laut und dauerte bis in den frühen Morgen. Hatten die Freunde den geplanten Angriff der Schattenresidenz auf Toros Popplerbezirk und die Enklave Grela tatsächlich im letzten Moment verhindert? Und was waren das für Listen, die dem dunklen Großfürsten plötzlich so wichtig waren?

ENDE

Übersichtskarte

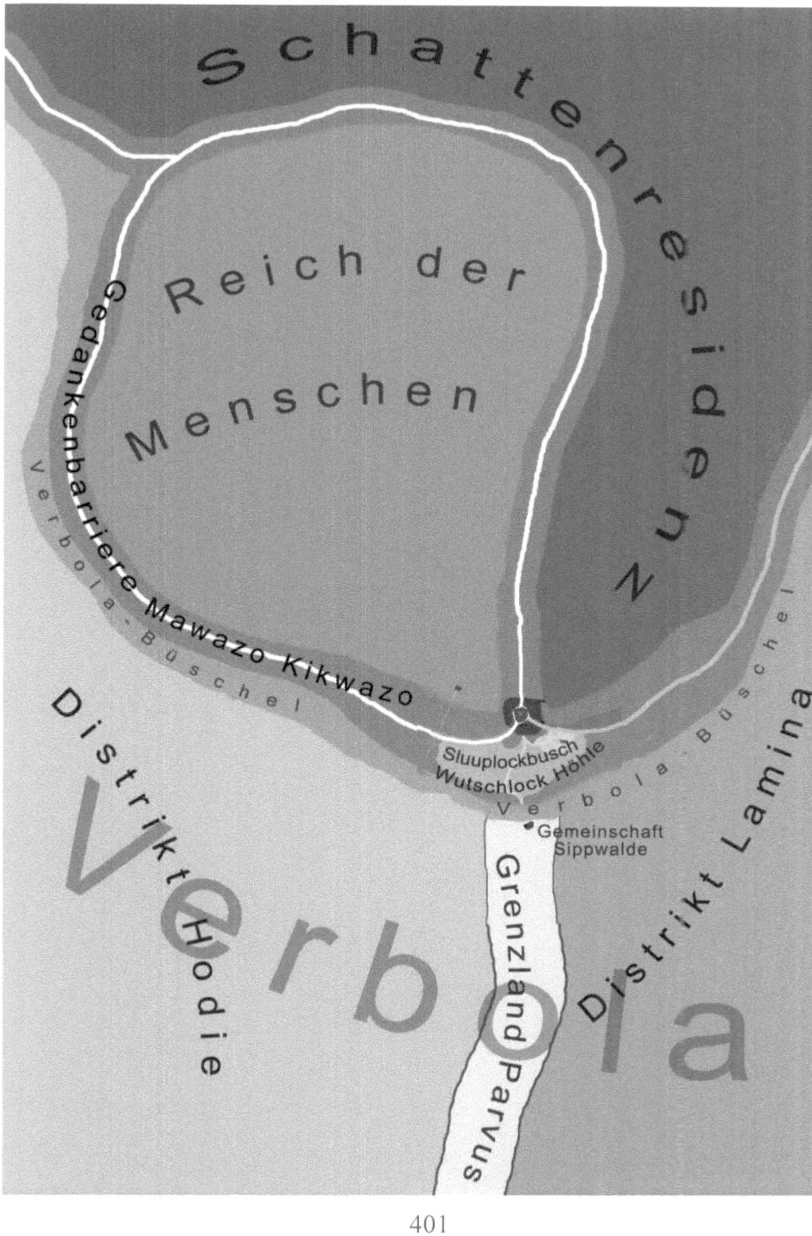

Karte Wutschlock Höhle

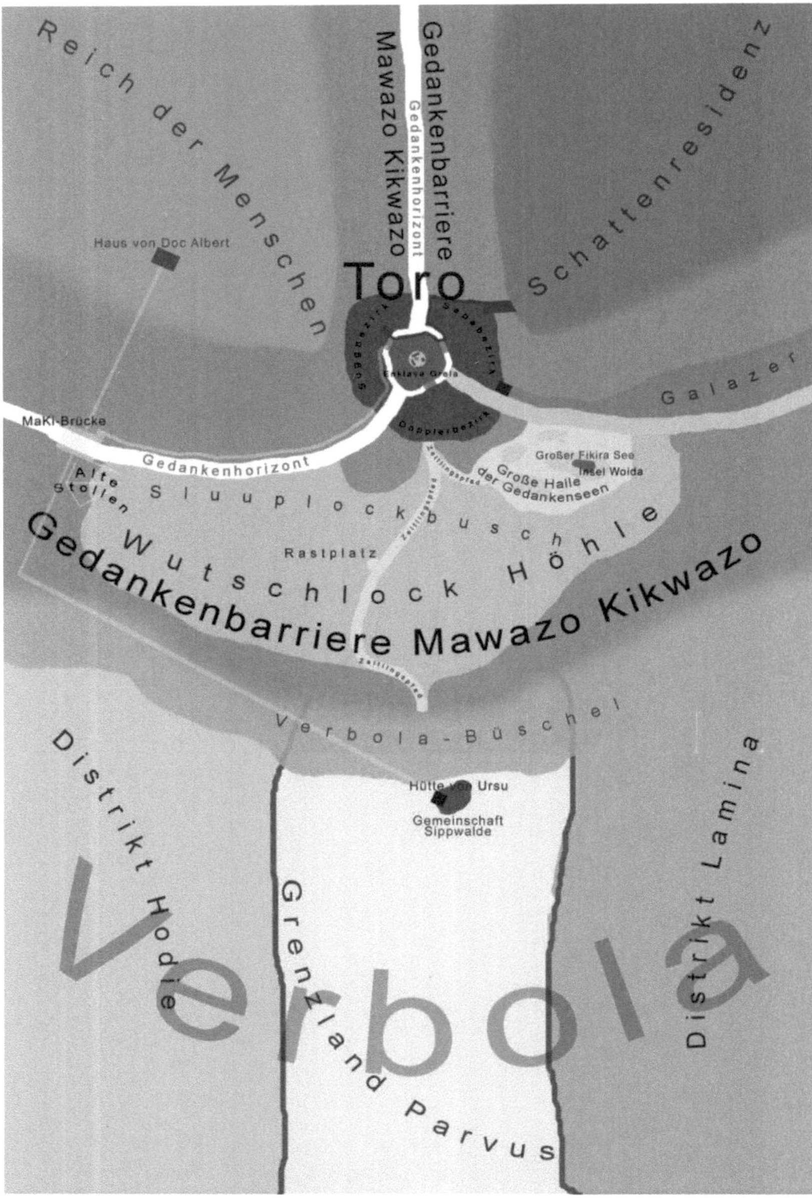

Karte Toro

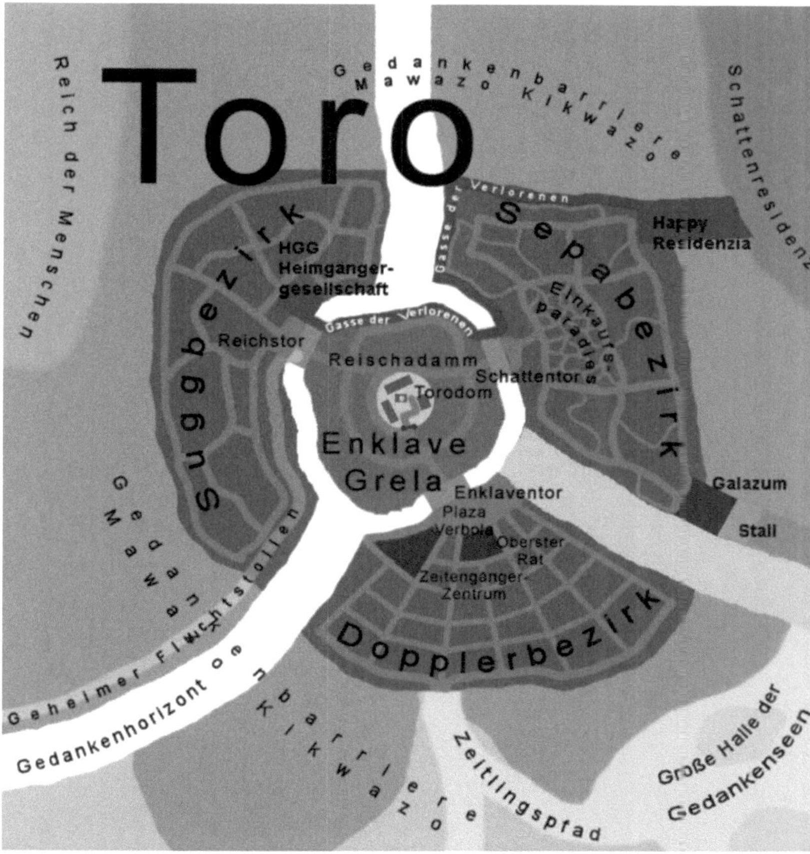
Toro
Gedankenbarriere
Mawazo Kikwazo
Reich der Menschen
Schattenresidenz
Gasse der Verlorenen
Sepabezirk
Happy Residenzia
Suggbezirk
HGG
Heimganger-
gesellschaft
Einkaufs-
paradies
Gasse der Verlorenen
Reichstor
Reischadamm
Schattentor
Torodom
Enklave
Grela
Enklaventor
Galazum
Stall
Plaza
Verbola
Oberster
Rat
Zeitenganger-
Zentrum
Dopplerbezirk
Gedankenbarriere
Mawazo Kikwazo
Geheimer Fluchtstollen
Gedankenhorizont
Zeitlingspfad
Große Halle der
Gedankenseen

Lexikon

Albert Friedemann, Doktor = Zeitgrenzler aus der ‚Sippe der Entschlussfreudigen‘
(Spitzname Knochenklempner / Doc Albert)
Lebt, als Arzt getarnt, dauerhaft im Reich der Menschen und betreut von dort aus die MaKi-Brücke, die einzige Übergangsstelle zum Reich der Menschen, die außerhalb Verbolas liegt. Es gibt Vermutungen, dass er Mitglied im **Obersten Rat der Auserwählten** ist.

Alte Stollen
liegen im äußersten Westen des Sluuplockbusches und führen in die Tiefen des Mawazo Kikwazo Grenzwalles hinein. Hier befindet sich auch das erste Versteck.

Altlinge = Zeitlinge, die älter als zwei Zeitwenden sind.

Andreas Carlson
Hausmeister in der Dorfschule von Melsin und Ehemann von Corinna Carlson. Schwiegersohn vom **Putzer** und **Tini**s Onkel.

Arsus - Das geweihte Loch (im Volksmund kurz ‚Loch‘ genannt)
Ara (Altar) Pertun**sus** (mit einem Loch)
Der tatsächliche, geographische Punkt, an dem die drei ewigen Gebiete zusammenstoßen (Reich der Menschen, Schattenresidenz, Verbola). Arsus liegt direkt im Zentrum der Enklave Grela, in einem kleinen Talkessel (Durchmesser ca. 150m).

Eine riesige, undurchdringliche Kuppel aus transparentem, glasähnlichem Material schützt dieses Gebiet vor unberechtigtem Eindringen und Anschlägen.
Diese, erst aus nächster Nähe sichtbare Kuppel, wird Torodom genannt.

Begrüßungszeremoniell der Hoppeliten
Der Hoppelit legt würdevoll seine rechte Hand auf seine linke Schulter, streckte die Spitze seines Ellenbogengelenkes zur Begrüßung in Richtung seines Gegenübers und spricht:

„Immer für dich!"

Der Andere erwiderte den Gruß, indem er seine Hand auf das ihm entgegen gestreckte Ellenbogengelenk legt und erwidert:

„Gute Gedanken allzeit!"

Besorger
durch den **Obersten Rat der Auserwählten** ins Grenzland Parvus berufener Zeitling aus dem Distrikt Hodie, dem die besonderen Aufgaben eines Besorgers zugewiesen wurden. Besorger sind grundsätzlich nicht älter als 18 Monate (Baby-Zeitling) und besorgen alles, was andere Auserwählte zur Durchführung ihrer Aufgaben benötigen. Sie besorgen es aus allen Epochen (den vergangenen genauso, wie den zukünftigen). Von wichtigen Nachrichten über geheime Informationen, von modernster Technik aus der Zukunft bis zum Bratapfel mit Backpflaumen.

Borli = Besorger aus der ‚Sippe der Waghalsigen'.
Kommandeur der Besorgertruppe Verbolas. Freund und Mitstreiter von Toby. Lebt in der **Gemeinschaft Sippwalde**.

Besonderheit: Als ‚Baby-Zeitling' sieht er aus, wie ein einjähriges Kind.

Christin Van de Kust (Spitzname Tini)
Tochter vom **Putzer** (Hubertus Van de Kust), Freundin und Gefährtin von Toby; 13 Jahre alt. Sie kennt Ursu seit früher Kindheit, da der mit ihrem Vater befreundet ist.
Nannte sich bei der Einreise in die Enklave Grela ‚Charlotte Braun'

Corinna Carlson
Lehrerin in der Dorfschule in Melsin und Ehefrau von Andreas Carlson. Schwester vom **Putzer** u. somit **Tini**s Tante.

Drischko
Trinostit. Leittier der Herde aus dem östlichen Sluuplockbusch, in der Wutschlock Höhle.

Dictum-Schatulle (Dicscha)
(Dictum = lat. = Befehl) Die Kurzbezeichnung ‚Dicscha' ist ein Kunstwort aus den ersten Silben der Worte **Dic**tum und **Scha**tulle. Kleine Blechschatulle mit geheimem Inhalt. Sie ist Teil des geheimen Notfallprojektes **Trias** und wird immer von einem ganz bestimmten Angehörigen der Thorsen-Sippe gehütet.

Doppler
sind Zeitlinge, die mit ganz bestimmten Menschen verbunden sind. Insgesamt gibt es in **Verbola** 86 Milliarden Doppler (einen für jeden Menschen, der irgendwann auf der Erde gelebt hat plus die, die zurzeit leben).

Dullno
Sohn des Hoppelitenanführers **Maneron**. Lebt in der Hautansiedlung der **Hoppeliten** ‚Sehemu kuu', in der großen Halle der Gedankenseen, die sich in der **Wutschlock Höhle** befindet.

Galazer
Willenloses, centaurusartiges Hyänenzwitterwesen, das aus Gefangenen des dunklen Großfürsten in der ‚Transformation' entsteht. Die Galazer bevölkern in Horden den nördlichen Bereich der Wutschlock Höhle der Gedankenbarriere Mawazo Kikwazo. Sie agieren in der **Hyänen-Haltung** als kampfstarke Raubtiere und in der **Centaurus-Haltung** als willenlose Menschwesen.
Hyänen-Haltung: Aussehen einer löwengroßen Hyäne mit langem Hals und massigen Kopf, der an eine Kreuzung zwischen Nashorn und Krokodil erinnert. Riesiges Maul mit gewaltigen Fangzähnen. Lange, irokesenähnliche Mähne, die sich vom Rücken, über den Nacken, bis in den Stirnbereich hineinzieht.
Langer, peitschenartiger Schwanz mit mehreren messerscharfen Hornkanten, die als Waffe eingesetzt werden.

Centaurus-Haltung: Auf der Unterseite des Hyänenhalses, befinden sich ein fast menschliches Gesicht und zwei menschenähnliche Arme. Wirft die Hyäne ihren langen Hals ruckartig zurück, klappt der Kopf des Tieres wie eine Kapuze nach hinten weg. Der ursprüngliche Hyänenhals wird dann zum Oberkörper eines menschenähnlichen Wesens mit zwei Armen, das auf dem Tierkörper sitzt. Gelingt es ihm, für 30 Sek. Blickkontakt zu seinem Gegenüber herzustellen, kann er dessen Gedanken nach Belieben manipulieren.

Galazum
Anstalt zur Veredelung von Tributisten. Die sogenannten Studenten des Galazums heißen offiziell ‚Studiosus Erebus', was so viel wie ‚Hochschüler der Gottheit der unterweltlichen Finsternis' bedeutet. Da die Studenten aus allen Altersgruppen kommen, tragen sie Schuluniform und Kennkarte, um sie von ihren Ausbildern unterscheiden zu können.
Ziel der Ausbildung ist völlige Vereinnahmung und aktiver Einsatz in der Armee der Schattenkrieger.

Gedankenbarriere Mawazo Kikwazo
(Mawazo Kikwazo = Suaheli = Gedankenbarriere) umgibt das gesamte Reich der Menschen. Ist für menschliche Gedanken undurchdringlich und für menschliche Augen unsichtbar. Dahinter liegt Verbola und die Schattenresidenz. Für deren Bewohner ist der Mawazo Kikwazo als hochgebirgsartige Barriere ein physisches Hindernis, das nicht einfach überquert werden kann.

Gedankenhorizont
verläuft in der Mitte des **Mawazo Kikwazo** und umschließt in Toro die Enklave Grela. Er ist weder durch menschliche Intelligenz, Bildung, oder mit Hilfe von Computern zu überwinden. Für die Menschen ist er der Punkt, an dem sie mit ihren Gedanken nicht weiterkommen. Für Zeitlinge und Residenzler ist es ein realer, 30 m breiter Streifen aus ‚Nichts', der im Mawazo Kikwazo in eine Schlucht eingebettet ist. Ein Überqueren ist nur über die **MaKi-Brücke**, oder durch die Tore in der Schutzmauer zur Enklave Grela möglich.

Gedankenimpulswerfer (GIW)
Waffe der Zeitlinge für den Einsatz im Grenzwall Mawazo Kikwazo. Dem Gegner wird ein ‚Warte-Signal' ins Gehirn geschickt. Dieser Gedankenimpuls lässt ihn augenblicklich für 15 Min. stillstehen. Durch den ‚Starre-Impuls' verfällt er augenblicklich, für unbegrenzte Zeit, in einen lähmungsartigen Starrezustand.

Gehirnrestaurator
Das kleine, stabförmige Gerät wird mit der Spitze zwischen die beiden Augen des zu Behandelnden aufgesetzt und aktiviert. Dadurch wird ein manipuliertes Gehirn wieder in seinen ursprünglichen Zustand gebracht.

Gemeinschaften
Kleine, dorfähnliche Ansiedlungen in Verbolas Grenzland Parvus, in denen die vom **Obersten Rat der Auserwählten** leben.

Hannes Kronlechner
Pflegvater von Toby. Alkoholabhängiger Familientyrann und Tributist.

Happy Residenzia
Grenzstation zwischen Sepabezirk (Separationsbezirk) und Schattenresidenz. Von hier aus werden alle Hüllenwesen in die endgültige Verlorenheit geschickt.
Heiwe (**He**imlicher **We**g)
Geheimer Durchgang vom und zum Torodom. Ein runder, reifenähnlicher und mit schwarzem Stoff bezogener Gegenstand. Erinnert an einen Reflektor/Abschatter, wie man ihn

in Film- und Fotostudios einsetzt. Steigt man in den Reifenstoff hinein, gelangt man in den Altar **Arsus** im **Torodom**.

Hoppeliten
Höhlenlebewesen im Mawazo Kikwazo und Wächter der verlorenen Gedanken. Sie leben in der ‚Großen Halle der Gedankenseen' in zahlreichen Makazis (Suaheli = Ansiedlungen). Ungefähr 2,30 m große, sehr dünne, langarmige Kletterkünstler mit langen Hälsen, kleinen Köpfen und außergewöhnlich schönen Gesichtern. Bei Bedarf legen sich die, bis zur Erde reichenden, Haare wie enge Kleidungsstücke an ihre Körper an. So können sie sich problemlos und bestens getarnt in den oberen und unteren Baumkronen des dichten Höhlenurwaldes bewegen. Aus ihren Händen können sie spinnenartige Fäden verschießen, an denen sie sich z.B. abseilen können.

Insel Woida
(Woida = indogermanisch „ich habe gesehen" bzw. „ich weiß")
Die Insel Woida liegt im größten der Gedankenseen, dem ‚Großen Fikira See', der sich im Nordosten der **Wutschlock Höhle**, in der Großen Halle der Gedankenseen befindet. Auf dieser Insel befindet sich auch das zweite Versteck.

Irmchen Kronlechner
Pflegemutter von Toby. Ehemalige Tributistin, die es schafft, sich vom Bösen zu lösen.

Kamena
Hoppelitenspäher und Freund von **Ursu**. Lebt in der Hauptansiedlung der **Hoppeliten** ‚Sehemu kuu', in der großen

Halle der Gedankenseen, die sich in der **Wutschlock Höhle** befindet.

Karl Krall = Hochnebulöser = Offizier der Armee der Schattenkrieger. Sein Auftrag lautet, Toby zu fangen und in die Gewalt des dunklen Großfürsten zu übergeben.

Kir = Torwächter aus der ‚Sippe der Nachdenklichen' Freund und Mitstreiter von Manu. Lebt in der **Gemeinschaft Sippwalde**.

Kommandosprüche
Die Zeitlinge aus Verbolas Grenzland Parvus verfügen über, aus der Zukunft stammende, Techniken, die ihnen einige besondere Fähigkeiten verleihen. Sie werden durch besondere Kommandos aktiviert, die aus Sicherheitsgründen in lateinischer Sprache gegeben werden müssen:
Durch Wände gehen = „Cedis parietibus nunc"!
cedis (du gehst) parietibus (durch die Wände) nunc (jetzt, nun)
In jemand anderen verwandeln = „Mutetur confestim …!"
mutetur (er werde getauscht) confestim (sofort)
Fliegen = „Pervolamus aeres nunc"!
pervolamus (wir durchfliegen) aeres (die Lüfte) nunc (jetzt, nun)
Unsichtbar werden = „Abdimur momento temporis"!
abdimur (wir werden verborgen) momento temporis (im Augenblick)
Unsichtbare Körper sichtbar werden lassen = „Admittere corpus apparere"!

admittere (zulassen) corpus (Körper) apparere (sichtbar werden)

Loum = Torwächterin aus der ‚Sippe der Anmutigen' Freundin und Mitstreiterin von Manu. Lebt in der **Gemeinschaft Sippwalde**. Als Besitzerin des **Rerum** ist sie eine der drei **Hüter des Trias**.

MaKi-Brücke
Mawazo **Ki**kwazo-Brücke – Durchgangsmöglichkeit durch den Gedankenhorizont in der Mitte der Gedankenbarriere Mawazo Kikwazo.
Sie wird von vier Torwächtern auf der Verbola-Seite und von Doc Albert auf der Seite des Menschenreichs aktiviert. Durch die gleichzeitige Verschmelzung von Zeitlingsblut mit Hietatomen entstehen vier selbstkonstruierende Hietstrahlen, die innerhalb weniger Augenblicke eine elastische, tunnelartige Brücke über den Gedankenhorizont aufbauen. Aus Sicherheitsgründen fällt die Konstruktion automatisch nach 90 Sekunden in sich zusammen.

Maneron
Anführer der **Hoppeliten**. Vater von **Dullno** und Freund von **Ursu**. Lebt in der Hautansiedlung der Hoppeliten ‚Sehemu kuu', in der großen Halle der Gedankenseen, die sich in der **Wutschlock Höhle** befindet.

Manu = Zeitengänger aus der ‚Sippe der Selbstsicheren' Freund und Mitstreiter von Toby. Lebt in der **Gemeinschaft Sippwalde**.

Marie Thorsen
Tobys leibliche Mutter, wurde, gemeinsam mit ihrem Mann Thomas, kurz nach Tobys Geburt vom Dunklen Großfürsten entführt und über dreizehn Jahre gefangen gehalten.

Mawazo Kikwazo
siehe ‚Gedankenbarriere Mawazo Kikwazo'

Max Kern
Dorfpolizist in Melsin

Miri = Torwächterin aus der ‚Sippe der Nachdenklichen'
Lebt mit ihrem Gefährten **Ursu** in der **Gemeinschaft Sippwalde** zusammen. Wurde nach der Gefangennahme von Thomas und Marie Thorsen krank und ihr Zustand verschlechterte sich, je näher Eluls Ende rückte.

Musloh
Trinostit aus Trinos Herde in der Wutschlock Höhle.

Oberster Rat der Auserwählten
regierendes Gremium Verbolas, das seinen Sitz in Toros Dopplerbezirk hat. Seine Zusammensetzung ist nicht bekannt. Er ist zuständig für Sicherheit und Wohlergehen aller Zeitlinge in allen Distrikten Verbolas. Ihm obliegt die Planung und Durchführung jeder Kontaktaufnahme zu den Menschen.
Er verwaltet und überwacht die Enklave Grela, die als Pufferzone das direkte Aufeinanderprallen von Gut und Böse verhindert. Für spezielle Aufgaben in dieser Pufferzone und in Verbolas Grenzland Parvus erwählt er die Doppler, bei denen sich die mit ihnen verbundenen Menschen dem Guten

zugewandt haben. Diese Doppler erhalten nach der Auserwählung eine Berufung für bestimmte Funktionen, wie z.B. Zeitengänger, Torwächter usw.

Pagodentempel
Riesige, pagodenartige Gebäude in Verbolas Distrikt Lamina. Dort befinden sich alle Doppler von bereits verstorbenen Menschen (LaDos). Sie sind hier nach ihren Lebensjahren getrennt, in den einzelnen Etagen untergebracht. Die Jüngsten befinden sich im Erdgeschoss, während die Ältesten die oberste Etage bewohnen.

Putzer = Hubertus Van de Kust
Kolonialwarenhändler in der Kirchstraße. Vater von Christin Van de Kust (Spitzname Tini). Freund von Tobys Vater Thomas und vom Zeitengänger Ursu.

Rerum
Kunstwort aus der ersten Silbe des lateinischen Wortes **Re**velatio **(**Enthüllung) und der letzten Silbe des lateinischen Wortes Pseudothy**rum** (geheime Tür)
Kleiner, nahtloser Lederbeutel mit geheimem Inhalt. Er ist Teil des geheimen Notfallprojektes **Trias**.

Richard Momsen, (Spitzname Richie)
Chef der Nordstadtbande, Tributist und Tobys ‚bester Feind'.

Sluuplockbusch
(Sluuplock = Plattdeutsch = ‚Schlupfloch' oder ‚Versteck')
Der Sluuplockbusch ist ein außergewöhnlicher Höhlenurwald in der Wutschlock Höhle, durch den der Zeitlingspfad

wie ein ‚Schlupfloch' von Verbolas Kernland nach Toro führt. Das gesamte Waldgebiet wird von den **Hoppeliten** kontrolliert.
Gelegentlich gibt es Übergriffe der feindlichen **Galazer**, die im Nordosten des **Mawazo Kikwazo** hausen.

Sippenburgen
Stadtähnliche Strukturen in Verbolas Distrikt Hodie, den menschlichen Städten und Dörfern ähnlich, in denen verschiedene **Doppler**-Sippen zusammenleben.

Sippwalde (Gemeinschaft Sippwalde)
Kleine, dorfähnliche Gemeinschaft in Verbolas Grenzland Parvus. Die Bevölkerung besteht aus ca. 3.000 Auserwählten (PaDos) mit unterschiedlichen Berufungen. Sippwalde liegt am südlichen Rand des **Verbola Büschel**s und ist der Wohnort von Ursu, Miri, Manu, Loum, Kir und Borli mit seinen Besorgern.

Stall
Spezialgefängnis im **Galazum**. Hier werden alle Feinde des dunklen Großfürsten eingesperrt, um zu Galazern ‚transformiert', oder getötet zu werden. Seinen Namen hat der Stall von einer, aus zehntausend kleinen Zellen bestehenden, Zellenwand, die sich an der Rückseite einer riesigen Halle befindet und aus der Entfernung wie ein überdimensionierter Kaninchenstall aussieht.

Studiosus Erebus
(Hochschüler der Gottheit der unterweltlichen Finsternis)
Student am Galazum. Kandidat für die Aufnahme in die Armee der Schattenkrieger. Erhält nach der Abschlussprüfung

den Grad ‚Gemeiner Spitzel'. Die Studenten werden aus den Besuchern des Sepabezirks rekrutiert und kommen aus allen menschlichen Altersgruppen. Sie tragen eine rote Schuluniform mit Kennkarte.

Suggbezirk siehe ‚Toro'

Sepabezirk siehe ‚Toro'

Thomas Thorsen
Tobys leiblicher Vater. Wurde, gemeinsam mit seiner Frau Marie, kurz nach Tobys Geburt vom Dunklen Großfürsten entführt und über dreizehn Jahre gefangen gehalten.
Bis zu Tobys 14. Geburtstag Besitzer der **Dictum Schatulle** (Dicscha) und damit einer der drei **Hüter des Trias**.

Tini siehe ‚Christin Van de Kust'

Toby Thorsen
Vollständiger Name Tobyas Thorsen. Hauptperson der Geschichte; 14 Jahre alt. Übernimmt an seinem 14. Geburtstag den Besitz der **Dictum Schatulle** (Dicscha) von seinem Vater Thomas und ist von da an einer der drei **Hüter des Trias**.
Nannte sich bei der Einreise in die Enklave Grela ‚Peter Braun'.

Toro – Die Dreigeteilte
Toro ist ein stadtähnlicher Ort innerhalb des Grenzwalles Mawazo Kikwazo, an dem die drei ewigen Gebiete, das Reich der Menschen, die 'Dunkle Residenz' und das verborgene Land Verbola zusammenstoßen. Der durch eine hohe

Betonmauer abgesicherte Gedankenhorizont durchschneidet den Ort und umschließt in seiner Mitte ein besonderes Gebiet: Die Enklave Grela. Toro ist um diese Enklave herum in drei Bezirke aufgeteilt: den **Suggbezirk** (Suggestionsbezirk), den **Sepabezirk** (Separationsbezirk) und den Dopplerbezirk. Der im Suggbezirk ankommende Touristenstrom wird von dort durch das ‚Reichstor', über die Enklave Grela zum, ‚Schattentor' des Sepabezirks geschleust. Die Zeitlinge verwalten die Enklave vom Dopplerbezirk aus und üben dort die Polizeigewalt aus. Sie haben durch das ‚Enklaventor' einen separaten Zugang nach Grela.

Trias (lateinisch = Dreiheit)
Geheimes Notfallprojekt mit Zugangssystem zu zwei Verstecken mit hilfreicher Zukunftstechnik für den Kampf gegen die Armee der Schattenkrieger.
Trias besteht aus 3 kleinen Behältnissen mit geheimem Inhalt: Eine kleine Blechschachtel, die **Dictum-Schatulle** (Dicscha) und 2 kleine Lederbeutel (**Rerum**).
Eine Menschensippe und zwei Zeitlingssippen stellen jeweils eine bestimmte Person als ‚Hüter des Trias', der dann für die Dicscha, bzw. für ‚sein' ein Rerum verantwortlich ist.

Trinostit(en)
Saurierähnliches Herdenlebewesen, das an einen übergroßen Avaceraptos erinnert (Schulterhöhe bis zu 6 m, Länge bis zu 15 m). Gewaltiger, gepanzerter Kopf. Rotgelbliche, sehr dicke, lederartige Haut. Im Nackenbereich sicheren kegelförmig nach außen laufende, dicke Hornplatten den vorderen Rücken vor Verletzungen. Aus dem Unterkiefer ragen zwei gewaltige Stoßzähne hervor, die komplett in den Körper eingezogen werden können. Vier muskulöse, raubkatzenartige

Beine mit riesigen Pranken. Auffälligkeit: gazellenhaft leichter Gang.
Der Trinostit lebt in zwei Herden mit jeweils 40 Tieren im Sluuplockbusch.

Trinos
Oberster Leitbulle aller Trinostiten der Wutschlock Höhle. Freund der Hoppeliten.

Tumbusibären
(Tumbusi = Suaheli = Geier)
Leben in Rudeln bis zu 30 Tieren in der Wutschlock Höhle. Haben einen bärenartigen Körper, auf dem ein großer Raubvogelkopf sitzt. Erreichen auf den Hinterbeinen stehend eine Höhe bis zu fünf Metern.

Ursu = Zeitengänger aus der ‚Sippe der Zielstrebigen'
Mentor von Toby. Lebt mit seiner Gefährtin **Miri** in der **Gemeinschaft Sippwalde** zusammen. Freund von Tobys Vater Thomas und Briefüberbringer (1. Kapitel). Als Besitzer des **Rerum** ist er einer der drei **Hüter des Trias**. Nennt sich bei der Einreise in die Enklave Grela ‚Günter Braun'.

Verbola
Verborgenes Land jenseits der Gedankenbarriere Mawazo Kikwazo. Es ist für Menschen nicht sichtbar (Ausnahme der menschliche **Hüter des Trias**) und gliedert sich in die Distrikte Hodie und Lamina, sowie das kleinere Grenzland Parvus. Die 86 Milliarden Bewohner sind Zeitlinge, deren größter Teil als **Doppler** eines noch lebenden Menschen in Hodie, bzw. als Doppler eines bereits verstorbenen Menschen in Lamina lebt. Zu Verbola gehören auch der Dopplerbezirk

in **Toro** und die **Enklave Grela**. Höchstes Organ ist der **Oberste Rat der Auserwählten**.

Verbola-Büschel
Großes Waldgebiet, das sich direkt vor der **Gedankenbarriere Mawazo Kikwazo** über die gesamte Breite Verbolas erstreckt. Nur durch diesen Wald erreicht man den Eingang zur **Wutschlock Höhle**, dem einzigen direkten Weg von Verbola nach **Toro**.

Wutschlock Höhle
(Plattdeutsch = Wutschlock = Schlupfloch)
Riesiges Höhlensystem in der Gedankenbarriere Mawazo Kikwazo. Durch die, fast vollständig mit einen sehr dichten Höhlenurwald (**Sluuplockbusch**) zugewachsene, Höhle führt der Zeitlingspfad. Dieses Schlupfloch (Wutschlock) ist der einzige direkte Weg von **Verbola** nach **Toro**. Die Wutschlock Höhle ist Lebensraum einiger seltsamer Geschöpfe. Zu ihnen gehören die **Trinostiten** genauso, wie die mit den Zeitlingen befreundeten **Hoppeliten** und die feindlichen **Galazer**.

Zeitengänger
durch den **Obersten Rat der Auserwählten** ins Grenzland Parvus berufener Zeitling aus dem Distrikt Hodie, dem die besonderen Aufgaben eines Zeitengängers zugewiesen wurden. Zeitengänger dürfen Aufträge in ganz Verbola, aber auch im Reich der Menschen ausführen.

Zeitgrenzler
durch den **Obersten Rat der Auserwählten** ins Grenzland Parvus berufener Zeitling, dem die besonderen Aufgaben

eines Zeitgrenzlers zugewiesen wurden. Sie tun ihren Dienst an allen Übergangsstellen Verbolas zum Reich der Menschen, einschließlich derer in der Enklave Grela.

Zeitlinge
Bewohner des verborgenen Landes Verbola. Die allermeisten der 86 Milliarden Zeitlinge existieren als **Doppler** (Duplikat) eines Menschen. In Verbolas Distrikt Hodie gibt es ca. 7 Mrd. Zeitlinge als Doppler aller noch lebenden Menschen, in Verbolas Distrikt Lamina gibt es weitere 79 Mrd. Zeitlinge als Doppler aller in der Vergangenheit bereits verstorbenen Menschen. Den Zeitlingen der beiden Groß-Distrikte ist es streng verboten, ihre jeweiligen Gebiete zu verlassen.
Einige wenige Zeitlinge leben nach ihrer sogenannten „Auserwählung“ und „Berufung“ durch den **Obersten Rat der Auserwählten** im Grenzland Parvus, das die beiden Distrikte Hodie und Lamina voneinander trennt. Nach ihrer Berufung wird ihnen jeweils eine besondere Aufgabe zugewiesen (Torwächter, Zeitengänger, Besorger, Statistiker, Zeitgrenzler u.m.)

Über den Autor

Benjamin Paul Iddings wurde 1952 in Niedersachsen geboren, ist seit 1973 verheiratet und Vater von zwei erwachsenen Kindern.

Er ist begeisterter Großvater und lebt seit 1989 mit seiner Ehefrau in Braunschweig, das zu seiner Wahl-Heimatstadt wurde.

Der Autor hat neben diversen Essays, Drehbüchern und biographischen Aufzeichnungen das Ratgeber-Buch ‚Endlich dünn! – Abschied von 75 ungeliebten Kilos', sowie den dramatischen und spannungsgeladenen Roman ‚Jenseits des Zorns' veröffentlicht, der sich mit einem der brisantesten Themen unserer Tage auseinander setzt.

www.iddings.de

benjamin.paul@iddings.de

Buchtipps

Benjamin Paul Iddings

Jenseits des Zorns

Roman

Auch als E-BOOK
ISBN 978-3-944584-28-7

MENANDER Verlag
316 Seiten,
ISBN 978-3-944584-03-4
Preis: € 14,90

Eine trostlose Kindheit im miefigen Kleinstadtmilieu des Heidestädtchens Lönshausen der neunzehnhundertfünfziger Jahre, in der er und seine Geschwister unter den brutalen Attacken der tyrannischen Mutter und der kriminellen Gleichgültigkeit des kapitulierten Vaters litten, säte die Samenkörner der Minderwertigkeit und Resignation in seine junge Seele…

Die Diskussion über die unterschiedlichen Religionen treffen sich stets in einer einzigen Frage: Welche ist die einzig richtige? Solange es Glauben gibt, wird diese Frage nicht beantwortet werden können. Die Auseinandersetzungen werden dort besonders deutlich und schmerzhaft, wo sich unterschiedliche religiöse Vorstellungen mischen, wo Gläubige aus fremden Religionen in die eigene, vertraute Glaubenswelt eindringen. Die Konflikte, die daraus bis hinein in das familiäre Umfeld entstehen, können dramatisch sein…

www.**menander-verlag**.de

Benjamin Paul Iddings

Endlich dünn!

Abschied von 75 ungeliebten Kilos

Auch als E-BOOK
ISBN 978-3-944584-26-3

MENANDER Verlag
Ratgeber
160 Seiten,
ISBN 978-3-944584-02-7
Preis: € 10,95

Wie viel Rezepte gegen das Übergewicht mag es inzwischen geben? Das Ergebnis fast aller dieser Rezepte führt zum Jo-Jo- Effekt, das wissen wir alle, die es schon versucht haben: Mit großer Disziplin nimmt man ab, um wenig später umso mehr wieder zuzunehmen.

Umso eindrucksvoller ist es, wenn es Menschen gelingt, nicht nur ein paar Pfunde loszuwerden, sondern gleich anderthalb Zentner. Und zwar dauerhaft. Der Autor dieses Buches hat das geschafft. Die Schilderung seines Kampfes gegen das Fett hält den Leser regelrecht in Atem: Schafft er es? Schafft er es nicht? Und diesen Kampf nahezu minutiös zu verfolgen liest sich spannend wie ein Krimi.